星野智【著】

国民国家と帝国の間

世界書院

国民国家と帝国の間

はしがき

一五世紀末に西欧世界で成立した資本主義世界経済としての世界システムは、二一世紀には、どのような運命をたどるのであろうか。近代世界システムの五〇〇年の歴史のなかで、オランダ、イギリス、アメリカが覇権国家として資本主義世界経済をリードしてきたが、二〇〇八年の世界金融危機の発生によってアメリカの覇権衰退はいっそう進展し、多極化の時代に入り込んでいる。この時代が、新しい覇権国家の登場に向けての過渡期なのか、それとも覇権国家の終焉の時代なのか、いずれにせよ二一世紀半ばまでは、多極化のなかでEU、アメリカ、中国、BRICS諸国によるせめぎ合いの時代が続くことは確かであろう。

本書のねらいは、グローバル化をキーワードにして、現代の世界システム、東アジア世界、帝国、そしてグローバル市民社会について検討してみたいというところにある。広い意味でのグローバル化は、近代世界システムの拡大とともに進展してきたといってよいが、狭い意味でのグローバル化は一九八〇年代以降の新自由主義の発展によって顕著になってきた。このようなグローバル化の時代を迎えて、近代世界システムとしての資本主義世界経済は、真の意味で、先進諸国と発展途上国を問わず、すべての国家がそれなしにはもはや立ちゆかない「準拠枠組」となった。しかも問題なのは、どの国もどの国際機関も、それをコントロールできないことである。

他方において、ＥＵ（欧州連合）、ＮＡＦＴＡ（北米自由貿易協定）、ＡＰＥＣ（アジア太平洋経済協力）などのリージョナル化が進展しており、その意味では、現代はグローバル化とリージョナル化が併存する時代でもある。リージョナル化はグローバル化へのプロセスの一段階なのか、それともグローバル化の反対傾向なのか、こうした問題も今後の世界経済の行方とも深くかかわっている。さらに「帝国」の時代といわれるように、「アメリカ帝国」、「ＥＵ帝国」、「中国帝国」などといったように大国を帝国として捉える見方や、Ａ・ネグリのように世界を帝国的支配と捉える見方も生まれている。資本主義世界経済としての近代世界システムは、歴史的には、それ以前の帝国的な支配形態の否定のうえに成立したものであったが、帝国の時代の到来は、「中世」への回帰を意味しているのか、それとも市場経済システムの変容につながるのか。

現代においては、グローバル化、リージョナル化とならんで民主化が大きな潮流を形成しているといってよい。「世界政府」なきアナーキカルな世界システムにおいて、さまざまな国家間システムの役割が大きくなっている。国連機関やＧ20などの政治的な国家間システム、ＷＴＯなどの経済的な国家間システム、そしてＮＧＯやトランスナショナルな社会運動である。そして、これらのアクターが経済、環境、安全保障、人権などの領域においてグローバル・ガバナンスの枠組を形成しつつある。グローバル・ガバナンスが国際社会における合意形成のプロセスと枠組であるとすれば、それはグローバル・デモクラシーの一形態として捉えることも可能であろう。

近年、グローバル市民社会という考え方が登場しているが、それは世界システム論のなかで資本主義世界経済の領域でも国家間システムの領域でもない第三の領域として位置づけられるものである。グローバル市民社会は、ＮＧＯやトランスナショナルな社会運動あるいはグローバルな公共圏をその構成要素としているが、将来的にコントロール不能な世界システムを変革する潜勢力をもっているものと考えられる。

本書は、以上のような問題意識のもとに、グローバル化の問題、世界システムのなかの東アジア、資源をめぐる地政学、帝国論、グローバル市民社会論などを取り上げている。本書を三部構成にしたのは、読みやすいように内容的におおまかに分けたためであり、それ以上の意味はない。第一部の第一章「グローバル化・リージョナル化・民主化」は、現代世界システムの大きな傾向としてグローバル化、リージョナル化、民主化を取り上げたものであり、この三つのベクトルのせめぎ合いの時代に入っているという問題意識にもとづいている。第二章「グローバル化論の再検討」は、A・マグルーの見解にもとづいて、グローバル化論を「ハイパーグローバル主義」、「懐疑主義」、「転換主義」という三つの見解から検討したものである。

第三章「グローバル化と日本政治の変容」は、一九八〇年代以降の新自由主義的なグローバル化に直面した日本政治について言及したものである。第四章「世界システムのなかの沖縄」は、日本が沖縄を接点として世界システムに編入される過程を取り上げたもので、現在のアメリカによる沖縄の位置づけは歴史的にこの頃にさかのぼるという歴史認識にもとづいている。第五章「世界システムの変容と沖縄米軍基地」では、日米安保の再定義と沖縄米軍基地を中心に東アジアの安全保障の問題について取り上げている。

第二部第六章「アメリカ帝国と日本のアジア政策」は、ブッシュ政権成立以来のアメリカの単独行動主義にもとづく世界的な軍事プレゼンスの拡大のなかでのアジア政策を扱っている。第七章「イラク戦争後の日本政治」では、小泉政権のイラク政策、イラク特措法と自衛隊の海外派遣の問題を取り上げている。第八章「イラク戦争後の日米同盟の新局面」では、イラク戦争後のアメリカの安全保障政策、日米安保体制の「トランスフォーメーション」の問題を取り上げている。そして第九章「資源をめぐる地政学」では、イラク戦争が資源をめぐる戦争という側面をもっていた点について、中東やカスピ海といった資源保有地域との関連で取り上げている。

第三部第一〇章「帝国的主権の成立」では、A・ネグリの帝国論について、その意味と問題点について取り上げている。第一一章「国民国家と帝国の間」は、近代世界システムが成立するなかで帝国がそのなかに組み込まれていった歴史的過程について扱っている。第一二章「グローバル化と「帝国」論」では、「アメリカ帝国」論とその背景とその衰退、マルチチュード、反グローバル化運動を取り上げている。第一三章「反グローバル化運動の可能性」は、「反グローバル化運動」を反システム運動として位置づけて、その可能性と扱ったものである。そして最後の第一四章「世界システムとグローバル市民社会」は、世界システム論の枠組のなかに「グローバル市民社会」を理論的に位置づけることを前提にして、それが世界システムのあり方を変革する潜勢力をもつものとして位置づけている。

本書は、過去一〇年間に発表したものを編集したもので、もとより体系的な叙述を志向したものではないので、著者の問題意識と意図がどれだけ伝わっているのかはなはだ疑問である。ご批判をいただければ幸いである。初出一覧は、本書末尾に記してある。最後に、本書が成るにあたっては、多くの方々にお世話になった。とくに世界書院の大下敦史氏、築地電子活版の府川充男氏には感謝申し上げたい。

二〇〇九年五月六日

星野　智

国民国家と帝国の間　目次

第一部　グローバル化と世界システム

第一章　グローバル化・リージョナル化・民主化

一五-六世紀にヨーロッパで成立した資本主義世界経済としての近代世界システムは、今日ではすでにグローバル化を遂げているといってよい。多国籍企業の活動に現れている資本のグローバル化は、人・貨幣・金融・情報などのグローバルな移動を促進し、その結果、グローバルなレベルでの政治的・経済的・社会的な相互依存関係がますます深まりをみせつつある。こうした傾向は、とりわけ一九八〇年代以降の世界的な新自由主義化とともに急速に進みつつある。

他方では、一見してグローバル化とは逆行するようなリージョナル化（地域化）の動きがみられる。欧州連合（EU）は経済や通貨の面での地域統合を深めているだけでなく、将来的には政治統合もめざそうとしている。また南北アメリカでも北米自由貿易協定（NAFTA）や南米南部共同市場（メルコスール）のような地域統合が進展しつつある。さらにアジア太平洋地域でも、アジア太平洋経済協力（APEC）や東南アジア諸国連合（ASEAN）のような地域統合が進んでいる。

このようなグローバル化とリージョナル化との関係はどのように説明されるのであろうか。また政治的にはグローバル・デモクラシーという言葉に示されるように、世界的な民主化の傾向が進展している。その意味では、二一世紀の世界システムを考えるとき、グローバル化、リージョナル化、民主化は、三つの重要なキーワードとなっているといえるだろう。

I　世界システムにおけるグローバル化

グローバル化という言葉は、近年になって現代世界を特徴づける言葉として頻繁に使われるようになった。しかし、その言葉が示唆している歴史的な時間や空間に関しては、必ずしも一致した見解があるわけではない。またグローバル化が生み出している状況あるいは生み出そうとしている状況がどうようなものであるのかという点に関しても、理論的に明確な捉え方があるわけでもない。

けれども、グローバル化の一般的な傾向に関してみると、それが政治システム、経済システム、社会システム、あるいは資本主義的な消費文化の面で普遍主義化の傾向をもたらしているという点を指摘することができるだろう。国民国家の形成は明らかに近代世界システムに共通する現象であり、議会制度、憲法、官僚制、労働組合、通貨制度、市場経済などは、今日世界中の国民国家に共通にみられ、グローバルに拡大している。また民主主義と人権はこのような普遍主義的な価値の象徴でもある。しかし他方で、こうした普遍主義化としてのグローバル化の進行とともに、普遍主義化に対抗する意味での伝統的な文化やアイデンティティの再評価という自体も生じている。これは、ある意味では、国民国家レベルでの政治的・経済的な領域における普遍主義化に対する文化的・社会的なレベルでの反発として捉えることができるかもしれない。そして文化的・社会的なレベルでの反発は、政治的・経済的なレベルでの反発という形態をとる場合もある。

そのさい問題なのは、なぜグローバル化に対してこのような文化的・社会的な反発が生み出されるのかという点である。普遍主義化は否応なしにそれまでの国民国家という枠内でのナショナル・アイデンティティの基盤を掘り崩していく。たとえば民主主義を制度化し人権尊重を社会的に認知していく過程は、国内的に規範化されていくにしたがって、一国的な行動様式を超えた共通の国際的な行動規範になってきたが、こうした過程で、国民国家の文化的な特殊性にもとづくナショナル・アイデンティティの基盤も掘り崩されていく。このような状況の進展によって、いいかえるならばグローバル化によって、それまでの伝統主義、権威主義、集団主義にもとづく行動様式は衰退していくことになる。このことは国民国家を形成したいずれの国家も歴史的に経験してきたことである。文化的・社会的な反発のもうひとつの側面は、市場経済のグローバル化によって引き起こされたネガティブな面への対抗である。とりわけ新自由主義化としてのグローバル化は世界的に経済格差と貧困をもたらしてきており、このことが反グローバリズムを生み出した。

ところで、グローバル化をめぐる主要な論点のひとつであると思われるのは、その歴史的起源にかかわる問題である。すなわちグローバル化は一九八〇年代以降の現象なのか、あるいは近代化の帰結なのか、それとも近代以前にさかのぼることができるのか、という問題である。R・ロバートソンは、グローバル化が近代以前にもみられる現象という立場から、グローバル化を近代的な現象と捉えるA・ギデンズのグローバル化論を批判している。[二] ギデンズはモダニティが本来的にグローバル化の帰結であるとする。[三] 近代においては、時空間の拡大がそれ以前のいずれの時代に比べてもはかるに進展しており、一定地域の出来事と遠隔地域の出来事との結びつきはつねに拡張している。このことは、地球上のすべての地域の繁栄と衰退が世界経済の影響を受けやすくなっているという事実に現れている。ギデンズはこうしたグローバル化の過程を資本主義世界経済、国民国家、軍事的秩序、国際分業の四つの次元で問題にしている。

今日、資本主義世界経済における企業は国民国家の枠組を超えて多国籍企業として活動しているが、こうした活動によって形成される国際分業システムがグローバル化をもたらしている根本的な要因であることはいうまでもない。多国籍企業は、小さな主権国家の政策を左右するほどの資金力や経済権力を保持している。しかし、多国籍企業が途方もない経済権力を振るい、進出先の国々に大きな政治的影響力を行使するとはいっても、一定領域を支配する暴力手段としての国家権力を握っているわけではない。資本主義世界経済としての世界システムのなかで政治権力を持ちうるのは、自国領土内で一定の暴力手段を保持する主権国家である。近代の主権国家は資本主義国家として、自国の領土内の企業の経済活動の基盤を提供してきたのである。これがグローバル化の第二の次元である。

ギデンズは、グローバル化の第三の次元として軍事的秩序を挙げている。戦争の産業化は、世界の一部の地域から他の地域への武器や軍事的技術の移転を推し進めてきた。その結果、ほとんどすべての国家が前近代文明のもとでの国家が保持してきたものよりもはるかに強大な軍事力を保持するようになった。そして大半の国家が先進技術を用いた軍備を確保し軍隊を近代化したために、兵器に関しては「第三世界」は存在せず、「第一世界」だけが存在するに至った。核兵器の所有でさえ、先進諸国に限られなくなったのである。軍事のグローバル化は、兵器や国家間の軍事同盟にとどまるだけでなく、戦争そのものの在り方を変えた。二〇世紀の二度の世界大戦が示しているように、地域紛争のグローバル化をもたらしたのである。

グローバル化の第四の次元は、工業の発展にかかわるものである。地球的規模での分業の拡大は、グローバルな相互依存関係を作り出すとともに、工業化を達成した地域とそうでない地域の分化をもたらした。この過程は、国家の等質的な発展ではなく、不均等発展を促してきた。いいかえれば、資本主義世界経済としての世界システムのなかに、中心、半周辺、周辺という経済的なヒエラルヒー構造を作り上げてきたのである。このような国際分業の拡大と深化は、工業化の水準の高い中心国家が保持してきた経済的なガバナンスの機能を弱めてきた。また工業のグローバル化は近代科学技術のグローバル化をもたらし、その結果、人間の社会システムと環境とのあいだの既成の関係を変えた。これは環境問題のグローバル化ということもできる。

このような四つのグローバル化の次元に加えて、工業化がもたらしたコミュニケーション技術の変革は、文化のグローバル化をもたらした。ヨーロッパに機械印刷法が初めて導入されて以来、機械化されたコミュニケーション技術はモダニティの拡大、伝統的なものから近代的なものへの転換を促す本質的な契機となった。メディアによる情報の集中は、モダニティを刻印された制度の地球的な規模での拡大をもたらしたのである。このように現代においてメディアが地球的規模で影響力をもっていることは、近代の工業化の帰結なのである。

したがって、近代世界システムの発展はグローバル化をもたらしてきたということが可能であろう。資本主義世界経済としての世界システムは、一五—六世紀にヨーロッパで成立し、それが現代まで地理的空間を拡大しながら発展してきた。ウォーラーステインは、近代世界システムへの「組み込み」という概念を使ってその拡大過程を描いている。一五世紀にヨーロッパで誕生した近代世界システムは、一六世紀に自ら設定した境界を突き破り、新たな地域を分業システムのなかに組み込み始め、インド亜大陸、オスマン帝国、ロシア帝国、西アフリカを周辺化していったのである。

「こうした地域が『世界経済』に組み込まれたのは、一八世紀後半と一九世紀前半のことであった。周知のように、その後、一九世紀末から二〇世紀初頭までには地球全体が—これまで『資本主義世界経済』の外延部にさえ位置していなかった地域までもが—引き込まれることになったのである。上述の四つの地域では、こうして、すでに展開していた資本蓄積の過程への組み込みが開始された。この四つの地域の世界システムへの組み込みの過程は、細かい点では違いがあるが、おおむね起こった時期も同じなら、基本的な特徴もたいへんよく似ていた。[四]」

世界システムへの組み込みというのは、本質的に地理的意味で、特定の地域における何らかの重要な生産過程が資本主義世界経済の分業体制を構成する商品連鎖の一環として不可欠になることである。この組み込みは、経済的には資本主義世界経済への組み込みである一方で、政治的にはインターステイト・システムへの組み込みである。したがって、世界システムへの組み込みは経済的編入の過程であると同時に政治的編入の過程でもある。視角をかえていえば、これはグローバル化の過程でもある。その意味では、ウォーラーステインにとっては、グローバル化は近代世界システムの拡大の過程にほかならないのである。

これに対して、ロバートソンはグローバル化が何世紀にもわたる長期的なプロセスであり、それは近代化に先行していると主張する。かれにとっては、グローバル化は、「大航海時代」はもとよりそれ以前の文明においても徐々に浸透してきた歴史的プロセスなのである。ロバートソンはギデンズの見解に批判的に言及している。「ギデンズがグローバリゼーションは近代性の直接の産物であると述べることは、まったく受け入れ難い。世界のいわゆる知られていなかった諸地域を発見した決定的な大航海時代はいうに及ばず、仏教、キリスト教、そしてイスラム教の興隆、あるいは何世紀も前の地図の編纂など、グローバリゼーションの多くの諸相は、「前近代」のグローバリゼーションの活力に満ちた諸相であった。[五]」

こうしてロバートソンは、グローバル化と近代化を結びつけずに、それ以前の歴史的段階にも当てはめようとする。ただその場合、そのグローバル化を促進した本質的な契機をどこに求めるかが問題となってこよう。たとえば「大航海時代」はすでに近代世界に入れることができるとしても、また近代以前には確かに仏教、キリスト教、イスラム教が興隆したとはいえ、それらがただちにグローバル化をもたらしたわけではなかった。近代以前の世界システムがウォーラーステインのいう意味での単一の政治権力にもとづく世界帝国を単位として成立していたとすれば、そこでの経済活動は政治的にコントロールされていたはずである。

確かに、紀元前後には、たとえばローマ帝国と漢帝国とを結ぶ通商路（シルクロード）が発展し、一定の商品交換が行われていたとはいえ、二つの帝国が経済的な相互依存にもとづく分業関係で結ばれていたということではなかった。そのような世界帝国を単位とした世界システムに経済的な依存関係が成立するためには、それらの単位を横断する何らかのコミュニケーション・メディアが必要であったと考えられる。それを可能にしたのは、近代以降の資本主義世界経済の成立と国際的な分業システムの拡大の過程であるということができる。

II　世界システムにおけるリージョナル化

今日のグローバル化は資本主義世界経済の発展と不可分の関係にある。とりわけ一九八九年の旧ソ連・東欧の崩壊によって、資本主義世界経済がそれらの地域を組み込み、再市場経済化するに至って、グローバル化の過程はいっそう進展したということができる。その意味で、一九八〇年代以降、グローバル化は世界的な新自由主義化の進展とともに新しい段階に入ったといわれる。六 その傾向は、第一に重層的な展開をみせている。その特徴は、貿易の拡大、投資の増大、資金の流れ、金融活動の国際的な展開、情報の飛躍的な拡大、人の国際的移動が重なり、それらの活動が全体としてダイナミックに進展している点にある。第二に、グローバル化の過程にアジアNIESや移行国という新しいプレイヤーが参入することによって、グローバル化を世界経済全体に広げていることである。そして第三に、グローバル化の加速度的な展開である。それは、貿易、投資、金融、情報通信などそれぞれの分野において、過去数十年分に相当するような国際的な交流を増加させている。

ところで、他方において世界システムのレベルで進展しているのは、一見してグローバル化とは正反対な流れに思われるようなリージョナル化である。ＥＵは、一九九三年に発効したマーストリヒト条約によって経済的・

政治的統合を深め、一九九九年には通貨統合を果たした。アメリカは一九九四年にメキシコとカナダとのあいだで北米自由協定（ＮＡＦＴＡ）を結び、域内自由貿易圏を形成した。またアジア太平洋経済協力（ＡＰＥＣ）は、緩やかな地域統合を形成しているが、自由貿易圏の形成まで進展しておらず、関税や投資規制など通商上の障壁を低く抑えようとする自由化や経済協力を進める協議体という域を出ていない。

このようにＥＵとＮＡＦＴＡが地域統合を深めるなかで、東アジアにおける地域統合はおもにＡＳＥＡＮ諸国を中心に進展しているものの、世界システムにおける中心諸国がそれに介在していない。日本は東アジア地域との貿易関係を深めている一方、投資や金融の面では世界貿易に深くかかわっており、将来的には東アジアを中心とした共同体形成を進める可能性がある。しかしその際、日本がヨーロッパやアメリカを排除する形で一方的な地域統合を進める可能性は少ない。今後は、ＥＵとアメリカという世界システムにおける二つの中心がリージョナル化というプロジェクトを進めていくと、日本も東アジア地域での地域統合に無関心ではいられなくなるだろう。日本が将来的に地域統合を推進する方向に進むとすれば、それはアメリカやヨーロッパの地域主義的なプロジェクトのいっそうの発展への対応となろう。[七]

このようなグローバルなレベルでの地域統合の動きの背景には、経済的な側面からみると、域内貿易関係の深まりという状況がある。[八]ＥＵの域内貿易が占める割合は、一九八〇年には五二パーセント、一九八五年には五四パーセント、一九九〇年には六〇パーセントと上昇している。北アメリカの場合も、域内貿易の割合が一九八〇年には三三パーセント、そして一九八五年と一九九〇年には三八パーセントとやはり上昇している。このことは、東アジア地域（日本、中国、シンガポール、香港、韓国、インドネシア、マレーシア、フィリピン、タイ）も同様であって、域内貿易の占める割合は、一九八〇年には三五パーセント、一九八五年には三八パーセント、一九九〇年には四五パーセントと漸増している。このように域内貿易の凝集性が強まってくると、商品や人の移動の制限を取り除くことが域内諸国にとっての共通の利益となることは明らかである。

他方、海外直接投資をみると、ドイツは一九八〇年代にはおもにアメリカへの投資の割合が多く、アメリカは西欧諸国への投資の割合が多く、そして日本はアジアよりも北米諸国や西欧諸国への投資が多い。このことは、海外直接投資の流れが世界経済における域内関係よりも域間関係を強めることを意味している。[九] いいかえると、海外直接投資は、グローバル化を推進しているが、リージョナル化を推進しているわけではないということになろう。このことは国際金融の場合についてもいえるようであり、ロンドン、ニューヨーク、東京という三つの金融センターは、他の地域的な金融センターよりも結びつきが強くなっている。[一〇]

リージョナル化への動きのもうひとつの側面は、その政治的側面である。パクス・アメリカーナの崩壊と冷戦構造の崩壊は、それまでの覇権国家による安定化にもとづいていた世界システムの構造を変えた。覇権国家がもはや存在しなくなったということは、したがって、世界経済の一国的な管理が終焉したということを意味している。このように、世界秩序のガバナンスが崩壊したということは、世界システムのなかで生じているさまざまなグローバル・イッシューに対処することができなくなるということでもあり、そのときには「資本主義的な文明」に対する新たな挑戦が開始されるかもしれない。リージョナル化は、こうした状況にたいする地域的なガバナンスとしての対応として登場してきたという見方も可能であろう。[一一]

しかし、近年のリージョナル化が経済的単位として成立してきたという歴史的経緯があるとすれば、それを覇権国家なきあとの世界システムにおけるガバナンスの担い手と解することにも多少の無理がともなうだろう。なぜなら、現代のリージョナル化は経済的な自由貿易圏という性格が強く、必ずしも政治的なガバナンスを伴うものではないからである。ただし、ＥＵのように、たとえば域内の共通の安全保障政策が実施されることになれば、そうした性格が強くなろう。いずれにせよ、こうしたリージョナル化の動きの背景には、資本主義世界経済のグローバル化によって、市場経済活動にとって従来の国民国家の枠組が障害になってきたという状況が存在しているように思われる。

もともと、資本主義的生産にとって、自国は保護国であると同時に、他国は障害そのものであった。資本の運動にとっては、できるならば関税障壁を撤廃した方がよいというのが必然的要請であった。資本主義世界経済においては主権国家の果たす重要な役割のひとつは、国民経済内部での資本蓄積のための前提条件を整備することである。グローバル化の時代を迎えて、世界システムにおける経済的な活動空間の広さの割には主権国家の数が多くなりすぎていることが地域統合を進める要因となっているともいえる。世界システムにおける主権国家の適正な数というものはそもそも存在していない。主権国家の統合は、過去の地域的・文化的・国民的な多様な要因に規定されて進展してきており、その結果として現在の主権国家の数となった。それは歴史的に偶有的な現象でもあったといえる。

いってみれば、もとより世界システムにはそもそも主権国家の適正な数についてのルールが存在したわけではなかった。それゆえに、リージョナル化は資本主義世界経済の拡大と深化の過程で関税障壁あるいは非関税障壁という形で存在している従来の地域・文化・国民の枠組を取り払おうとする動きであるということができる。しかし実際問題として、主権国家という政治的なガバメントの枠組が存在している限り、そして、ただちにグローバルなレベルで国境の枠が取り払われた世界経済が出現することは考えられないとすれば、リージョナル化はそこへの中間的なステップとして登場してきたと考えることは可能であろう。[三] 将来的に主権国家の枠組が消滅するかどうかはさておいても、リージョナル化は資本の運動には国境がないということの段階的な発現形態として捉えることができる。

このようなリージョナル化の動きは、世界システム論からみるとどのように捉えられるのだろうか。ウォーラーステイン自身は、リージョナル化については主題的に論じていないけれども、EU、アメリカ、日本を世界システムの三つの中心点として位置づけ、ヘゲモニー循環論にもとづいてこれらの中心点の競争関係を問題化している。これによれば、リージョナル化は、ヘゲモニー競争が展開される舞台として捉えられている。

これらの三つの中心点は、ヘゲモニー競争の準備のために勢力を結集する。これは保護主義的な傾向をもつ地域的ネットワークの形成という形態をとる。三つの地域的なネットワークは、低コストの生産圏に属する国々を特権化された関係に組み込むことによって、すなわちアメリカがメキシコを、日本が東アジアを、そしてEUが東中欧を組み込むことによって、中心圏を拡大する方向に動いてきた。世界システムに三つの中心点が存在することは構造が不安定であることを意味している[一三]。三極間での競争が継続するにつれて、三極を二極にしようとする力が働く。というのは、この場合、三極のうち結合した二極が他に対して優位に立つからである。こうした状況のなかで、三極を二極にしようとする動きの結果として、日本とアメリカが結びつき、日米共同統治(condominium)を形成する可能性が高くなる[一四]。

ウォーラーステインはこうした日米共同統治が形成される理由として、以下の三つの点を指摘している[一五]。第一に、中国とロシアの特殊な立場という問題である。日本は明らかにその中心点に中国を組み込みたいと考えているが、歴史的理由のためにそうすることは困難である。かりにアメリカが両者を三国同盟に引き入れるならば、それは可能である。アメリカは歴史的理由だけでなく、地政学的な理由からロシアよりも中国により関心をもっている。第二は軍事力の政治学である。日本は政治的に軍事力を十分に発展させることができないために、軍事的同盟が必要であり、アメリカが明らかにその同盟国となっている。第三は文化的な問題である。日本と中国は世界文化の舞台における東アジアの中心性を主張することに関心をもっており、それは世界システムにおける地政文化のヨーロッパ中心主義的な想定と対立するものである。このために、両国は西欧と同盟関係を結ぶことはない。アメリカはもちろん文化的にはヨーロッパに起源をもっているけれども、ハイブリッド文化の構造をもっているために、ヨーロッパよりも弾力的である。

このように、ウォーラーステインは現在のリージョナル化への動きをヘゲモニー競争という視点から捉え、しかも大きな方向性としてアメリカと日本を中心とした環太平洋地域にヘゲモニーが移動すると考えているようである。しかしながら、ヘゲモニー競争とはいっても、資本主義世界経済がつねにブロック化を回避してきたように、そこに各ブロック間の政治的・経済的・軍事的衝突という事態を想定することはできないだろう。おそらくウォーラーステインのいうヘゲモニー競争ということも、さし当たりは経済的競争を想定しているものと思われる。そうだとすれば、各地域的ネットワーク間の対立は、さらなる経済的統合へと進むことによってしか乗り越えることができないのではないか。

III　世界システムにおける民主化

ウォーラーステインがいうように、世界システムにおけるリージョナル化の傾向がヘゲモニー競争を生み出す可能性を含んでいるとすれば、その反対傾向を示す動きの存在も考えられる。歴史的にみて、資本主義世界経済の分裂と崩壊を阻止してきたのは、インターステイト・システムであった。世界システムの「政治的上部構造」というべきインターステイト・システムは、資本主義世界経済が成立して以来、国家間の政治的・経済的・軍事的な諸問題を調整するという機能を引き受けてきた。戦後の国連システムは、インターステイト・システムが物象化した形態といえるが、今日ではグローバル・イッシューはこうした国家間システムを通じて民主主義的に調整されるようになった。国民国家内部の民主化が政治システムの民主化や市民の民主主義的な参加と不可分であるように、世界システムのレベルにおいても、国連を中心とした多国間主義は、いわゆるグローバル・デモクラシーとよばれる世界的なトレンドの一翼を形成している。その意味では、民主化は、世界システムの「政治的上部構造」としてのインターステイト・システムのレベルでも重要な課題となっている。

S・ハンチントンは『第三の波』のなかで、一九七四年から一九九〇年にかけておよそ三十カ国が民主主義へ移行したことを明らかにしている。[一六] その後さらに五年間で、旧ソ連や中東欧を中心に三十カ国以上が民主化を開始した。そして一九九六年初頭までに、世界の国々の六〇パーセントが複数政党制と選挙制度にもとづく立憲民主主義体制を採用したといわれている。ハンチントンは、一九七四年以降の民主主義的な発展の時期――ポルトガル、スペイン、ギリシアの権威主義体制の崩壊の時期――が、世界的な民主主義的拡大の「第三の波」を占めていると主張している。

一九七四年以降の民主化の「第三の波」の原因には、第一に、民主主義的諸価値が広く受け入れられている世界における一九七〇年以降の権威主義的システムの正統性の低下、すなわち、一九七三―一九七四年の石油危機による経済的業績の悪化による権威主義国家の崩壊と民主化、第二に、経済発展が民主化を促すという経済発展と民主化の肯定的関係、第三に、西欧キリスト教とりわけローマ・カトリック教会の教義および指導性と民主主義とのあいだの強い肯定的関係、第四に、外部的アクターによる政策上の民主化（たとえばアメリカの人権外交の影響）、そして最後に、一国での民主化が他国に影響を与えるという民主化のデモンストレーション効果あるいは波及効果、である。

このようなハンチントンの民主主義論の基本的認識は、近代民主主義が西欧に起源をもつ点、一九世紀以来ほとんどの民主主義国家が西欧諸国であった点、キリスト教は民主主義を推進するが儒教とイスラム教は民主主義と相容れない点、そしてこれまでリプセットなどが問題としてきた経済発展と民主化の相関関係ということが決定的要因ではない点、したがって経済的要因よりも文化的・文明的要因を強調した点にある。西欧＝キリスト教文明諸国とイスラム・儒教文明諸国間の対立というハンチントンの「文明の衝突」論は、このような民主主義についての基本的認識に由来している。ここには明らかに、西欧・キリスト教中心史観が表明されており、民主化の問題を多元的な視角から捉えようというよりも、それを文化や文明の問題に還元しようとする意図が明確にみられる。

近代世界システムにおいて民主主義を考える上で留意すべきなのは、民主化が遅れた国々がなぜ世界システムの半周辺や周辺の諸国家に集中しているのかという点である。近代世界システムにおいて民主主義が発展したのは確かに西欧の中心諸国であった。世界システムの拡大過程で非西欧諸国が西欧諸国に従属させられるにつれて、帝国主義的な支配体制が形成され、この過程で中心諸国は半周辺諸国および周辺諸国の民主化への動きを抑圧してきた。だが、ハンチントンはこうした歴史的側面をみようとはしない。

また経済発展と民主化との相関関係というS・リプセットやその後の研究が提示している視点は、ハンチントンが過小評価するほど民主主義にとっては副次的な問題ではない。[一七] 工業化と都市化の進展は、富、教育、読み書き能力、大衆伝達、所得の平等、そして中間層の規模といった問題にかかわっており、これらが民主主義の発展を促してきたことは明らかである。またK・ボーレンの研究は、世界システムの位置と政治的民主主義との関連に関する国家間の研究を提示しており、そこでは半周辺国家と周辺国家が中心国家よりも民主主義的形態をとりにくい点を指摘している。[一八] 同様に、M・ティンバーレイクとK・ウィリアムズの研究は、半周辺国家や周辺国家における多国籍企業の浸透の程度や非エリート集団の政治からの排除の問題を取り上げ、外国資本への従属が非エリート層を政治から排除し、民主化を妨げている点を示唆している。[一九]

さらにハンチントンがいうように民主主義が西欧に歴史的起源をもつとはいっても、民主化の第一の波

（一八二八―一九二六年）の時期においては、労働運動や社会主義運動といったいわゆる反システム運動が民主化の進展に大きな役割を果たしていた。一九世紀後半における工業資本主義の急速な発展は、労働者階級の組織を活性化し、西欧諸国の権力バランスを大きく変化させた。いいかえれば、それは世界システムにおける中心国家の権力バランスを変えたのである。組織化された労働者階級は、この時期のもっとも一貫した民主主義の支持者であった。第一次世界大戦の開始当初、第二インターナショナルの社会民主主義運動は、普通選挙権と議会政治の実現を綱領に盛り込んでおり、その意味では、労働者階級とその運動が民主主義を推進したといっても過言ではない。ハンチントンはこの点に関しても言及していない。

　ハンチントンの民主化論は、主権国家内部の民主主義体制の成立という点に焦点を当てており、したがって主権国家間の民主主義を問題化しているものではない。いいかえれば、それは一国単位の民主化の量的拡大の傾向を取り上げているのであって、国家間の民主化の問題やインターステイト・システムの現象形態としての国際レジームの民主化の問題を取り上げていない。それに対して、D・ヘルドのコスモポリタン・デモクラシー論は、[20]このような国際的なレベルでの民主化の方向を模索している。今日の民主主義の問題は世界システムのレベルでも問題化しているといえよう。さらに、グローバル・デモクラシーが主張するように、これまでのナショナルな枠組を超えたレベルでの市民やＮＧＯなどのアクターを主体とした民主主義の模索への動きがある。

　ヘルドのコスモポリタン・デモクラシー論は、今日において民主主義の可能性が民主主義的な制度や手続きの枠組の拡大と結びついているという認識にもとづいている。その場合、民主主義の舞台は主権国家よりも下位のローカルな過程、主権国家よりも上位のリージョナルな過程とグローバルな過程である。ローカルな過程での集団や運動は、一国的な代議制民主主義を下から問題化している一方、リージョナルなレベルでは、諸国家と市民のあいだの相互連関性が政治的決定を連結させる鎖を作り出し、一国的な政治システムの本質や動態を変えつつある。そしてグローバルな過程においては、主権国家の調整能力が問題化され機能不全に陥っているために、主権国家の本質、視野、能力を上から変えつつある。

こうした認識にもとづいて構想されているのがコスモポリタン・デモクラシーである。それは、個人、市民団体、敬愛、規制的・法的関係などを含んだ地域横断的でグローバルな多元的・重層的なネットワークから成るグローバルな秩序を基礎にしている。このようなコスモポリタン・モデルを実現するためにはグローバルな世界秩序の変革が前提になるとはいえ、ウェストファリア体制以降の主権国家システムとの抵触をどのように乗り越えるかが大きな課題である。

いずれにしても、コスモポリタン・デモクラシーやグローバル・デモクラシーとはいっても、その萌芽は部分的にインターステイト・システムの発現形態である国際連合やＥＵなどの国際機関あるいは地域的ポリティなどにみられるだけで、理想化された民主主義モデルの域を出ていないのが現状であろう。問題なのは、現実問題としてグローバルなレベルで民主化が進展していく可能性が高いのか、あるいはそこに何らかの障害が立ちはだかるのか、という点である。視角をかえていえば、一九世紀に主権国家の枠内で民主主義が拡大したように、今日において世界システムのレベルでも同じように民主主義が拡大するのかということが課題となろう。

ハンチントンが民主化の第一の波とした一九世紀の民主化は、イギリスのチャーチスト運動やヨーロッパの労働運動といった反システム運動によって実現されてきた。これに対して、当時の自由主義者は概して民主主義の無制限な拡大を望まなかった。そこに民主主義を拡大しようとする勢力と民主主義を制限しようとする勢力とのあいだの対立が存在し、その対立は民主主義者と自由主義者とのあいだの対立でもあったということができる。こうした西欧の資本主義的な中心国家を舞台とした二大勢力の政治的対立は、世界システムの構造的安定化という観点からみると、解決されるべき重要な課題であった。西欧諸国はその課題を、一方では「危険な階級」に普通選挙権を付与し、他方では福祉国家的政策を展開することで乗り越えてきた。その意味では、世界システムの中心国家で形成された福祉国家体制は二つの階級の政治的均衡にもとづくものであった。

しかし、こうした一九世紀的な政治的妥協が世界システムのレベルでも可能であろうか。半周辺国家や周辺国家は、世界システムのなかで経済的・金融的に弱い立場に置かれており、しかも国連や世界銀行の運営にも現れているように、国際レジームは中心国家に有利に作用している。かりに世界システムのレベルで、ヘルド的なコスモポリタン・デモクラシーが進展したとすれば、国家も含めたさまざまなアクターには同等の権利が与えられる可能性が高い。そうなると、富や資源の配分はグローバルなレベルで平等化する方向に作用することになり、先進諸国の既得権益は制約されることにもつながる。こうして一九世紀の民主主義と自由主義との対立は、世界システムに舞台を移すことになる。この点に関して、ウォーラーステインは以下のようにいう。

「自由主義の目的と民主主義の目的はまたも一致しなかった。一九世紀には自由主義による普遍主義の宣言は人種主義と両立可能になっていた。すなわち自由主義は普遍主義的理想の事実上の受益者である〝市民〟を〝内部化〟する一方で、人種主義の対象を〝外部化〟することによってそれを可能にしたのである。問題なのは、ヨーロッパや北アメリカの一国的な自由主義は国内の〝危険な階級〟を取り込むことによって成功してきたが、二十世紀のグローバル民主主義は第三世界や南とよばれるようになった〝危険な階級〟を取り込むことに同じように成功しうるかどうかということである。問題はもちろん、世界的なレベルで人種主義を〝外部化〟できる場所がもはや存在しないということである。自由主義の矛盾はわが身にはね返ってきたのである。」[三]

世界システムにおける民主化は、一九世紀においてそうであったように、システム内部の〝危険な階級〟によって担われる可能性が高く、その舞台は世界システムの政治的上部構造としてのインターステイト・システムに移されることになろう。すなわち国連や国際機関、各条約などを舞台にして、民主化をめぐるせめぎ合いが展開されることになろう。

ウォーラースティンは『移行の時代』のなかで、一九九〇‐二〇二五年にかけての世界システムの動きを予想している。形式的には二つの可能性が存在するという。ひとつは、世界システムが過去五世紀にわたって資本主義世界経済として機能してきたように、今後も存続するという可能性である。この場合、世界システムは多くの点で様相を異にするけれども、本質的には、機軸的分業、不等価交換、インターステイト・システムにもとづく資本主義世界経済は維持される。もうひとつは、景気循環にもヘゲモニー的な衰退にも原因を求めることができないような新しい現象のために、世界システムがこれまでのように機能し続けると予想することが合理的ではなくなるという可能性である。冷戦の終結と米ソという司令塔の機能低下は、明らかにグローバル・ガバナンスを弱めており、こうした司令塔の不在は、管理されない小規模の戦争の増大、共同関係を結んだ南の勢力の北への軍事的挑戦、インターステイト・システムの不安定化をもたらす可能性があるからである。

この二つの可能性のうち、世界システムの存続という可能性はグローバル化の進展と深くかかわっているように思われる。なぜなら、それはボーダーレスな資本の拡大という資本主義世界経済の本質的なあり方の問題でもあるからだ。後者の悲劇的な可能性は、多少ともリージョナル化にかかわっているように思われる。というのは、それは世界システムのなかでの要塞化あるいはブロック化もしくは帝国化につながる可能性を潜在的にもっているからである。それに対して、グローバルな民主化は中間的な位置を占めている。なぜなら、それは第三の可能性を模索するかもしれないからである。

【注】

一　たとえばB・バーバー『ジハード対マックワールド』鈴木主税訳、三田出版会、一九九七年、一二–三頁を参照。

二　R・ロバートソン『グローバリゼーション』阿部美哉訳、東京大学出版会、一九九七年、一二–三頁。

三　A・ギデンズ『近代とはいかなる時代なのか?』松尾精文・小幡正敏訳、而立書房、一九九三年、八四頁。

四　I・ウォーラーステイン『近代世界システム』川北稔訳、名古屋大学出版会、一九九七年、一五六頁。

五　ロバートソン前掲訳書、一三頁。グローバル化が提起しているもうひとつの問題は、それがもたらす将来的な発展の方向性の問題である。それに関しても、ウォーラーステインとロバートソンはそれぞれ異なった見解を表明している。すなわち、ウォーラーステインの世界システム論が描いているように自由で平等な普遍主義的現実に向かって進むことになるのか、それともロバートソンが主張しているように同質性と異質性が共存するような「グローカリゼーション」とよばれるような状況が作り出されるのかということである。基本的には両者とも、歴史的発展も伴う普遍主義的傾向と個別主義的傾向の同時性を主張しているけれども、そこには明らかに問題意識の違いがみられる。ウォーラーステインの世界システム論の問題提起が、「世界文化」なるものの存在を求めることができるのかとうことを理論的前提に置きながら、普遍性と個別性の相克を取り上げ、最終的には何らかの普遍的なものへの執着を示しているのに対して、ロバートソンのグローバル化論は、世界化と地方化の同時的進展という方向性を示しながら、あくまで普遍性と個別性の相互浸透を強調している。

六　経済企画庁総合計画局編『進むグローバリゼーションと二一世紀経済の過程』大蔵省印刷局、一九九七年、三–四頁。

七　A.Gamble/A.Payne (eds.), *Regionalism and World Order*, MaCmilan, 1996, p.258.

八　A. Wyatt-Walter, Regionalism,Globalization, and World Economic Order, in : L.Fawcett/ A. Hurrel (eds.), *Regionalism in World Politics*, Oxford University Press, 1995, pp. 98-104.

九　*Ibid.*, p.108.

一〇　*Ibid.*, p.110.

一一　A. Gamble/ A. Payne (1996), p.261.

一二　星野智『世界システムの政治学』晃洋書房、一九九七年、二〇五頁を参照されたい。またリージョナル化の捉え方に関しては、レスター・サロー『資本主義の将来』山岡洋一・仁平和夫訳、ＴＢＳブリタニカ、一九九六年、一五九頁参照。

一三　T. Hopkins,I. Wallerstein,et al., *The Age of Transition, Pluto Press*, 1996, p.230.『転移する時代』丸山勝訳、藤原書店、一九九九年。

一四　*ibid*, p.231. ウォーラーステイン『アフター・リベラリズム』松岡利道訳、藤原書店、一九九七年、五五頁を参照されたい。

一五　*Ibid*, pp. 231-2.

一六　S・ハンチントン『第三の波』坪郷實・薮野祐三訳、三嶺書房、一九九五年、一五頁。

一七　S. Lipset, Some Social Requisites of Democracy, in: *American Political Science Review*, 52, 1.

一八　K.Bollen,World System Position ,Dependency, and Democracy, in: *American Sociological Review*, 48, 1983.

一九　M. Tinberlake and K.Williams,Depencence,Political Exclusion, and Government Repression:Some Cross-national Evidence,in: *Political Sociological Review*, 49,1984.

二〇　D. Archibugi/D.Held (ds), *Cosmopolitan Democracy*, Polity Press, 1995. D. Held, *Democracy and the Global Order*, Polity Press, 1995『デモクラシーと世界秩序』佐々木寛他訳、ＮＴＴ出版、二〇〇二年。なお、Ｄ・ヘルドのコスモポリタン・デモクラシーに関しては、田口富久治「Ｄ・ヘルドのコスモポリタン民主主義論」『立命館法学』第二四五号、一九九六年）を参照されたい。

二一　Ｉ・ウォーラーステイン前掲訳書『アフター・リベラリズム』、三八七―八頁（ただし訳文は多少変えている）。

第二章　グローバル化論の再検討

一九八〇年代以降、グローバル化という概念が社会科学に頻繁に登場してきた。その概念は経済学や金融論といった経済の分野でその概念が使われているだけでなく、国際政治学や文化論においても使われている。確かに、そのような傾向の基本的前提には、一九八〇年代以降、世界経済の領域では多国籍企業のグローバルな展開、国際政治のレベルではグローバル・ガバナンスへの世界的な取組に示されているように、世界システムがこれまでにもまして政治・経済・文化の面での相互依存関係を拡大・深化させつつあるというグローバルな領域での現実的過程が存在している。しかしながら、他面において、その概念の内容や使われ方については論者によってバラバラであり、したがってグローバル化を分析的な概念として用いることにはかなりの困難がともなっていることは否定できない。

さらにグローバル化という現象あるいはそれを示す概念に関しては、肯定的な見方もあれば、否定的な見方も存在する。ネオ・リベラリズムは、グローバル化がもたらす世界経済の統合によって調和がもたらされると考えているのにたいして、世界システム論は資本主義世界経済のグローバル化が経済のヒエラルヒー的な成層化と不平等の構造を深化させると考える。他方、グローバル化の歴史的起源の問題に関しても見解の違いがある。

たとえば、R・ロバートソンのように[一]、文化的なレベルに焦点を当てることでグローバル化が近代以前に、すなわち資本主義の成立に先行するものと考える主張もあれば、A・ギデンズのように[二]、グローバル化を近代の「啓蒙主義のプロジェクト」がもたらした基本的な帰結の一つであるとし、それが新しい形態の相互依存の局面を作り出しているという主張もある。

それに加えて、グローバル化という概念自体のもっている「神話性」や「フェティシズム」を問題にする論者もいる。P・ハーストとG・トムソンは、「グローバル化は幻想のない世界にぴったりする神話であるが、それはまたわれわれから希望を奪い去る神話である」[三]という。J・ヒルシュのように、グローバル化が学問的概念以上のものであり、むしろある意味では「フェティシズム」とよべるべきものであるとしている。[四]というのは、その概念が正確に理解されていないにもかかわらず、神秘的な意味が付与され、世界を動かし、われわれの生活すべてを規定している「秘密の権力」という性格をもっているからである。さらにウォーラーステインは、グローバル化の「イデオロギー的な称賛[五]」が史的システムとしての世界システムの終焉を宣言することにつながるとする。なぜなら、そのことは既存の史的システムとしての世界システムの不平等な構造を正統化・合理化することにつながり、その意味ではシステムの終焉を加速するからである。

したがって、ここではグローバル化概念の分析的道具としての有効性が問題視されており、さらにはその概念がもつイデオロギー的な意味が問題化されている。確かにグローバル化をバラ色に描き出し、それが地球をひとつに結びつけることによって経済的な豊かさや政治的な統合を生み出すという見方は、現実の歴史過程についてのあまりにオプテミスティックで無批判的な捉え方にすぎない。グローバル化が単一の世界やグローバル社会の形成をめざすものだとしても、それによって捉えられる内容は均等な社会の形成ではなくて、ヒエラルヒー化された世界システムの進展にほかならないからである。ともすれば、グローバル化という言葉はニュートラルな概念として使われがちであるが、それはかえって現存の世界システムの不平等で不均衡な状態を覆い隠す危険性を孕んでいるといわざるをえない。しかし、近代以降の世界システムのあり方、さらには一九八〇年代以降の世界システムのあり方を考えるうえでは、こうした点も踏まえながら、グローバル化論が提起している問題点を批判的に検討するという理論的作業が重要であるように思われる。

I　グローバル化の時代区分

（一）長期の歴史的プロセスとしてのグローバル化

グローバル化という現象がいつごろ始まったのかという時期に関する規定をおこなうことはきわめて難しい状況であり、そのうえ論者によってもまちまちである。大きく分けると、グローバル化の起源は、近代以前と近代以降に求められよう。近代以前とはいっても、C・ギャンブルのように[六]、人類（ホモ・サピエンス）が地球全体に分布するようになった時期までさかのぼる極端な主張もある。また近代以降にグローバル化の起源を求める論者[七]のなかでも、さらに二〇世紀以降に関しては、一九五〇年代に求める論者[八]、一九七〇年代に求める論者[九]、一九八〇年代に求める論者[一〇]もおり、グローバル化の時期区分に関しては多様である。

このようにグローバル化という言葉は一九八〇年代になって頻繁に使われてきたものであるとはいえ、その起源をめぐる問題に関しては評価が異なっている。ロバートソンは、グローバル化という用語が一九八〇年代初めあるいは半ばまでは、重要な概念とは認められず、八〇年代の後半になってその使用が急速に増加したという[一一]。しかしながら、一九六〇年代にすでにM・マクルーハンがその著書『コミュニケーションの探索』（一九六〇年）において、「グローバル・ヴィレッジ（地球村）」という概念を導入し、メディアによって共有される同時性を問題化し、地球の縮小あるいは収縮を説いていた。マクルーハンの問題提起は、そういう意味で、現在のグローバル化論を先取りするような側面をもっていたが、当時はまだ冷戦構造下であり、しかも今日のような多国籍企業のグローバルな展開という事態が十分に進展していないこともあって、現実過程が必ずしもそれに対応していなかったという面がある。しかし、今日のグローバル化という言葉で表現されている状況は現実過程ときわめて相即的であるといってよい。

さて、ロバートソンはすでに触れたように、グローバル化が近代以前にも存在して点を強調しながら、つぎのように述べている。「私は、グローバル化が近代化の結果であるという命題を進めることに対して、ギデンズを厳しく批判する。グローバル化は、多くの世紀にわたるたいへん長いプロセスであるというのが私自身の立場であり、したがって、私は、グローバル化は近代化に先行した、と主張する。ギデンズがグローバル化は近代性の直接の産物であると述べることは、まったく受け入れ難い。世界のいわゆる知られていなかった諸地域を発見した決定的な大航海はいうに及ばず、仏教、キリスト教、そしてイスラムの興隆、あるいは何世紀も前の地図の編纂など、グローバル化の多くの様相は、「前近代」のグローバル化の活力に満ちた様相であった。[二二]」

他面において、ロバートソンは、グローバル化に関して、「概念としてのグローバル化は世界の圧縮と全体としての世界の意識の強化」に関連しており、二〇世紀におけるグローバルな全体についての両者の具体的な相互依存と意識」に関連しているとする。[二三]ここでの最初の定義、すなわちグローバルな圧縮というのは、従属理論や世界システム論の主張と類似している。それは貿易、軍事同盟や軍事的支配、「文化帝国主義」によって一国的なシステム間の相互依存の水準が高まったことに関連しているからである。ウォーラーステインの世界システム論の主張は、一六世紀初めから地球が社会的に圧縮しているということであるが、ロバートソンはその歴史が実際にははるかに長いと主張しているのである。しかし、その定義でより重要な構成要素は、グローバルな意識の強化という比較的新しい現象である。(一四) そのようなグローバルな意識の増大は、地方的あるいは一国的な領域よりも全世界という領域を視程に据える可能性をますます高める。

ロバートソンは、グローバル化の過程が新しいものではなく、近代と資本主義に先行するものだとしているが、そのさい近代化がグローバル化を加速し、それが現代においてきわめて高い意識の水準まで到達している点を否定していない。さらにヨーロッパ文明がその発展の焦点であり根源であるという前提も崩してない。こうした前提にもとづいて、かれはグローバル化の歴史的過程をつぎの五つの段階に分けている。第一は本源的段階(一四〇〇―七五〇年)であり、キリスト教の分裂や国家共同体の成立、グローバルな探検、植民地主義などがその特徴をなしている。第二は曙光の段階(一七五九―八七五年)であり、国民国家、国家間の公式外交、国際法上の条約などによって特徴づけられる。第三は離陸の段階(一八七五―九二五年)であり、四つのグローバルな側面(国民国家、個人、単一の国際社会、単一の人類)からの世界の概念化の成立、国際的な通信・スポーツ・文化的結合、最初の世界大戦などによって特徴づけられる。第四は、ヘゲモニー闘争の段階(一九二五―六九年)であり、国際連盟と国際連合、第二次世界大戦、核への世界的な脅威などがその特徴となっている。そして第五は不確実性の段階(一九六九―九二年)であり、宇宙探査、脱物質的な価値と権利の言説、国際関係の複雑化と流動化、地球環境問題によって特徴づけられる。(一五)

ここでロバートソンは明らかに、グローバル化の歴史が近代に先行するとしながらも、近代以降のグローバル化がヨーロッパ中心であるという構図を描き出している。一九九〇年代が不確実性の段階であるのは、われわれが直面している将来的な方向性への信頼あるいはコンセンサスが欠如しており、せいぜいのところ地球環境の面での信頼が成り立ちそうな状況であるからだ。したがって、かれが描く将来像は、グローバル化の結果としてより統合された調和的な世界が成立するということでもない。しかも、ロバートソンは国際的なシステムについて論じているわけでなく、基本的には文化的なレベルでのグローバル化について論じているにすぎない。ロバートソンは、結論的にはグローバル化は正確には「グローカリゼーション」という形態で進展していくと論じている。

「グローカリゼーションの概念は、一方に、全世界が同質化しつつあると考える人々と、もう一方に、一つの全体としての現代世界はますます多様化する世界だと考える人々との、知的な衝突を取り扱うために採択されている。グローカリゼーションの概念は、私の使い方では、もろもろの考え方や産品が、一つの全体としての世界および諸地方に、同時に、市場化される傾向の増大を指している。[一六]」

ロバートソンのいう「グローカリゼーション」は、文化や宗教の多様性を前提にしてその併存関係に力点を置いている。しかし他面においては、さまざまな考え方や産品が併存するような市場化の傾向を想定している点では多様性のなかでの競争関係を排除しておらず、その点でグローバル企業の経営戦略、すなわちグローバルな展開と進出先の国の文化に合わせた企業経営という戦略に合致するものであるということもできる。[一七]けれども、ロバートソンが想定していることは、さまざまな地域や文化圏で市場化が可能となるように商業戦略の展開が、単一のスタンダード（アメリカン・スタンダード）を押しつける一方で、グローカリゼーションにおいてはローカルな異質性が規範的なスタンダードになるという点である。[一八]その意味では、グローバル化は文化的な同質性を前提とすることなく、むしろ文化的な同質性と異質性こそがグローバル化の過程の帰結であるということにある。

さて、グローバル化が近代以前の現象かそれとも近代以降の現象かという問題に関しては、世界システム論の領域でも論争点の一つとなっている。A・G・フランクの五〇〇〇年という長期の歴史的時間のなかで展開される世界システム論は、グローバル化を長大な歴史的なプロセスとして描き出している。A・G・フランクとB・ギルズは、現代の世界システムが少なくとも五〇〇〇年の歴史をもっており、この世界システムのなかでのヨー

ロッパと西欧の支配は最近の出来事にすぎないとして、ヨーロッパ中心主義に対抗する壮大な理論的枠組を提示している。[一九]

フランクとギルズによれば、ウォーラーステインの世界システム論は「資本蓄積過程」を近代世界システムの特徴としているが、これは近代世界システムだけの特徴ではなく、それ以前の「世界システム」に求めることができるのである。また近代世界システムに特徴的な中心—周辺構造も、近代以前の「世界システム」に適用できるのである。こうして、かれらは地中海世界、インド、アフリカ、中国、のちのイスラム世界のあいだのグローバルな結びつきを分析することでヨーロッパ世界とアジア世界を接合し、[二〇]紀元前三〇〇〇年まで遡ることができる「世界システム」を構想している。その考え方からすれば、グローバル化の歴史の起源は五〇〇〇年も前に遡るということになる。

ウォーラーステインは、周知のように、世界システムを資本主義世界経済と世界帝国に分けているが、それによると近代以前に支配的な世界システムは世界帝国であった。世界帝国は単一の政治権力にもとづき、そのシステム内の再分配構造は商品交換ではなくて、権力にもとづいていた。しかし、近代世界システムとしての資本主義経済の発展は、グローバルなレベルでの万物の商品化とそれによる商品連鎖の拡大をもたらした。したがって、ウォーラーステインにとって、グローバル化はけっして新しい現象ではなくて、その物質的な基盤は近代の資本主義経済の発展によってもたらされたと考えられる。またS・アミンは、よく知られているように近代世界システムに先行するシステムを「貢納的」システムとよび、近代以降の資本主義が世界を統一する最初の世界システムであるといっている。[二一]この点では、ウォーラーステインとアミンにとっては、近代以前の社会システムは相互に分離していなかったにしても、リージョナルなシステム（世界帝国）内部の競争的な関係に置かれていたにすぎず、グローバルに拡大することはなかった。それゆえ、グローバル化の歴史は近代世界システムの歴史と相即していくのである。

（二）近代以降：「近代のプロジェクト」としてのグローバル化

A・ギデンズは、グローバル化がすぐれて近代的な現象であるとする。いいかえれば、モダニティは本来的にグローバル化への傾向を内在しているのである。モダニティが本来的にグローバル化していく傾向をもっているという点は、近代の諸制度がもっている基本的な特性のなかに、とりわけ「脱埋め込み」と「再帰性」という特性のなかに示されている。[三二] 近代化の過程は、マルクスが描いたように、人間的な主体が土地という空間的な束縛から解放される過程であった。ギデンズはこうした過程を「脱埋め込み」という言葉で表現している。それは、社会関係を相互行為の局所的（ローカル）な脈絡から「引き離し」、時空間の無限の拡がりのなかに再構築することを意味している。このような「脱埋め込み」の過程を通じて時間と空間との分離がもたらされ、人びとがコンティンジェントな状況に置かれるに到った。しかし、世界的に承認されている「標準的日付制度」と地球全体を包括する「世界地図」を持ち出すまでもなく、時間と空間はグローバルな場面で再結合し、「行為と経験のまさに世界史的枠組み」[三三] を作り出しているのである。

このように「脱埋め込み」は時空間の分離と再結合をもたらしたが、ギデンズはそのメカニズムを二つに類型化している。ひとつは、象徴的な媒体である。パーソンズとルーマンのシステム理論においては、貨幣や権力は近代社会のなかでのコミュニケーション・メディアとして捉えられている。貨幣経済はもちろん近代以前にも存在したけれども、そこでの社会関係は、権力関係であれ信頼関係であれ、基本的には何らかの人格的な依存関係によって成り立っていた。しかし、「脱埋め込み」はこうした人格的依存関係を物象的な依存関係に変え、その主要な形態である資本主義市場を作り出した。そこでは貨幣が社会関係を成立させるメディアとして機能し、人びとの信頼関係は「人格」ではなく「物象」に求められるようになったのである。

もうひとつの「脱埋め込み」メカニズムは、「専門家システム」の形成である。それは、われわれが日常的に生活している物質的社会的環境の広大な領域を体系づけている科学技術上の成果や職業上の専門的知識の体系のことをいう。ギデンズの例示を引用してみよう。「家を出て車に乗ると、私は専門家知識が徹底的に浸透している場面――車の設計や組み立て、高速道路、交差点、交通信号など多くのものを含む――に入り込むことになる。車の運転は事故の恐れをともなう危険な行動であることを、誰もが承知している。車での外出を選んだ際、私はそうしたリスクを受け入れるが、そのリスクをできるかぎり小さくするために、前述の専門家知識に頼るのである。車がどういう仕掛けで動くのかをほとんど知らないし、かりに車が故障しても、自分では簡単な修理しかできない。道路建設方法の専門的なことがらや道路面の補修管理、車の流れを整理するコンピュータについても、最小限の知識しかもっていない。車を空港の駐車場に入れ飛行機に登場すると、私は別の専門家システムに入り込むが、ここでもそのシステムに関する私自身の専門技術的知識は、せいぜい初歩的なものにすぎない。」[二四]

このように「専門家システム」は、象徴的な媒体と同じように、システム分化した近代社会のサブシステムを成立させている知の体系ということができる。それはシステム分化した近代社会のなかでひとびとのコンティンジェントな行動を誘導させるという点では、「脱埋め込み」メカニズムのひとつなのである。また車や飛行機に関する「専門家システム」がローカルな空間で作用するのではなくて、象徴的な媒体として、広範な社会関係のなかで作用していることでは、拡大した時空間のすみずみまで浸透しているのである。

さて、近代の諸制度がもっているもうひとつの基本的特性は、モダニティがもっている「再帰性」である。この「再帰性」がすべての人間の行為を規定する特性である。というのは、人はすべて、行為の不可欠な要素として、日常的にみずからおこなうことがらの根拠と不断に「接触を保ち続けている」からにほかならない。[二五]人間の行為は、それが置かれたコンテキストにたいする一貫したモニタリングをおこない、場合によってはそのコンテキストを変容させていく。人間の行為がコンティンジェントであるがゆえに、人間は自己の置かれたコンテキストを新たに形成していく可能性を潜在的にもっている。伝統社会では、行為の再帰的モニタリングは共同体の時空間組織に結びつけられており、空間的に規定された時間的な連続性のなかで構造化されている。そのため、伝統社会では人間の行為が置かれているコンテキストを変化させることはきわめて難しい。

しかし、近代社会では再帰性はシステムの再生産の基盤そのもののなかに入り込み、その結果、思考と行為とはつねに互いに反照し合うようになる。すなわち、近代の社会生活がもっている再帰性は、社会の実際の営みとしての人間の行為がその営み自体のあり方を変えていくという点に見出される。というのは、社会の生活形式はすべて、その生活形式にたいする行為者の認識によって部分的に構成されているからである。[26] したがって、モダニティに特徴的なことは、人びとの活動が依拠し、またそれを通じて再生産しているコンテキストとしての慣習を、つねに変容させていくという再帰性が作用しているという点にある。

このような「脱埋め込み」と「再帰性」は、「時空間の拡大」とともにモダニティの特性を形成し、グローバル化を促進する基本的要因となっている。ギデンズはグローバル化をつぎのように規定している。「ある場所で生ずる事象が、はるか遠く離れたところで生じた事件によって方向づけられたり、逆に、ある場所で生じた事件がはるか遠く離れたところで生ずる事象を方向づけていくというかたちで、遠く隔たった地域を相互に結びつけていく、そうした世界規模の社会関係が強まっていくことと定義づけできる。グローバル化は弁証法的過程である。」[27] ギデンズのグローバル化に関する規定の前提にある認識は、世界のある地域での局所的な出来事あるいは変容が、社会的結合の時空間を超えた水平的な拡大をもたらし、遠く隔たったところに影響を与える可能性が高くなっているということである。たとえばシンガポールの都市地域のますますの繁栄は、グローバルな経済的結びつきという網の目状の複雑な関係を介して、アメリカのピッツバーグの疲弊と因果関係があるかもしれないのである。このようにグローバル化は、地理的に網の目状に拡大した経済的結びつきとしての資本主義世界経済を前提としている。ギデンズもこの点では基本的にウォーラーステインに同意している。しかし、ギデンズは、ウォーラーステインの世界システム論が経済的側面を過大に重視してきた点を批判しながら、グローバル化の次元を資本主義経済、国民国家、軍事秩序、国際分業という四つの次元で取り上げている。[二八]

さて、グローバル化を近代以降に求めるという点では、ウォーラーステインの世界システム論も同様の立場にある。近代以前における世界システムの拡大は、世界帝国による外部世界の内部化によって実現された。しかし、世界帝国という支配形態はシステム維持のために巨大な政治的上部構造を必要とし、そのうえコストがかかりすぎるために、そのオーバーストレッチ（過度の拡大）は、かえって世界帝国自体を崩壊に至らしめた。しかし、資本主義世界経済としての世界システムは、市場原理を媒介に外部世界を組み入れることで、世界帝国の「過度の拡大」から生じるコスト負担を回避することができた。すなわち、世界経済にはコスト負担となる上部構造としての政治システムは存在しないからである。この点で、資本の自己増殖による資本関係の拡大を原理とする資本主義システムの発展は、マルクスがいうように、「諸国民の全面的な交通、その全面的な相互依存」、そして「世界市場の網のなかへの世界各国民の組み入れ」を発展させ、したがってまた「資本主義体制の国際的性格」が発展する状況を生み出したのである。

(三) 一九八〇年代以降：ネオ・リベラリズムの帰結としてのグローバル化

グローバル化という言葉が頻繁に使われだしたのは一九八〇年代であるが、その時期はちょうど経済危機に陥っていた先進諸国の企業が海外進出を展開し始めたときに対応していた。こうしてグローバル化の問題をとりわけ一九七〇年代以降のフォーディズムの危機と新自由主義に重点を置いて論じる立場は、こうした側面に注目している。J・ヒルシュやB・ジェソップなどはグローバル化を新自由主義のグローバルな展開とパラレルに論じている。

ヒルシュは、グローバル化が「フォーディズムの危機に対する資本の死活の対応」[二九]であるとしている。フォーディズムの特徴は、テイラー・システムにもとづいた大量生産に基礎をおき、資本主義的な賃労働を伝統的な農業生産や手工業生産の分野にまで拡大し、国民経済のすみずみまで大量消費モデルを徹底させたことである。こうして労働者階級の消費自体が資本の増殖過程の一部となったのである。こうした新しい蓄積形態は、ケインズ主義的福祉国家に典型的にあらわれているように、「国家による経済政策への資本主義の依存の強化、国家による成長政策、所得政策、雇用政策の整備、労働組合の公認、そして階級和解システムの政治的制度化―経営者、労働組合、国家の三者を社会的パートナーとし、共同体としてむすびつける交渉システム―[三〇]」にもとづくものであった。

このように、フォーディズムはその核心においては国民国家的に組織されざるをえないものであるから、国家の国内市場への絶えざる介入、国家によって制度的に組織された階級的和解がその核心に存在していなければならないのである。ヒルシュにとっては、このフォーディズムの危機にたいする対応がグローバル化である。「経済的意味における〝グローバル化〟、すなわち、商品、サービス、貨幣、資本流通の急激な自由化は、まさに、資本主義的生産過程と労働過程の、新たなる、システマテックで全世界的な合理化のための前提条件をつくりだすこと以外のなにものでもないのだ。[三一]」

そこで問題になっているのは、第一に、新たなる包括的な合理化への推進力を資本に与えるような科学技術と労働過程をもたらすこと、すなわち、新しい市場と収益の源泉をもたらす科学技術革命である。第二に、資本に有利になるように、つまり社会福祉国家を解体し、その基礎に存在する階級的和解を崩壊させて、所得の配分を変更することである。第三に、国境に何ら顧慮することなく、有利な条件が存在する地域であればどこでも、国際的な資本が生産することが可能となる状況を作りだし、全世界に張り巡らされた諸企業のネットワークを互いに連結させることである。

ヒルシュのいう「国民的競争国家」というのは、まさにグローバル化の時代にあって、各々の国民国家が自国の利益を世界市場で最大化するためのシフト体制をとっている国家のことである。そうした国家体制を実現するためには、社会的・政治的な諸構造と階級関係の根本的な転換が前提になっていた。フォーディズムの危機に対しては、社会民主主義的なネオ・コーポラティズム的な階級的妥協の政策が社会的パートナーシップとして採用されたが、それによって危機を克服することができなかった。そのため、グローバル化の第一の狙いは、そうした社会的利害の体系と妥協の体制を根本的に突き崩すことであった。先進諸国では金融の自由化、規制緩和、ダウンサイジング、アウトソーシングなどの政策が採用されていったが、そのような過程で先進諸国の労働者も世界市場での競争関係に直接的にさらされることになった。ヒルシュはグローバル化の戦略に関してつぎのようにいう。

「この戦略は、本質的には、フォーディズムの危機によって権力を握ることとなった新自由主義と国際的巨大資本の共同作業によって現実化されている。経済的な自由化政策と規制緩和政策の目標とするところは、国内的にも、国際的にも、階級関係の抜本的転換を測るべく政治的・制度的諸条件を新たに生み出すことにある。こうした根底的な転換こそが資本主義的な生産の技術的な再編の前提なのである。だが、忘れてはならない決定的なことは、この戦略が国家の構造と機能を完全に変えてしまうということ、すなわち、伝統的意味における社会による規制も福祉国家的な政策も全くなしに得ないものに国家を変えてしまうということである。七〇年代から強力になりはじめた新自由主義がこのような資本主義的な危機の克服の仕方をイデオロギー的に正統化しているのである。(三一)」

他方、ジェソップも基本的にはグローバル化概念がもっているカオス的な性格を指摘し、グローバル化という過程それ自体から、特定の事件や現象を説明するのは誤解のもとであるとしている。そこでジェソップは、グローバル化を資本主義経済のスケールの拡大という観点から捉え、グローバルなスケールで構造的に統合あるいは戦略的に調整する過程をグローバル化とよんでいる。(三二)その過程は、国民経済の空間の国際化、「リージョナルな経済ブロックの形成」、「ローカルな国際化」、多国籍化の拡大深化、国際レジームの拡大深化、グローバル・スタンダードの導入と受容などでを含んでいる。しかし、ジェソップは完全にグローバル化された世界の存在を想定していない。グローバル化の性格は、サブ・グローバルな過程、すなわちローカルな空間、都市空間、ナショナルな空間、そしてリージョナルな空間に左右されており、そうした空間が実際的な経済活動の場として意味をもち続けているのである。したがって、グローバル化の戦略は、ローカルな優位性を最大化するためにグローバルなスケールと他のスケールを接合しようとする競争戦略であり、それは企業レベルのグローカリゼーション (glocalization) や、グローバルな都市間のヒエラルヒー関係のなかでの都市の戦略志向であるグラーバニゼーション (glurbanization) という形態をとる。

グローバル化がスケールの問題とかかわっているということは、資本主義的な蓄積戦略とも関連している。この点に関しては、ジェソップもヒルシュと同様に、レギュラシオン的なアプローチにもとづいて、グローバル化の過程をフォーディズムからポスト・フォーディズムの過程として位置づけている。フォーディズムの時代にあっては、大量生産と完全雇用を確保するという体制は、企業や労働組合を巻き込んだ形でナショナルなスケールで一定の成功を収めていた。すなわち、「この体制は、国民経済、国民国家、国民的市民権および国民社会すべてが一体であるということに基づく空間—領域的基盤から、また完全雇用と経済成長を確保するという任務と国民選挙のサイクルを管理するという任務を結合することに比較的よく適応した制度から益を受けていた。フォーディズムのもとで資本蓄積の矛盾が現れると、この「国民国家という」空間的—時間的固定点によって、その特定の解決がえられたのである。[二四]」

しかし、フォーディズムとケインズ主義的福祉国家の危機という文脈のなかで、企業はますます経済的グローバル化を展開して海外進出を増大させ、脱領域化を推進したが、これは資本主義的な蓄積をナショナルなスケールからグローバルなスケールへと拡大する過程でもあった。それゆえネオ・リベラリズムは、ジェソップにとって、以下の理由から経済的グローバル化のためのヘゲモニー戦略として記述される。「その理由とは、（OECD、IMF、世界銀行のような）国際経済をリードする団体の支持を受けていること、アメリカ合衆国および他の英語圏諸国における優越性、大部分の他の先進資本主義経済におけるネオ・リベラルな政策への適応の重要性、そして旧社会主義経済の再構築とそのグローバル経済への統合についてネオ・リベラリズムがもつパラダイムとしての地位、である。[二五]」

II　グローバル化論における三つの解釈

グローバル化という言説は、社会科学の領域やジャーナリズムの領域で頻繁に流通しているにもかかわらず、それについての見解や解釈がきわめて多様であって、それに関する一般的な了解が成立していない状況である。しかし、その概念が多様であり一般的な了解が成立していないという点に関しては、共通の了解が成立しているといってよいだろう。このようにきわめて論争的で捉えどころがない概念ではあるけれども、それでもA・マグルーはグローバル化論について三つの立場に分類することが可能であるとしている。[三六] この三つの立場は、ハイパー・グローバル主義、懐疑主義、そして転換主義である。以下では、マグルーの分類に依拠しながら、三つのグローバル化論の内容と特徴について検討してみたい。

（一）ハイパー・グローバル主義

グローバル化の進展は、今日、ヒト、モノ、カネ、情報のトランスナショナルの移動を可能にし、グローバル経済を作り出している。ハイパー・グローバル主義者の主張は、こうした点に着目して、経済的なグローバル化が将来的に既存の社会経済的な組織形態に取って代わる、あるいは取って代わりつつある新しい社会経済組織が国境を超えた新しい形態を形成しているという規範的な確信を抱いている。[三七] 彼らにとって、経済的グローバル化は生産、貿易、金融のネットワークの脱国境化の結果としての脱国家化とむすびついている。この〝国境のない〟グローバル経済において、ナショナルな政府というのはグローバル資本主義のために伝動ベルトにすぎないものになっている。いいかえれば、それはグローバル市場の論理と一致するような形で機能しているローカルな水準、リージョナルな水準、グローバルな水準でのガバナンスのメカニズムを育成するうえで触媒的な役割を果たすものとして捉えられている。したがって、ハイパー・グローバル主義者にとって、グローバル市場は国民国家を実質的に無意味のものにしているのである。[三八]

ハイパー・グローバル主義者の代表として挙げられているのは、大前研一氏である。かれは『国民国家の終焉』（一九九五年）という著作のなかで、伝統的な国民国家がグローバル経済のなかでビジネスの単位のひとつになってしまったという点を強調している。[三九]

「われわれが目の当たりにしているのは、グローバルな経済活動の流れにおける根本的な変化の累積的な効果である。これらの流れがあまりに強くなりすぎたために、それらは自らまったく新しい水路、すなわち伝統的な政治的地図の境界線とは関係のない水路を切り開いている。……厄介な事実は、グローバル経済という観点からみて、国民国家が端役にすぎなくなったということである。国民国家はもともと、重商主義の時代には、富の創造のための自立した強力な効果的動力源であった。しかし近年では、衰退ぎみの選挙政治の論理が経済をうまく統制していないように、国民国家は富の分配のきわめて非能率的な動力源となってしまった。」[四〇]

こうした見解は、国民国家をグローバル経済のなかのひとつの単位とすることで、経済論理を特権化し、単一のグローバル市場の出現と人類の進歩の前兆としてのグローバルな競争原理を称賛するものとなっている。確かに、国民国家をグローバル市場における経済的ユニットのひとつにすぎないとみる見方は、ヒルシュが『国民的競争国家』のなかで指摘しているように、現代の国民国家がグローバル化した世界市場で「ドイツ株式会社」として行動するという側面と共通しているとはいえ、主権国家のもつ政治的機能や能力をあまりにも過小評価しすぎているといわざるをえない。このようにハイパー・グローバル主義者は、主権国家を二義的な制度として切り捨て、グローバル経済のなかの多国籍企業を第一義的な存在としている。

マグルーによれば、このハイパー・グローバル主義の理論的枠組のなかには、二つの規範的な潮流が属している。個人的自律性の勝利と国家権力にたいする市場原理のを歓迎する新自由主義の立場と、現代の抑圧的なグローバル資本主義の勝利を問題化する急進主義者あるいはネオ・マルクス主義の立場である。新自由主義的な見解では、グローバルな経済競争が必ずしもゼロサム的な結果をもたらすのではなく、ほとんどすべての国が一定の財を生産するうえでの比較優位をもつことになるとされる。それにたいして、急進主義あるいはネオ・マルクス主義の見解では、新自由主義の見解があまりに〝楽観主義的〟であり、グローバル資本主義は国家間の不平等の構造的なパターンを作りだし強化することになる。[四一]

したがって、新自由主義にとっては、市場原理のグローバルな拡大は「世界社会」、あるいは「グローバル文明」の歴史的可能性をもたらすのにたいして、急進主義にとっては、それはブローバルな「市場文明」をもたらすだけであり、抑圧的なグローバル資本主義の日常世界への絶えざる拡大にすぎない。いずれにせよ、グローバル化の深化は、結果的に国家間のグローバルな連帯の達成を困難にする。なぜなら、政治的には政府がますます保護主義的な勢力に対応する傾向を強めているからである。また国内的な連帯に関しても、その解体の可能性が強い。というのは、グローバル資本主義の金融面や競争面での締めつけによって福祉国家が衰退し、それによって社会的団結も崩壊するからだ。さらに、グローバル・ガバナンスやリージョナル・ガバナンスの制度が大きな役割を獲得するにつれて、国家の集権や権威がいっそう侵害されるからである。[四二]

しかし他方において、将来的な展望がみられないわけではない。国民のあいだの国境を超えた協力関係を容易にする条件は、コミュニケーションのグローバルなインフラや多くの共通利害の意識化ということを考え合わせると、これまではそれほど好都合ではなかった。けれども、コミュニケーション・ネットワークの発展は、「地球市民社会」の出現のための物質的な条件を生み出しているということができる。

（二）懐疑主義

ハイパー・グローバル主義がグローバル市場への過度の期待と国民国家の衰退を主張しているのにたいして、懐疑主義はこうした「幻想」や「神話」が果たしているイデオロギー的な役割を正当に指摘している。懐疑論者のなかには、「グローバル化」が正統的な新自由主義的な経済戦略を達成するための便利な言い訳となった点を示唆しているものもいる。ハーストとトムソンは、つぎのようにいう。「統治できない世界経済という観念は、ケインズ主義によって教化され、マネタリズムの失敗によって酔いをさまされた期待、すなわち広範な繁栄と経済成長へのオルナタティヴな道を提供するという期待の瓦解にたいするひとつの対応である。グローバル化は幻想のない世界に適合した神話であるが、われわれから希望を奪い去る神話でもある。グローバル市場は支配的であって、それは反対側の立場にたち、しかも現実味のありそうないかなる政治的プロジェクトからの脅威にも直面していない。というのは、西欧の社会民主主義とソ連ブロックの社会主義がともに終焉したと考えられているからである。[四三]」

しかも、かれらは今日のグローバル化が国民経済間の結びつきの深化を前提にした国際化にすぎないとしている。こうした懐疑論者の視点からみると、今日のグローバル化にみられる経済的依存関係の水準も歴史的に新しいものではなくて、一九世紀後半まで遡ることができるのである。ハーストは、世界のGDPとの関係における世界貿易の成長と、一国における貿易とGDPの割合についてみても、一八九〇年代と一九九〇年代では違っていないということを前提にして、今日の貿易と投資のフローはおもにOECD諸国の現象であり、したがって世界の主要な部分はグローバル経済から排除されていると述べている。[四四]

ほとんどの懐疑論者にとって、現代の世界経済はグローバルというにはほど遠く、むしろそこではリージョナリゼーションが支配的であり、富と権力をもった三つの主要なブロック、すなわちヨーロッパ、日本、北アメリカが支配しているのである。かれらにとって、グローバル化とは「単一の価格の法則」が支配しているような世界規模の経済への完全な統合を意味しているが、現在の状況はせいぜいのところ国際化（国民経済間の相互依存）の水準の高まりと地域化の拡大にすぎない。このような国際化とグローバル化との概念的な区別は、グローバルに統合された市場を定義するための基準に関する経済的議論に関心を向けさせている。この点に関して、懐疑論者はグローバル化を歴史的プロセスとは対立しているようなある種の経済的条件、すなわち完全に統合されたグローバル市場と同一視している。こうした点から、懐疑論者はハイパー・グローバル主義者の説明を

〝神話〟とみなし、今日のグローバル化が国際化にすぎないとみなしているのである。[四五]

また懐疑論者によれば、国際化は主権国家の権力を侵害していないと同時に、南北の経済関係における不平等を解消していない。それどころか、不平等を深めているのである。さらにグローバル化とはいっても、現実には、多くの第三世界諸国の経済的な周辺化は、豊かな北の内部で貿易や投資が増えるにしたがって、地球の残りの地域を排除する結果を生み出しているのである。それゆえ懐疑論者にとって、歴史的な証拠が示しているのは、南北間の貿易の衰退、先進諸国間における貿易と投資の集中、そして世界の先進地域と途上地域とのあいだの一人当たりの所得格差である。こうした点にもとづいて、懐疑論者は、一九世紀のグローバル帝国の時代に比較して、一九四五年以降の世界経済は地理的な広がりにおいては、〝グローバル〟ではなくなったと主張する。

一般に、懐疑論者は、経済的な相互依存と二〇世紀初頭の世界経済の地理的範囲の拡大を支持するハイパー・グローバル主義者の基本的な主張に異議を唱えている。このことは国民国家についての捉え方に関しても明確になっており、懐疑論者は国民国家の政府がグローバルな経済的要請によって動きがとれなくなったとは考えずに、国際化に伴う規制やその積極的な進展のなかで国家のもつ中心性が拡大の方向に向いていると考えている。たとえば、スティティスト（国家中心主義）の立場をとっているS・クラズナーは、主権国家の権力が経済的な国際化によって侵害されているという一般的な〝神話〟を拒絶している。[四六]

一国の政府は確かに国際的な経済条件に拘束される一方で、それによって政府はまったく動きがとれなくなるわけでない。福祉国家はグローバルな力によって必ずしも侵害されていないのは、その問題の根源が国内問題であるからである。さらに、国際化の社会的・政治的な結果は国ごとに異なっており、政策分野ごとにも異なっている。したがって、L・ヴァイスがいうように、「資本の国際化は政策的な選択を限定するだけでなく、同様に拡大する。[四七]」逆説的なことに、懐疑論的な立場が多くの左派や社会民主主義者に訴えかけているのはこういった主張なのである。なぜなら、資本の国際化によっても、それまでの政策的な選択には変わりがないからである。

（三）転換主義

懐疑主義が現代のグローバル化を新しい現象として捉えなかったのにたいして、転換主義はグローバル化の過程が歴史的に先例のない現象であると主張する。とりわけ、A・ギデンズ、M・カステル、D・ヘルド、J・ローズナウといった転換論者たちは、現代のグローバル化の過程のなかで、政府は国際問題と国内問題、対外的問題と対内的問題とのあいだに明確な区別がつかないような世界に適応しなければならないとする。[四八]転換論者にとって、グローバルな経済的、軍事的、科学技術的、エコロジー的、移住の、政治的、そして文化的なフローと相互作用に関する歴史的な類型についての統計的な証拠は、結論的には、現代のグローバル化の過程が引き起こしている先例のない強度、拡大、深化を強調している。こうした観点から、転換論者はグローバルな経済活動、貿易とＧＮＰの比率、外交関係、海外直接投資、外国為替の流動性に関する歴史的証拠についての懐疑論的な解釈に異議を唱えている。

転換論者の主張の中心にあるのは、現代のグローバル化が一国的な政府の権力や機能を再構成しているという点にある。転換論者は、ハイパー・グローバル主義者にように国民国家の衰退を唱えるわけでも、また懐疑論者のように国家主権の中心性を唱えるわけでもなく、その中間的な立場をとっている。すなわち、転換論者は、国家が依然として自国の領土内で起こったことにたいする領土的支配権を保有している点を否定しない一方で、こうした国家主権の維持と、国際的なガバナンスの制度と管轄の拡大ならびに国際法的な拘束とが並置されるようになると主張している。[四九]このことは、とくに、主権が一国的な政府、国際的な政府、地方政府に分割されているＥＵにおいて明らかである。しかしながら、主権が残っているところでさえ、かつてはそうだったとしても、国家はもはや自国の領土内で起こっていることにたいする支配権を保持していない。金融システムからエコシステムにいたるまでそうであるように、複雑なグローバル・システムは、ある地域の共同体の運命を世界の遠く離れた地域の共同体の運命を結びつける。このことはアジア通貨危機や酸性雨を例にとっただけでも理解できる。

しかし、転換論者のグローバル化についての説明はけっして明確ではない。たとえばギデンズは、グローバル化が社会、経済、ガバナンスの制度、世界秩序への「強大な揺さぶり」の原因となるような力強い転換力と考えられるとしているが、グローバル化自体が矛盾をはらんだ、本質的に偶有的な歴史的過程であるために、この「揺さぶり」の方向性が不確定であるからだ。[五〇]したがって、ハイパー・グローバル主義者や懐疑論者と比較して、転換論者はグローバル化の将来的な進路について明確に主張していない。けれども、すでに触れたように、転換論者は、グローバル化が一国的な政府の権力を転換あるいは再構成していると主張することで、主権的な国民国家の終焉というハイパー・グローバル主義者のレトリックと、「何も変わっていない」という懐疑論者の主張の双方を拒否している。[五一]

そのかわりに、転換論者は、新しい「主権レジーム」が絶対的かつ不可分で、領土面で排他的で、しかもゼロサム的な公的権力の形態という伝統的な国家権力の概念に取って代わりつつあるとする。それは、ヘルドが特徴づけているように、「主権それ自体が今日ではすでに多くの行為主体―一国的な行為主体、地域的な行為主体、国際的な行為主体―のあいだに分割されており、この多元性の本質によって制約されているとみなされねばならない。[五二]」したがって、主権は、「領土的グローバル化に制限された障壁というよりも、国境を超える複雑なネットワークによって特徴づけられる政治にとっての取引の資源[五三]」としてもっともよく理解されうる。

こうした文脈のなかで、政府がグローバル化しつつある世界とのかかわりのために一貫した戦略を追求するにつれて、国家の形態と機能は転換されるのである。そのような転換に着目すれば、新自由主義的な競争国家モデルから、開発国家、触媒的な国家（進行役としての政府）にいたるまでの多様な進路が生じつつある。グローバル化は福祉国家の終焉をもたらしつつあるというよりも、ひとつの適応戦略を促進したのである。したがって、転換論者の見解では、一国的な政府権力は必ずしもグローバル化によって消滅せず、それどころか再構成されるのである。しかし、このことは、領土的な境界が政治的・軍事的・象徴的な重要性をもたないと主張することを意味するのではなくて、むしろそれらが近代的生活の主要な空間的な特質であると考えれば、グローバル化の深化の時代にはますます問題化しているという点を認めることでもある。

【注】

一　R. Robertson, *Globalization*, Sage, 1992.（『グローバリゼーション』阿部美哉訳、東京大学出版会、一九九七年、尚、本訳書は抄訳であり、翻訳に収録されていない論文については、以下、原著で表示する。）

二　A・ギデンズ『近代とはいかなる時代か？』松尾精文・小幡正敏訳、而立書房、一九九三年、八四頁以下参照。尚、再帰性とグローバリゼーションの問題に関しては、U・ベック／A・ギデンズ／S・ラッシュ『再帰的近代化』松尾精文・小幡正敏・叶堂隆三訳、而立書房、一九九七年参照。

三　P. Hirst/ G. Thompson, *Globalization in Question*, 2nd Edition, Polity Press, 1999, p.6.

四　J. Hirsch, *Vom Sicherstaat zum Nationalen Wettbewerbstaat*, ID Verlag Berlin, 1998, S.15. 古賀暹訳「グローバリゼーションとは何か」（『グローバリゼーションを読む』情況出版、一九九九年所収、二二頁）尚、J・ヒルシュ『国民的競争国家』木原滋哉・中村健吾訳、ミネルヴァ書房、一九九八年も併せて参照されたい。

五　I. Wallerstein, *Utopistics or Historical Choices of the Twenty-first Century*, The New Press, 1998, p.32.（『ユートピスティクス』松岡利道訳、藤原書店、一九九九年、五八–九頁。）Cf. Wallerstein, Culture as the Ideological Battleground of the Modern World-System, in : M. Featherstone (ed.), *Global Culture*, Sage, 1990. このなかでウォーラーステインはつぎのように書いている。「資本主義世界経済はシステム全体としての地理的拡大の必要性を経験してきており、それによって基軸的な分業に参

加する生産の新しい中心地を作り出してきた。四〇〇年間にわたって、これらの連続的な拡大は資本主義経済を、初めはヨーロッパに位置していたシステムから、地球全体を覆い尽くすシステムへ転換してきたのである。」(p.36)

六　C. Gamble, *Timewalkers:the prehistory of global colonization*. London, 1994. たとえば日本の「経済審議会二一世紀世界経済委員会報告書」は、グローバル化の歴史に関してつぎのように書いている。「グローバリゼーションの歴史は古い。それは、時代によって少しずつ姿を変えながら、長期的な潮流として続いてきた。ある国家や地域の中で、経済活動が盛んになると、やがて、その活動の範囲が国境を越え、国際的な取引が増大する。典型的なものは、モノの国際的な取引としての貿易である。モノの国際的な取引が増加するにつれ、その裏側としての金融決済が行われ、モノに付随して情報が流れるようになる。その中で、貿易代金の決済や国際的な製品の買い付け、販売の担い手として国際的に活躍する商人が出現する。その意味では、紀元前一六世紀から一三世紀に活躍したフェニキア人による地中海の国際交易、一一世紀に発達したシルクロードを通じて東西貿易、一五-六世紀の大航海時代などもグローバリゼーションの動きだったといえる。」（経済企画庁総合計画課編『進むグローバリゼーションと二一世紀経済の課題』大蔵省印刷局、一九九七年、三頁。）

この「経済審議会」の報告書は、「グローバリゼーションを広くとらえれば、「世界の様々な文明・文化が恒常的に接触すること」といった見方もできるが、本報告では、経済的な側面から「様々な経済主体の効率性の追求が全地球規模で行われるようになること」がグローバリゼーションであると考える」（一頁）としている。ここでは明らかに、現代の多国籍企業あるいはグローバル企業の経営戦略を意図したものになっている。

グローバル化は一般には、社会関係が相対的に接近し境界のないという特質をもつ過程に関連しており、したがって、人間生活がますます単一の場所としての世界のなかで演じられるということである。そのさい、グローバル化と国際化は区別されうる。国際化は国民的な領土間の関係の強化の過程をさしており、その結果として、諸国家は相互に広範で深い影響をもたらすようになるが、それらは自然に仕切られ分離した場所の域を出ない。国際関係においては、諸国家は市場の境界だけでなく、一般にそれぞれの領土のあいだの距離に応じた必要な実質的時間によって分割されている。つまり、国際的な領域が境界づけられた諸国家のパッチワークであるのにたいして、グローバルな領域は国境を越えたネットワークの網の目であり、その点では脱領域化している。国際的な連鎖（貿易）によって人びとは時間をかけて長い距離を往来するのにたいして、グローバルな結びつきは距離がなく瞬間的である。グローバルな現象は同時に横断的に拡大しうるし、瞬時に場所を移動できる。国際的な関係とグローバルな関係はもちろん共存しているし、現代世界は国際的であると同時にグローバル化している（J. Baylis,S.Smith (eds.), *The Globalization of World Politics*, Oxford University Press, 1997, p.14.）。尚、国際化とグローバル化の違いについては、T・スパイビ『グローバリゼーションと世界社会』岡本充弘訳、山嶺書房、一九九九年、九九頁参照。

七　ギデンズ、前掲訳書『近代とはいかなる時代か？』

八　J. Rosenau, *The Turblence in World Politics*, 1990. ローズノウは、相互依存を形成するのは科学技術であるとし（p.17）、戦後の米ソ対立の構造は人口と資源の世界的な配分の変化による分権化傾向と、同時にマイクロエレクトロニック的な科学技術の発展によ　る集権化をもたらしたとする（Cf. M. Waters, *Globalization*, Routledge, 1995, p.31）。

九　D. Harvey, *The Condition of Postmodernity*, Blackewell, 1990.（D・ハーヴェイ『ポストモダニティの条件』吉原直樹訳、青木書店、一九九九年）ハーヴェィは資本主義的な　蓄積における変化が一九七三年以来著しく起こっている点を指摘している。「トラウマを負った一九七三年以降、金融規制緩和への圧力は七〇年代に速度を増し、一九八六年には世界的な金融センターをことごとくのみ込んだ（一九八六年に行われたロンドンの有名な「ビッグ・バン」改革は、この点を痛感させた）。規制緩和と金融の刷新——いずれも長期にわたり、しかも込み入った過程である——はこの時期までに、瞬時のテレコミュニケーションによって調整された。高度に統合されたグローバルなシステムの内部にあらゆる世界的な金融センターの存続の条件となった。グローバルな株式市場やグローバルな商品（精算済みの負債）先物取引市場、そして通貨と利率交換の編成は、資　金の地理的移動の加速という事態と結びついて、はじめて、貨幣とクレジット供給の単一の世界市場の編成を意味するものになった。」（二二四頁）

一〇　B・ジェソップ「グローバリゼーションとその（諸）（非）論理についての考察」（『グローバリゼーションを読む』情況出版、一九九九年、所収）

一一　ロバートソン、前掲訳書『グローバリゼーション』、二〇頁。
一二　同訳書、一三頁。
一三　Robertson, *Globalization*, 1992, p.8.
一四　Waters, op.cit., p.42.
一五　Robertson, op.cit., p.58-60.
一六　ロバートソン、前掲訳書『グローバリゼーション』一六頁。
一七　S・ラインスミス『グローバリゼーション・ガイド』小林薫訳、サイマル出版、一九九四年、三一頁以下参照。
一八　V. Roudometof/ R. Robertson, Globalization, World-System Theory and the Comparative Study of Civilizations:Issues of Theoretical Logic in World-Historical Sociology, in : S. K. Sanderson (ed.), Civilizations and World System, Altamira Press, 1995, p.284.
一九　A.G. Frank/ B.Gills, The 5,000-Year World System, in : A.G. Frank/ B.Gills (eds.), *The World System*, Routledge, 1993, p.3. Cf. A.G. Frank, *ReORIENT*, University of Calif ornia Press, 1998.『リオリエント』山下範久訳、藤原書店、二〇〇〇年。
二〇　R. Holton, *Globalization and Nation-State*, Macmillan, 1998, p.26.
二一　S. Amin, The Ancient World-Systems versus the Modern Capitalist World-System, in : A.G. Frank/ B.Gills (eds), *op.cit.*, p.247.
二二　A・ギデンズ、前掲訳書『近代とはいかなる時代か?』、八四頁。
二三　同書、三五頁。
二四　同書、四二頁。
二五　同書、五三頁。
二六　同書、五六頁。G・ソロスは『グローバル資本主義の危機』大原進訳、日本経済新聞社、一九九九年のなかで、再帰性（翻訳では「相互作用性」となっている）についてつぎのように説明している。「参加者は一方で、自分たちの参加する状況を理解しようとする。彼らは現実と一致する事態を想定しようとする。私はこれを受動的ないし認識作用と名付ける。また一方で、彼らは影響を与えようとする。現実を自分たちの願望に合わせて形成しようとする。私はこれを能動的ないし参加作用と名付ける。この両方の作用が同時に働いている状況を、私は相互作用的（リフレキシブ）と名付ける。」（四三頁）

二七　同書、八五頁。

二八　ギデンズのグローバリゼーション論については、本書第一章「世界システムにおけるグローバル化・リージョナル化・民主化」を参照されたい。

二九　J. Hirsch,a. a.O., S22.（J・ヒルシュ、前掲「グローバリゼーションとはなにか」、二八頁）

三〇　*Ibid.*, S.20.（同書、二六頁）

三一　*Ibid.*, S.22.（同書、二八頁）

三二　*Ibid.*, S.23.（同書、二九頁）

三三　B・ジェソップ「グローバリゼーションとその（諸）（非）論理」（前掲『グローバリゼーションを読む』所収）、三八頁。

三四　同書、四三頁。

三五　同書、四五頁。

三六　A. McGrew, Globalization : Conceptualizing a Moving Target, in: J. Eatwell, E. Jelin, A.McGrew, J.Rosenau, *Understanding Globalization*, Stockholm, 1998, p.8. 尚、以下も参照。D. Held, A. McGrew, D. Goldblatt, and J. Perraton, The Globalization of Economic Activity, in : New Political Economy, vol.2 .no.2, 1997. D. Held, A. McGrew, D. Goldblatt, and J. Perraton, *Global Transformation*, Polity Press,1999, p.2.. 尚、J・グレイ『グローバリズムという妄想』石塚雅彦訳、日本経済新聞社、一九九九年では、この三つの立場のうち、懐疑論とハイパー・グローバル主義が取り上げられている。

三七　D. Held, A. McGrew, D. Goldblatt, J. Perraton, *op.cit*, p.3.

三八　J・グレイ前掲訳書、九五頁。グレイもハイパー・グローバル主義に批判的である。「この学派の著作者は、グローバル市場を作り出そうとする現実の企てからは実際には　とうてい生じそうにもないことを必然的であると描く。そうした企てが望ましいと願う最終状況を、経済のグローバル化の実際の進展と一緒にしてしまう。最終状況など存在しない歴史的変貌、そしてアメリカ資本主義もそのライバルをも崩壊させつつある歴史的変貌を、アメリカ流の自由市場が世界全体に受け入れられるプロセスであると説明するのである。こうした見方はヘルドらによって「超グローバリゼーション」論と名付けられているが、世界市場を完全競争に近い何かを体現するものと描いている。こうした幻想的な見解によれば、多国籍企業は利益を最大にするために世界中を自由に、そして代価を支払わずに動き回れる。文化的な相違は、政府や企業に対するいかなる政治的影響力も失ってしまったのである。経済理論における完全競争市場のように、グローバル経済のこのモデルへの参加者——例えば主権国家や多国籍企業——は、自分が下す決定にとって必要な情報をすべてもっていると想定されている。」（九五-六頁）尚、R・ライシュ『ザ・ワーク・オブ・ネイションズ』（中谷巖訳、ダイヤモンド社、一九九一年）の見解も、マグルーによれば、ハイパー・グローバル主義の立場に入る。

三九　K. Ohmae, *The End of Nation State*, Free Press, 1995, p.5.

四〇　*Ibid.*, p.11-2.

四一　D. Held, A. McGrew, D. Goldblatt, J. Perraton, *op.cit*, p.4.

四二　*Ibid.*, p.5.

四三　P. Hirst and G.Thomson, *Globalization in Question*, Polity Press, 2nd ed.,1999, p.6.

四四　P. Hirst, The Global Economy—myths and realities, in : *International Affairs*, vol. 73, no.3, 1997, p.409ff.

四五　McGrew, *op.cit.*, p.12.

四六　S. Krasner, Compromising Westpharia, in : *International Security*, 20, 1995.

四七　L. Weiss,State Capicity : *Governing the Economy in a Global Era*, Cambridge : Polity Press, 1998.

四八　McGrew, *op.cit.*, p.14.D.Held, A. McGrew, D. Goldblatt, J. Perraton, *op.cit*, p.7.

四九　*Ibid.*, p.15.

五〇　D. Held, A. McGrew, D. Goldblatt, J. Perraton, *op.cit*, p.7.

五一　McGrew, *op.cit.*, p.16. D. Held, A. McGrew, D. Goldblatt, J. Perraton, *op.cit*, p.9.

五二　D. Held, Democracy, the Nation-state and the Global System, in : D. Held (ed.), *Political Theory Today*, Cambridge : Polity Press, 1991, p.222.

五三　R.O. Keohane, Hobbes' dilemma and institutional change in world politics : sovereignty in international society, in : H.H. Holm and G. Sorensen (eds.), *Whose World Order?*, Wesview Press, 1995.

第三章　グローバル化と日本政治の変容

I　グローバル化と日本政治の総保守化

一九九九年九月二一日の自民党総裁選で小渕首相が再選され自自公連立政権が誕生し、同月二五日の民主党の代表選で鳩山由紀夫氏が選出され、ニューリベラル路線がスタートした。ニューリベラル路線は、市場経済のもとでの社会政策を重視しようとしているとはいえ、基本的には市場経済重視と「小さな政府」論を基礎とし、改憲論を強く打ち出している点に特徴があった。新保守主義あるいはニューライトの立場が公正な市場メカニズムの形成による経済問題の解決を主張しているのにたいして、これまでのリベラルの立場は公正な市場の形成に加えて政府の役割を見直そうとするものであった。これにたいしてニューリベラルは、このリベラルの立場に改憲論というオールドライトの視点を持ち込んだものにすぎないものになっていた。

この点では、ニューリベラルは小沢一郎氏の新保守主義の立場と基本的に変わらなくなっていた。あえて違いを挙げれば、政府の役割と改憲論の内容である。改憲問題を視軸に据えれば、民主党内にも大きな隔たりがあり、自民党内にも大きな溝がある。極端にいえば、自民党内のリベラル派と民主党内のニューリベラル派がそのまま入れ替わっても不思議ではない。こうした点を考慮に入れるならば、今後、改憲問題を政党政治の対抗軸として、与野党を巻き込んだ政党再編の可能性すらありうる状況になっていた。つぎの衆議院選挙の結果次第では、このことが現実味を帯びる可能性が出てくるだろうと推測されていた。

こうして当時、一部の野党を例外としているとはいえ、与野党含めた日本の政党政治全体がグローバル化という世界的な傾向に規定されながら、総体として保守化へ進みつつあった。民主党の鳩山代表に示される改憲論の登場は、野党がこのような総保守化の流れに巻き込みつつ状況を如実に物語っていた。こうした政治的な流れの舞台装置として、自自公路線のなかでガイドライン関連法、国旗・国歌法、憲法調査会の設置という大道具が作られ、その後は衆議院の比例定数の削減や通信傍受法を利用した警察権力の強化などさまざまな小道具が作り出されていくことになった。さらに当時の傾向として「平和」よりも「戦争」という政治的言説が巷間に流布され、これまでマイナスの価値をもってきた「戦争」をニュートラルなものにしようとするような社会的雰囲気が作為的に醸し出されたが、こうした象徴の政治的利用も総保守化を支える演出の一つとなっていた。

II　グローバル化に直面した日本政治

もとより一九七〇年代に二度のオイル・ショックによって日本を含めて先進諸国は経済不況に突入した。こうした状況のなかで先進諸国は、レーガノミックスやサッチャリズムという形態での戦後の経済政策の転換をはかった。ケインズ主義的な福祉国家から新自由主義への政策転換は、こうした危機への対応であったことはいうまでもない。この時期に拡大していった新自由主義は「小さな政府」論を掲げただけでなく、市場原理の徹底を国民経済のみならず世界経済の領域にも拡大し、先進諸国が世界経済で自国の利益を最大化できるようなシフト体制を作り上げようとした。すなわちマクロ経済分野では国民国家的な調整から国際協調にもとづく政策的手段が優勢になっていった。

こうしてグローバル化が先進諸国を巻き込み始め、財、サービス、資本、労働などの急速な自由化が世界的に拡大していった。したがって、こうした国際的な貿易や取引が浸透してくると、他方では多様な取引に応じた新しい国際的ルール作りが必要となった。とりわけ一九九五年のWTOの設立は、世界経済における多角的貿易体制の維持・強化への基本的ルールとしての意味をもち、その世界的な拡大が進展している。いずれ中国もそのゲームのルールを採用せざるをえない状況であった。その意味では、グローバル化は新自由主義的な戦略の主要な形態の一つであるということができる。いいかえれば、新自由主義は経済的なグローバル化のためを推進するヘゲモニー的戦略として位置づけることも可能であろう。というのは、その戦略はOECDや世界銀行などの国際機関の支持を受け、しかもアメリカとイギリスを中心とした先進諸国の政策の国際的な適用の結果として捉えることができるからである。

その意味では、新自由主義のグローバルな拡大は、まさにアメリカン・スタンダードのグローバル・スタンダードへの拡大とパラレルとなっていた。アメリカは、S・ジョージがいう意味での「構造的権力」を保持しており、それは自国に有利な形で世界経済の構造を作り上げることのできる権力である。またグローバル化の時代においては、先進諸国は「国民的競争国家」（J・ヒルシュ）として自国の企業の経済的な優位を国家権力によって実現しようとする。一国の首相や大統領が世界中で自国の製品を販売する営業マンとしての活動を展開している光景は、そのことを象徴しているとさえいえる。そして世界市場における経済的な優位を創出し維持するために、財、サービス、資本、金融のスムーズな流れを保障するための国内的な経済・金融構造の改革が必要となる。

さらに経済のグローバル化は、グローバルな安全保障体制の構築を前提にしている。世界経済での新たなルールの形成にはその遵守が伴うが、それを可能にするのは国際的な政治的・軍事的体制の形成、すなわちグローバルな安全保障体制であるからだ。現在、アメリカの覇権が崩れ、ポスト覇権国家の時代といわれているが、他方でアメリカの世界システムにおける相対的な優位は崩れていない。しかし覇権国はいつまでもその優位性を維持することができない。覇権国に競争的な優位を与えている自由市場では、競争相手にたいして資本と科学技術的革新のフローがもたらされる。この結果、覇権国は競争上の優位性を維持して収益を確保することが困難となる。しかも、グローバルな秩序を維持するためのコストは、覇権国によって不均等に分担されているが、このことは覇権国にとって生産コストの上昇や不生産的な軍事コストの過度の支出をもたらす。

けれども、覇権国の過度のコスト負担は、競争上の優位性を掘り崩す。日本や西欧諸国に軍事支出の増やそうとするアメリカのもくろみは、覇権によって担われている「世界秩序」を維持するコストが不均衡であるという認識を反映している。実際問題として、アメリカ側からみれば、経済優先と軍事的な負担の軽視という日本の姿勢こそがアメリカの対日貿易赤字の増大の原因になっているという認識がアメリカ議会で巻き起こっていた。八〇年代以降に登場してきた「国際貢献」論がこうした文脈を背景としていることはいうまでもない。その点では、日本の軍事費の応分の負担と日米の貿易不均衡の問題はリンクされていたとみることもできる。

一九八〇年代に入って、このような国際的な状況変化を背景にして、日本でも戦後政治のあり方の根本的な修正が加えられることになった。これは八〇年代のグローバル化という世界的趨勢に向けた日本の政治・経済システムの変革をともなうものであった。一九八二年に登場した中曽根内閣は、「戦後政治の総決算」を政治的目標に掲げ、政治、経済、軍事の面での日米関係の一層の強化や新自由主義的な政策を推し進め、保守的改革に着手した。当時の中曽根首相の「日本列島不沈空母」論や「三海峡封鎖」発言は、日本の対米従属関係を象徴的に表明した言葉でもあったうえに、日本の「軍拡路線」を示唆するものであった。ここから「GNP一パーセント枠」の突破という問題が生まれてきた。しかし靖国公式参拝と一パーセント枠突破を同時的に決着させようとした中曽根首相の政治的意図は与野党からの大きな抵抗に合った。そして八七年度の予算編成では防衛費が一パーセントを超える見通しとなったために総額を明示する方式が採用された。しかし一九八七年から八九年にかけての三年間、防衛費はＧＮＰの一パーセント枠を超えた。

さて、「戦後政治の総決算」がめざしていたもうひとつの重要な側面は、七〇年代の二回のオイル・ショックによる不況がもたらした財政危機にたいする対応であった。大平、鈴木の両内閣の時期にすでに一般消費税導入や法人税の引き上げが試みられたが、財界の反対によって挫折していた。これにたいして中曽根首相は、財界による行財政改革への要求にうまく歩調を合わせ、第二臨調を立ち上げて改革に着手した。これは年金、医療、介護など国民生活にかかわる社会保障や福祉、教育などの分野の費用を削減するという「小さな政府」論を基調とし、その反面では規制緩和による経済活動の活性化をねらいとしていた。一方では、経済活動を活性化するために行政的な手続き、すなわち許認可の簡素化がおこなわれ、他方では国鉄、電電、専売など国有企業の民営化、米など農産物の自由化がおこなわれた。

しかし、中曽根政権の時代は、グローバル化に対応した改革が着手されたばかりの時期であり、改革には当然のこととして既存の政治・行政・経済システムの変化が伴った。そのため、農業や流通の分野などで規制緩和にたいする根強い抵抗が起こり、他方で農林族や運族など自民党の族議員の抵抗や、許認可権限をもつ官僚機構の抵抗を生み出すにいたった。だが、財界は引き続き規制緩和への強い要求を求め続けた。こうして八〇年代初めの第二臨調の答申を基調とした規制緩和の問題については、九〇年代にいたるまで継続され、八〇年代には電気通信とトラックなどの運送事業の分野の規制緩和が中心であったが、九〇年代に入ると国内航空、タクシーなどの事業の規制緩和がおこなわれるようになった。

ところで、八〇年代には改憲論の登場という問題が浮上した。自民党内にはもともと自主憲法制定を主張する保守派の流れと改憲には慎重な態度をとる旧宮沢派などのリベラル派との対立が存在してきた。中曽根政権の時代には、党内の力のバランスにおいては後者が優位をもち、中曽根政権の「軍事大国化」路線には一定の歯止めがかけられていた。しかし、八九年の冷戦崩壊による安全保障問題の転換、九〇年代におけるグローバル化の深化など、国際環境の変化にともない、こうしたバランスにも変動が起こってきた。[二]新自由主義路線には、暗黙裡に、世界市場を維持するための覇権国の役割と「国際貢献」の問題が含まれている。したがって、アメリカン・スタンダードの受け入れと日米協調を前提にする新自由主義路線は「国際貢献」とそれにともなう改憲問題を視野に入れざるをえない。しかし、自民党内では改憲問題に関しては中曽根に代表されるナショナリスティックな旧保守派と改憲には慎重なリベラル派の影響が強い。こうして小沢一郎に代表される新自由主義路線は自民党という政党の枠組からはずれるにいたった。しかし自自連立は、両者をふたたび結びつけたのである。

III　日米安保の強化と総保守化の背景

一九八〇年代以降、アジア諸国が大幅な経済成長を遂げ、日本を含めた先進諸国はアジア向けの直接投資を増やした。九〇年代に入ると、日本の海外直接投資が急増し、九二年から九五年にかけて加速度的に増加している。また日本企業によるM&Aもこの頃に急速に拡大し、アジアでの日本の多国籍企業の進出も著しさを増した。グローバル化の下で経済的自由主義が浸透するなかで、国内の政治体制も自由主義を受け入れるシフト体制に移行せざるをえない状況が生まれてきた。アジアにおける経済発展と民主化は、この時期から進展してきた。アジア地域の世界経済への急速な組み込みは、市場原理の維持を伴う。アジア諸国へ多くの企業を進出させている日本の資本にとっても、そこでの安全保障の問題に無関心ではいられない。

世界経済の維持に関しては覇権安定論という考え方があるが、これは一つの覇権国が世界の秩序や国際公共財を提供するというものである。パクス・アメリカーナの時代には、アメリカ一国が覇権国として世界経済の維持という機能を担ってきた。しかし湾岸戦争に象徴されるように、アメリカ一国で世界の秩序を維持する時代はすでに終焉した。確かに、東西冷戦が終結して世界的な規模での紛争の可能性は減少したが、しかし旧ユーゴ紛争や東チモールの独立など地域的な紛争は依然として発生している。ここからグローバルな安全保障体制の構築ということが国連を中心に試みられてきた。他方、EU、NAFTA、APECなど地域主義化の傾向も生まれ、それぞれの地域での安全保障体制の問題も浮上してきている。EUは一九九二年のマーストリヒト条約で共通外交・安全保障政策を採用し、NAFTAはアメリカが主導権を握っている。けれども、アジア地域にはアジア太平洋経済協力（APEC）が誕生しても、共通の安全保障体制がいまだ存在しない。こうした状況のもとで、アメリカは一九九六年の国防報告のなかで、日米韓の安全保障体制と米国の軍事的プレゼンスが地域の安全保障を維持するうえで重要な要素となっている点を確認し、アジア太平洋地域での一〇万人体制の維持を強調した。

ところで、クリントン政権においては、一九九三年以降、当時の国家安全保障担当大統領補佐官A・レイクの演説に示されるように、市場経済と民主主義国家にとっての「世界的な脅威」を封じ込める戦略からそれを拡大する戦略への転換がはかられた。[三] アメリカは、市場経済と民主主義の拡大が自国の経済的利害につながると考え、その基本政策をアジアに向けたのである。レイク演説がいう拡大戦略は、「主要な市場経済民主主義国家の共同体の強化」、「新興民主主義、市場経済国家の育成、強化」を基盤とし、「民主主義と市場に対して敵対的な国家の侵攻に対抗とその支援」、「人道的な目標の追求」を掲げている。この戦略の特徴は基本的に、市場経済と民主主義の拡大を促し、これに対抗する「脅威」には対抗するという点にある。

そして一九九四年七月には「米国国家安全保障戦略」、一九九五年二月には「ナイ・リポート」と別称されている「東アジア太平洋地域における米国安全保障戦略」が発表された。日本に関しては、「ナイ・リポート」は、日米同盟が「アジアにおけるアメリカの安全保障政策にとってのかなめ（linchpin）」であり、日米関係が「安全保障同盟、政治的協力、経済と貿易という三つ柱」から構成されるとしている。またそこには、アジア太平洋地域における国益を守り、日本の自立化・軍事大国化を阻止し、米軍のプレゼンスを支える基地・便益・コストを日本に負担させることがアメリカにとっての重要な課題である点が示されていた。[四]

それによると、第一に、世界的な経済の中心がアジア太平洋地域にシフトし、世界の成長センターであるアジア市場への参入が米国の経済再建・輸出拡大に死活的な重要性をもつようになった。このためにはアメリカは経済・外交だけでなく、軍事的にもアジア地域に関与を続ける必要がある。第二に、経済第一主義をとるクリントン政権の強硬な対日政策の結果、日米関係が深刻化し、日本の米国離れの傾向がうまれた。日本が一人歩きすることは地域的な覇権国家となることを意味するために、日本の自立化を防ぐ手段として日米安保の効用が再評価された。第三に、アメリカは国防費の削減が続き、米軍兵力削減圧力が高まるなか、米軍の戦力を最大限維持する方法を見出す必要が生じ、維持費の大部分を日本に負担させることが有利を考えた。最後に、朝鮮半島の「核」問題や中国の大国化にたいして、アメリカの太平洋地域における軍事的コントロールを保持することが重要である。

この「ナイ・イニシアティヴ」は、アジア太平洋地域における日米安保の重要性を継承し、新たな課題に対応する形で「安保の再定義」をめざすものであった。そして翌年四月の「日米安保共同宣言」は、こうした方向性を日米が相互に承認したものであった。共同宣言では、アメリカが引き続き軍事的プレゼンスを維持することがアジア太平洋地域の平和と安定にとって不可欠であり、日米安保体制がこの地域におけるアメリカの肯定的な関与を支える重要な柱の一つであり、この体制のもとで日本が施設の提供や支援を通じて貢献することが明記されている。これを受けて日米両国は、一九九七年に「日米防衛協力のための指針」を策定した。新ガイドラインでは九三‐四年の北朝鮮の危機を念頭に「周辺事態」という新概念が導入されたこともあって、その後、日本の保守系のマスコミでは盛んに北朝鮮の危機が喧伝された。

こうした状況のなかで、一九九八年一一月、自民党と自由党は連立に向けての協議をスタートさせ、「日米防衛協力のための指針」問題の早期決着と「憲法調査委員会」の設置について合意した。一九九九年一月には、自自連立内閣が成立し、ガイドライン関連法案について早急な成立と承認を合意した。自民党と自由党との連立政権の発足は、日米安保を中心とする新たな安全保障政策の強化をめざした第二の保守合同ともいえる保守派の合従連衡である。自民党内にはもともと、アジア諸国との協力を視野に入れた安全保障を構想するリベラル派の立場とアメリカ一辺倒の安全保障を主張する新保守派系の立場との対立が存在しているが、この合従連衡は後者と自由党との連合というべきものであった。

とはいえ、「周辺事態」の定義をめぐっては、自自のあいだに対立も存在した。小沢自由党党首は、政府が「周辺事態」を地理的概念ではないとしていることを批判し、少なくともロシア、朝鮮半島、中国、台湾は「周辺」に含まれると主張したのにたいして、野中官房長官は、「周辺事態は地理的な概念ではなく、事態の性質に着目した概念」であるという不明瞭な回答をおこなった。これは中国などの反発を配慮したものであったが、この曖昧さがかえって中国の「憤怒」を買っただけでなく、警戒感を招くことになった。かくして五月には、ガイドライン関連法が成立し、冷戦後の日米同盟関係の強化をめざした「日米安保共同宣言」が国内法的な裏付けを得ることになった。ここにいたって、世界経済の維持のためのコストの「公平な分担」としての日本の「国際貢献」と軍事化への道が整備された。と同時に他方では、日米の軍需産業の活性化とＴＭＤ開発を中心とした日米軍産複合体の形成への道も切りひらかれたのである。

Ⅳ　ニューライトとニューリベラル

一九九九年に成立した自自連立は、自民党内の改憲派とリベラル派の力関係を逆転させ、自民党と自由党との距離を縮めた。その結果、ガイドライン関連法や国旗・国歌法の制定にいたったということができる。グローバル化という国際的なコンテキストのなかで中曽根政治が立ち上げた改革路線は、少しずつ内容を変えながらもニューライトの新保守主義として今日まで引き継がれており、その意味でガイドライン関連法や憲法調査会設置法などの法制化、行政改革はその延長線上に位置づけることができよう。さらに九〇年代に入ってグローバリゼーションがアジアに浸透するなかで、安全保障上の問題がクローズアップされてきた。沖縄の基地移転や憲法改正という問題は、こうした状況と密接にかかわっている。

とりわけ改憲問題に関しては、当時、自由党の小沢党首と民主党の鳩山由紀夫代表の改憲論が発表されており、戦力の規定については、鳩山試案は小沢試案よりもさらにラディカルであった。[三] というのは、小沢試案では、九条の一項と二項はそのままで、三項に「前二項の規定は、第三国の武力攻撃に対する日本国の自衛権の行使とそのための戦力の保持を妨げるものではない」としているのにたいして、鳩山試案では九条一項で「陸海軍その他の戦力は保持する」と明記すべきであるとしていたからである。その前提として、過去の歴史に目をつぶるのではなく戦争の総括を内外に示すことを挙げている。

このような「戦力の保持」の明記は、ただちに憲法の基本理念である平和主義の否定につながり、軍拡への歯止めをなくし、しかもアジア諸国にかえって不安を与えるだけであった。それだけではない。そのことはまた集団的自衛権の承認への道をひらき、日本がさらに安全保障上の自立性を失う可能性すら強まる可能性があった。日本国憲法の平和主義の理念、アジアにおける平和や安全保障の問題についての国民的な議論をまったく無視したまま、このように改憲論議に向かう姿勢は短絡的な思考法としかいいようがないものであった。しかも改憲問題では国会にかわって憲法調査会が審議上の主導権を握る可能性も高いとされた。

このように、憲法問題に関しては、当時の保守党と民主党とのあいだには収斂現象が生じていたといってよい。民主党の鳩山代表が主張する改憲論は、自自公路線がめざす憲法改正への流れに棹さすものにしかならないものとして映っていた。条文の問題を議論する前に、日米安保体制の見直しを含めた東アジアにおける平和と安全保障のあり方について議論することが先決であった。その意味でも、少なくとも安全保障問題についてはニューライトとニューリベラルを超える視点の形成が必要であった。その後、二〇〇〇年四月には自自公連立が解消され、二〇〇三年九月に小沢一郎の自由党は民主党と合併した。

【注】

一　古城誠「日本における規制緩和の理念と到達点」『ジュリスト』一一六一号、一九九九年　。

二　八〇年代から九〇年代にかけての改憲問題に関しては、渡辺治『政治改革と憲法改正』青木書店、一九九四年、および同「日米新ガイドラインの日本側のねらい」『日米新ガイドラインと周辺事態法』法律文化社、一九九九年所収）が示唆的である。

三　このA・レイクの演説「封じ込めから拡大へ」の抄訳は、阿南東也『ポスト冷戦のアメリカ政治外交』東信堂、一九九九年に収められている。

四　United States Security Strategy for the East Asia-Pacific Region, February 1995. この通称「ナイ・リポート」に関しては、室山義正「冷戦後の日米安保体制」国際政治学会編『日米安保体制』有斐閣、一九九八年所収　および島川雅史『アメリカ東アジア軍事戦略と日米安保体制』社会評論社、一九九九年を参照されたい。

五　鳩山由紀夫「自衛隊を軍隊と認めよ」『文芸春秋』一九九九年一〇月号）。小沢試案については、小沢一郎「日本国憲法改正試案」『文芸春秋』一九九九年九月号）。

第四章　世界システムのなかの沖縄

二〇〇〇年七月二一日から三日間、沖縄サミットが開催された。普天間基地の代替施設を名護市へ移転する問題について一五年間の期限をつけるという問題は未解決のままで、サミット開催までその問題に決着をつけたいという日米両政府の政治的な意図は完全に崩れ去った感があった。アメリカが一五年の使用期限に執着している理由は、表向きには一九九六年の日米安保共同宣言に反するということであるけれども、アメリカの対アジア戦略や安全保障戦略と深くかかわっていることはいうまでもない。二〇〇〇年五月二七日にアメリカ国防総省の「アジア二〇二五」という報告書が明らかにされたが、それには中国やインドを含めたアジアを視野に入れたアメリカの安全保障戦略の構想が描かれている。そのなかでは、中国がアメリカの利益にとって地域的な脅威になること、南アジアや東南アジアで基地建設を急ぐ必要があること、そしてインドと中国との同盟を妨害する必要があることが、重要な戦略的な目的として位置づけられている。ということは、アメリカにとっては将来的に沖縄を含めた在日米軍基地の重要性がますます高まることを意味しているといってよいだろう。

沖縄に関しては、サミット開催を前に各メディアでさまざまな特集が組まれたが、たとえば季刊誌『アソシエ』二号は「世界システムのなかの沖縄」という特集を組んだ。このなかで、武者小路公秀氏（「グローバル覇権状況下の沖縄」）は、沖縄の米軍基地の存在がローカルな面とグローバルな面の両方から問題がある点を指摘している。ローカルな面では、基地の存在がその地域住民に生活の不安を与え、社会的・経済的・文化的な利害を犯しており、グローバルな面では、米国の覇権的な国際安全保障の諸活動に沖縄そして日本国家を巻き込んでいる。最近、沖縄返還にさいして返還された土地を原状回復するための補償費を日本政府が肩代わりするという密約が交わされていたという米公文書が明らかにされたが、それだけではなく核兵器の持ち込みを自由に認める「核密約」もアメリカの公文書のなかに存在するという点が二〇〇〇年になってから再確認されている。沖縄はそうした核兵器問題にも直接的にかかわっているのである。

さて、一六世紀のアジア世界にヨーロッパ諸国が進出するまで、東南アジアを中心に広範囲にわたる交易圏が形成されており、そのなかで琉球王国は東南アジア産香辛料の中継貿易の一端を担っていた。しかし、ポルトガルやオランダなどヨーロッパ諸国の進出が深まるにつれて、かつての東南アジアの交易圏は衰退してゆき、その後、アジア諸国はヨーロッパ諸国を中心的担い手とする近代世界システムのなかに組み込まれていった。こうした歴史的な組み込みというプロセスのなかに、日本あるいはかつての琉球王国も巻き込まれていったのである。ここでは近代世界システムという歴史的枠組のなかで占めてきた沖縄の位置について考えてみたい。

Ⅰ　ヨーロッパ世界と沖縄との歴史的接点

ウォーラーステインの世界システム論の基本的な出発点になっているのは、一五世紀のヨーロッパに資本主義世界経済としての近代世界システムが成立したという点である。それは資本主義世界経済という中心・半周辺・周辺から構成される国際分業体制にもとづく世界システムであり、地理的規模をつねに拡大させながら発展し、多様な生産物と多様な労働形態を生みだしてきたのである。そのさい、ウォーラーステインが『近代世界システム』のなかで繰り返し問題にしているのは、ヨーロッパにおいてなぜポルトガルが真っ先に対外進出に乗り出すことができたのかという点である。二

この問いにたいして、ウォーラーステインは領主経済の危機、過剰人口の問題、そして地理的条件などを挙げている。とりわけ地理的条件に関しては、ポルトガルは大西洋岸に位置し、アフリカにも隣接しており、大西洋沿岸諸島やアフリカ西岸の探検にはもっとも便利な位置にあったということである。経済的な条件としては、ポルトガルでは、ジェノバ人がポルトガルとスペインの商業活動に投資し、海外進出の企図を支援する立場をとっていたことがある。さらには、ポルトガルが当時としては他の西欧諸国に比べて国家機構が安定していたということが挙げられる。ウォーラーステインはこの点について以下のように説明している。

「とくに一五世紀には、西欧諸国が内乱にあけくれていたのに、ポルトガルだけは平和を享受していたのだ。国内の安定が重要だというのは、それによって企業家が繁栄しうる環境が生まれるからだとか、貴族が国内、およびヨーロッパ内の戦争にエネルギーを浪費せず、別の捌け口を求めるようになるからだというだけではない。国家機構は、しばしばそれ自体が有力な企業活動の主体であったからである。国家が安定しておれば、国の前エネルギーをかたむけて、有利な商業活動に邁進できる。しかもその場合、すでにみたようにポルトガルにとっては、歴史的地理的な理由からいっても、大西洋への進出がもっとも意味のある商業活動となっていたのである。」三

こうして、ポルトガルは一六世紀初めに東南アジアへ進出し、一五一一年にマラッカを占領することで東アジアへのさらなる進出の拠点を確保した。ポルトガルが東南アジアへ進出する以前の一四世紀から一六世紀にかけて、沖縄はすでにこの地域で中国、朝鮮半島、本土をはじめとして、マラッカやタイなどとも積極的な貿易をおこなっていた。沖縄とマラッカとの貿易については、一五世紀中葉（一四六三年）に呉実堅なる人物をマラッカ

に正使として遣わしたという記録が残っている。沖縄からマラッカには中国産の織物や磁器、本土産の扇子など、マラッカからは胡椒や蘇木などがもたらされた。またタイとの貿易でも、沖縄側は主として中国の磁器を輸出し、タイ産の胡椒や蘇木などをもちかえった。この意味では、中継貿易が主であった。また貿易の方法もおおむね沖縄からタイやマラッカへの一方的往航貿易であったようであるが、後年まで頻繁に交易した相手国はタイであった。沖縄の歴史家である東恩納寛惇は、「泡盛雑考」のなかで、泡盛とタイ国産の「ラオ・ロン」という酒が酷似している点を指摘しているが、[四] そのことは沖縄とタイとの歴史的な深いつながりを物語っているといえるだろう。

このようにして沖縄の中継貿易が東アジアと東南アジアとを結びつけるとともに、沖縄に経済的な繁栄をもたらしたのである。しかし、ポルトガルがマラッカを占領して以来、沖縄とマラッカとの交易関係は途絶えていった。ポルトガルはさらに一五一六年に中国のマカオと貿易を開始し、五〇年代にはマカオに植民地をつくるとともに、インドや東南アジアの貿易品を中国沿海地域にもたらした。このようなポルトガルの東南アジアへの進出について、A・G・フランクは『リオリエント』のなかで以下のように説明している。

「一五一一年のポルトガルによるマラッカの占領は、広範な影響をもたらした。ポルトガル自身は、最高でも六〇〇人を越えることはなく、平均して二〇〇人程度の住民しかいなかったが、彼らは、マラッカの交易の独占を通じて他の交易をも独占しようとし、そして失敗した。しかしながら、ポルトガル人は、多くのムスリムをマラヤのジョホール、ボルネオのブルネイ、ジャヴァのバンタム、そしてとりわけスマトラのアチェへ追い出すことには成功した。これらの交易センターは全て、マラッカの交易をめぐって、互いに競争していたのである。一つの結果として、スマトラ島の反対側を回ってジャヴァおよびシナ海へ至る代替交易ルートが開けた。これは、中国交易の需要に応えるジャヴァのバンタムにとって好都合であったほか、特にスマトラ島の南端に突き出ているアチェの発展に益するところ大であった。アチェは、一六世紀になるとすぐに頭角をあらわし、グジャラート、コロマンデル、ベンガルとの交易をひきつけた。それに対応して、マラッカは立場を弱め、一六四一年に、マラッカのライバルであるジョホールの助けを得て、オランダがポルトガルからマラッカを奪った。[五]」

こうした時代状況のなか、ポルトガルが一五四三年に種子島に漂着し、日本に鉄砲を伝え、一五四九年にはザビエルが鹿児島に来てキリスト教を布教し始めたことはよく知られているが、そうした鉄砲伝来とキリスト教布教の基地となったのがマカオと沖縄であったといわれている。その意味では、沖縄はまさしくヨーロッパで成立した近代世界システムと本土をつなぐ媒介的な役割を果たしていたのである。

しかし、沖縄の中継貿易を衰退させたのは、このようなポルトガルのアジア進出だけでなく、一六世紀に中頃から始まった中国商船による東南アジアや日本との貿易関係の強化であった。沖縄が中継貿易を担っていた時期には東南アジアの香辛料を中国に運んでいたが、こうした莫大な需要は一八世紀になっても依然として存在し続けていた。だが、中国交易の多くは東南アジア諸国の手に握られていたのではなく、中国人の手中にあったのである。マニラやバタヴィアは「中国の植民市」とよばれており、多くの中国人が職人、工人、および商人として東南アジアに定着し、今日でも有名な東南アジア華僑を構成したのである。他方、東アジアや東南アジアでポルトガルがおこなっていた交易はオランダの手にわたり、オランダは東南アジアの一部では交易を独占しようとしたが、それに成功しなかったのである。

II　一九世紀の世界システムの拡大と沖縄

一八一六年九月一六日、イギリス海軍に属する二隻の外国船、アルセスト号とライラ号が那覇に寄港した。沖縄訪問が主要な目的ではなく、中国を訪問するアマースト使節団が中国の内陸を旅するあいだ数ヶ月の時間的余裕があったことから、二隻の軍艦はこの時期を利用して探検航海し、たまたま那覇に立ち寄ったということであった。[六]沖縄は、東南アジア諸国との交易が盛んな頃はポルトガル人をはじめとしてヨーロッパ人とも接触をもっていたが、その後は中国とだけ貿易をおこなってきた。しかし、一六〇九年の島津藩による侵略を受けた以後、薩摩以外との交易関係は禁止されたので、外国船の寄港はほとんどなかった。

この時期の日本は、一六三九年以来、中国とオランダだけに長崎での貿易が許されていた鎖国の時代であった。他方、イギリスはスペインやポルトガルによって開かれたアジア貿易に、一六世紀の中頃から進出し始め、一七世紀の初めに東インド会社を設立し、当初はインドの綿製品を輸入したが、一八世紀には中国に進出して茶や絹を輸入した。当時の中国は、広東の貿易商組合であった公行《コーホン》に外国貿易の独占権を与えていたので、イギリスやその他の外国商人にとって不利であった。こうした状況のなかで、イギリスはすでに中国との貿易関係が重要性を増していたことから、貿易関係の改善の交渉をおこなうためにマカートニー使節団を派遣した。

しかし、マカートニーは、乾隆帝の独尊的な言辞と待遇にあって引き下がらざるをえず、謁見は失敗に終わった。それでも当時のイギリスの産業資本の貿易改善の要求はますます強まるばかりで、ナポレオン戦争後の一八一六年になってアマースト使節団の派遣となったのである。この頃すでに世界システムの覇権国の地位にあったイギリスとしては、世界システムとしての資本主義世界経済を拡大することがその使命となっていた。この世界市場を拡大するというイギリスの資本の要求にたいして、当時のイギリスの東インド会社も政府もこれを支持し、アジア大陸だけでなく、日本にたいしても貿易のルートを開こうとしていたのである。[七]しかしながら、アマースト使節団も結局のところその使命を達成することができなかった。その結果、イギリスは軍事的な手段を利用して市場の開放を実現することになった。その点から考えると、中国の世界システムへの組み込みはアヘン戦争以後ということになろう。

アルセスト号とライラ号は沖縄に四〇日滞在することになった。ホール船長をはじめ乗組員は近海を測量したけれども、その他は沖縄の官民に接しただけで、もちろん交易を要求するのでも、布教活動をおこなうのでもなかった。かれらはこのような訪問によって沖縄の貿易上の重要性に関しては高い評価を示さなかったとはいえ、当時いまだ封鎖されていた朝鮮半島や日本本土などへの探検航海のための基地としての重要性に関しては、西欧社会に認めさせることができたのである。この二隻の軍艦の沖縄訪問の三年後に、やはりイギリスの商船ブラザース号が寄港したが、それは日本政府（江戸幕府）に通商を求めて拒否されたあとに那覇港に立ち寄ったものであった。

他方、一八五三年五月二六日、アメリカの東インド艦隊司令長官ペリーが率いる軍艦三隻が突如那覇港に現れた。かねてよりアジア進出をもくろんでいたアメリカとしてはけっして唐突なことではなかった。アメリカのアジア進出は、自国の領土の拡大と深く関連していた。アメリカは一八四五年にはメキシコから独立していたテキサス、一八四六年にはメキシコとの戦争によってカリフォルニアを併合し、そして一八五三年にはアリゾナをメキシコから買収し、その領土はついに太平洋沿岸まで拡大した。[八] アメリカはカリフォルニアを領有してから、積極的に太平洋への進出をはかっていった。

ペリーの日本への来航の目的は、もとより日本市場の開放にあったが、まず沖縄に寄港したのは何のためであったのか。この点に関して、ペリーは前年にマデイラ諸島から海軍長官に宛てて、つぎのような上申書を送っている。これはペリーが艦隊を引き連れて日本遠征をした意味を自ら語っているので部分なので、少々長いが、比嘉春潮氏の名著『沖縄の歴史』から引用しよう。

「日本国政府と交渉するに当たって、比較的容易な予備手段として、若干の避泊港を日本国沿岸に指定するようなことは、最も時宜に適した手段ということができる。日本国政府が、もし日本本土の港湾開放を頑強に拒絶し、そのために流血の惨を見る危険がある時は、別に日本南部地方において、良港があって薪水補給に便利な島嶼に艦隊錨地を指定しようと思う。このためには琉球諸島が最も便利である。同諸島は日本国諸侯中最も有力な薩摩侯の領土であるが、清国政府は同島の主権に関し異議を唱えている。残忍な薩摩侯は強大な権力をもってこれを制圧し、同島住民は常に虐殺の下に呻吟している実情である。もし同諸島を占領し、住民を制圧から解放するならば、それは道義上から見ても正当なことである。……海上における合衆国の大競争者たる英国の、東亜における領土が日々増大するをみて、合衆国よりも亦敏速な手段を執る必要があることを痛切に感ずるものである。英国はすでにシンガポール・香港という二大関門を手中に収め、出入船舶は三十万屯に達し一千五百万ポンドを下らない中国貿易を独占しようとしている。幸いにして日本諸島は未だ「併合」政府の手を染めるところとならず、そしてその若干は合衆国のために最も重要な商業通路に当たっているから、なるべく多数の港湾を獲得する機を失わないよう、敏活な手段を執るべきである。本職が有力な艦隊を引率するのも全くそのためである。[九]」

この上申書がアメリカ海軍長官に送られたあと、大統領も遠征艦隊の安全を期するために適切な港の獲得に同意し、琉球諸島がこれにもっとも適合しているが、しかし獲得にあたっては兵力を用いてはならないという内容の回訓の返事がペリーに伝えられた。こうして、ペリーは日本国政府がアメリカ政府の要求を拒否するならば、その報復のために琉球諸島を占領する計画を立て、アメリカ政府もこれを認めたのである。

しかし、ペリーがアメリカを出発した一八五二年の大統領選挙で政権が民主党に移ると、任務遂行にも重大な変化が生じることになった。ペリーの琉球占領という主張にたいして、民主党政権は議会の承認を経ないで占領する権限はないと強調し、その中止を通達していたからである。しかし、当時の通信手段の発展からみて、その通達には数ヵ月を要したために、ペリーは当初の方針にもとづき、琉球占領計画を続行しようとしていたのである。一九五三年一二月にペリーは、ドッビン海軍長官宛に以下のように書いている。

「本職は合衆国の利益の寸毫も侵害せらるることを許さず、この機を利用し、合衆国の勢力を背景として東亜における利益を拡張する地歩を作るつもりである。その正否はひとえに兵力の多寡にかかるものである。本職は自己の責任で行動するの多きに鑑み、先に琉球において獲得した勢力を維持する方針を承認せられんことを希望する。……琉球国は日本帝国の付庸国として一二世紀以来連綿たる王統を有し、しかも政治的には全く奴隷状態にあり、合衆国のような強国が勢力を及ぼし保護権を樹立することは、一つの功績たることをよく知るなら、海軍省も亦意外に感ずるであろうことを信じる。……本職は現在琉球国官憲及び人民に対し有しつつある勢力を永久に維持しようと考える[10]……」

ペリーは一九五四年一月に香港を出発し、艦隊は一月二〇日から二四日の間に那覇に集結した。かれは江戸に向かう前の一月二五日に、日本遠征予定計画についてドッビン海軍長官に、次のように上申した。

「日本国政府にして合衆国政府の要求に応じないか、又は合衆国商船及び捕鯨船に避泊港湾を指定することを拒絶するならば、本職は合衆国市民の蒙った侮辱及び損害に対する補償として、日本帝国の附庸たる琉球島を合衆国国旗の監視下に置き、政府が本職の行動を承認すべきや否やを決定するまで、上述の制限内において租借する決心をしている。このような行動に対する責任はもとより本職一身にあり、本職が江戸湾に向かい出発するに先だって、右にいったような手段を執るのは、露仏両国特に英国の琉球島占領を阻止せんがためである。……本職は日本国政府が合衆国の正当なる要求に応じなかった場合、琉球国の占領を維持するために新たな手段を執るべきか、あるいは同島に対する一切の要求を放棄し、琉球王国をして旧態に復せしむべきか、海軍省が訓令を与えられることを切望する。[11]」

しかし、ペリー提督のこの上申に対して、海軍長官はただちに琉球占領を中止する命令を発し、議会での承認を経ないで遠距離にある島嶼を占領する権限は、大統領にない点を強調した。[一二] この琉球占領の問題は、翌年一八五四年三月三一日に日米修好条約が締結されることで消え去った形になったのである。そしてペリーは、同年七月、那覇港に向かい、首里王府に対して、琉米修好条約の締結を申し入れ、七月一一日に調印が終了した。[一三]

III　現代の世界システムと沖縄

一九世紀後半にペリーが意図した沖縄占領計画は、第二次世界大戦後に現実のものとなった。アメリカは戦後の冷戦構造のなかで、沖縄をアジアにおける戦略的に重要な基地として位置づけ、一九七二年の本土復帰後も依然として基地を保持し続けている。そして一九八九年の冷戦終結後も状況に何ら変化がないどころか、米軍基地の果たす役割がますます強調されていく傾向にある。それは一九世紀の覇権国であったイギリスが中国市場を武力によって開放したように、現在アメリカが同じ覇権国としてＷＴＯを通じて中国を資本主義世界経済へ組み込もうとしていることに深くかかわっている。その点では、資本主義世界経済としての世界システムにとって中国市場は一九世紀から組み込みの対象であり続けてきたということができる。

冷戦終結後のアメリカの世界戦略は、それまでの世界的脅威の「封じ込め」政策から市場経済の拡大へというスローガンに示されているように、市場経済と民主主義の推進を柱とし、安全保障問題と経済問題とをリンクさせているところに特徴がある。それは旧ソ連の脅威が消滅し、中国が市場経済化を進めているなかで、両国を世界システムのかに再編入することが重要であるという考え方にもとづいている。こうして点からみて、アジア太平洋での覇権的な地位を獲得したいアメリカにとっては、少なくとも以下の点で軍事的プレゼンスの維持、ひいては沖縄の軍事基地の維持が必要であろう。

ひとつは、世界システムとしての資本主義世界経済の拡大と維持という点であり、中国の市場経済化とその将来的な維持という点も含まれる。それだけではなく、アジアでの戦略的な課題としてアメリカは中国とインドを含めた地域を射程に収めている。もうひとつは、覇権国家の登場と抑制にかかわる問題であり、アメリカがアジアから撤退すれば中国の軍事的な覇権をもたらす恐れがあるという懸念である。確かに、東アジア諸国のなかには日本や中国の将来的な覇権への動きに対抗するものとして、アメリカの政治的・経済的な関与の継続が必要であると考える国もあるようだが、他方では日米同盟による過度の関与がかえって東アジア諸国にとって脅威を与えるという点にも配慮する必要があろう。第三の点は、アメリカのエネルギー安全保障政策上、中東諸国は重要な意味をもっており、沖縄の米軍基地は中東の石油資源を確保するために必要不可欠になっている。最後の点は、日米の防衛関係におけるパートナーシップの問題であり、このことはTMD構想にあらわれているように、日本の独走を許さない日米共同の防衛調達技術の開発がアメリカにとって重要な問題として認識されていることである。

こうした日米の防衛技術協力の出発点になりそうなのが、普天間基地の移設に伴う「海上ヘリポート案」である。その案が登場してきたのは、一九九六年の日米首脳会談であったが、それ自体はアメリカ側が提案したものであった。海上ヘリポート構想は、日本の鉄鋼業界や造船業界だけでなく、アメリカの業界も巻き込むことになる一大公共事業であるが、膨大なコストと自然破壊をひきかえに推進する意味がはたしてどれだけあるのかは疑問である。国内では無駄な公共事業の整理・見直しが検討され、環境保全が重要な政策的課題となりつつある現状においてはなおさらそうである。

沖縄サミットを前にして、普天間飛行場代替施設への名護市への移転にさいしての使用期限一五年という問題は、依然として解決のめどがたっていない。アメリカ国防総省内部の報告書「運用所要と運用概念―普天間飛行場の移転（最終案）」（一九九七年）によれば、「海上施設とすべての連結する建築物は運用年数四〇年、耐用年数二百年で設計される」となっている。このことは、アメリカが新海上ヘリポート基地を長期にわたって使用することを念頭に置いていることを明確に示唆している。クリントン大統領は沖縄でのサミット開催に消極的であったが、それは沖縄の米軍基地の存在を世界中に宣伝することになるという理由からであった。しかし、沖縄サミットではそうした現状から目をそらすことはできないにちがいない。

近年の東アジア経済の活性化は、歴史的にみると、かつて隆盛をきわめたアジア世界がふたたび歴史的に復活しつつあるという印象を与えている。東アジア地域では、東アジア共同体構想にみられるように、経済的な結びつきを深めている。そうしたなかで、将来的には、地理的にアジア世界の中心により近い沖縄の役割はますます大きくなるように思われる。しかし残念なことに、現在の状況ではアジア諸国にとっての沖縄は、軍事基地を抱えた諸島として映っている。国と国との境界に他国の軍事基地が置かれていることは、東アジア諸国との対話や交流にとってけっしてプラスにはならない。今後、東アジア世界の安全保障や平和の問題を考えていくうえで、この問題に決着をつける道が模索されねばならないだろう。

【注】

一　武者小路公秀「グローバル覇権状況下の沖縄」（『アソシエ』二号、二〇〇〇年）

二　I・ウォーラーステイン『近代世界システム二』川北稔訳、岩波書店、一九八一年、五二頁。

三　同訳書、五四頁。

四　『東恩納寛惇全集三』第一書房、一九七九年、三三八―九頁。

五　A・G・フランク『リオリエント』山下範久訳、藤原書店、二〇〇〇年、一九五―六頁。

六　この点については、B・ホール『朝鮮・琉球航海記』春名徹訳、岩波文庫、一九八六年を参照。
七　大熊良一『異国船琉球渡来史の研究』鹿島出版会、一九七一年、五五頁。
八　『比嘉春潮全集一』沖縄タイムス社、一九七一年、三一三頁。
九　この上申書については、前掲『比嘉春潮全集一』沖縄タイムス社、一九七一年、三一八頁より引用。
一〇　同書、三三五頁。
一一　同書、三三五‐六頁。
一二　同書、三三六頁。
一三　琉米修好条約については、ペルリ提督『日本遠征記』四、土屋喬雄・玉城肇訳、岩波文庫、一九五五年、二〇七頁以下参照。『日本遠征記』によれば、条約の内容は、合衆国の市民が琉球に来たときは、大いなる丁重と親切をもって待遇すること、米国市民が要求する品物は販売すること、合衆国の船舶が琉球内の港に入港した際は正当な価格でもって薪水を供給すること、合衆国の船舶が大琉球島または琉球王国政府管下の島嶼において難破した場合は、地方当局者は生命財産の救助を行い、海岸に運んだものを保存すること、合衆国船から上陸した場合、妨害されることなく、行為を監視されることもなく、自由に随意の場所を散策できること、などである。

第五章　世界システムの変容と沖縄米軍基地

世界システムは経済システムとしての資本主義世界経済と政治システムとしてのインターステイト・システムによって構成されている。したがって冷戦終結後の世界システムの変容という問題を考えるには、二つの側面からの考察が必要となろう。すなわち、ひとつは世界システムとしての資本主義世界経済の変容であり、もうひとつは覇権構造や安全保障を含めたインターステイト・システムの変容である。資本主義世界経済と安全保障の問題はこれまで切り離されて論じられがちであったけれども、グローバル化の時代を迎えて、両者がますます相互浸透に絡み合ってきたことは改めて指摘するまでもない。

冷戦終結後、ロシア・東欧諸国が資本主義世界経済へ再編入され、アジアにおいてもベトナム、ミャンマー、中国といった「社会主義諸国」が世界経済へ編入されつつある。もとより中国はすでにＷＴＯ（世界貿易機関）へ加盟する段取りになっている。こうした過程を通じて資本主義世界経済そのものの外延的枠組が拡大している。他方、インターステイト・システムの再編についても、ＮＡＴＯとＷＴＯ（ワルシャワ条約機構）の対立が解消し、ＮＡＴＯの枠組の再編が進みつつあるが、同時にＷＥＵ（西欧同盟）ＯＳＣＥ（欧州安保協力会議）の役割が相対的に大きくなりつつある。ＷＥＵは二〇〇〇年末までに、紛争予防や平和維持活動を担う目的でＥＵ

に吸収される予定になっており、OSCEは一九九九年一一月のイスタンブール首脳会議で、「緊急専門支援チーム」(REACT)を新設するなど機能強化を進めている。

ところで、戦後の世界システムとしての資本主義世界経済の再建は、一方ではアメリカが西欧諸国や日本にたいして直接的な経済援助をおこなうとともに自由貿易制度の枠組を創出し拡大することによって、他方ではNATOや日米安保体制という地域的なインターステイト・システムの枠組が作られることよって達成されたが、それは同時にアメリカの政治的・経済的覇権を揺るぎないものにする過程であったことはいうまでもない。しかし一九八〇年代までに、西欧諸国(EU)や日本がグローバルな経済大国へ成長するにつれて、戦後アメリカの覇権の衰退が明らかになってきた。こうしたアメリカの覇権の衰退を背景とした日米同盟の再編としての「安保の再定義」は、資本主義世界経済の外延的拡大のフロンティアである東アジアにおけるアメリカの関与の新たな拡大を意味している。それは日米間の軍事的パートナーシップの強化を基盤にしているにもかかわらず、経済的には日米の二極支配のもとにある東アジア地域でアメリカが今後も軍事的な一極支配をめざそうとする体制づくりでもある。沖縄の基地問題は否応なしにこうしたコンテキストのなかに位置づけられている。

I　日米の覇権をめぐる競争と協調

覇権に関してはさまざまな定義がなされているが、ここではひとまずウォーラーステインにしたがって、ひとつの大国が経済的・政治的・軍事的・文化的な領域でそのルールや要求を他国に対して課すことができる状況として定義しておこう。さて、戦後のアメリカの経済的な覇権については、一連の自由化政策によってアメリカの企業が工業生産、つぎに貿易や通商、そして金融において他国を凌ぐほどの国際的な競争力を獲得してきたことが背景をなしている。しかし、このことはアメリカが戦後、世界的な軍事力を作り上げ、政治的な覇権を獲得し、その以後二五年間にわたってグローバルな政治的問題におけるすべての重要な決定に関与してきたことと密接に関連している。さらにマクドナルド化などに象徴されるアメリカ文化帝国主義は文化的な覇権の代表的事例ということができよう。

しかし、アメリカの世界経済における自由化政策の推進と軍事的覇権の維持そのものが覇権の衰退の原因となった。まず、アメリカ国内の福祉国家は労働者や下層中産階級に高度な教育を受けさせる機会を拡大する一方、労働者、中間管理職、官僚、専門職の実質的な所得を引き上げた。このことは、直接的にも間接的にも、西欧諸国と日本に対するアメリカの生産コストの上昇を意味しており、この高い生産コストは世界市場におけるアメリカ企業の競争力を減退させた。またアメリカの覇権を衰退させた原因は、アメリカのグローバルな自由主義そのものであった。中心諸国での多国籍企業の対外直接投資、提携、合併・買収といった活動のなかで、覇権国は競争相手に対して高度専門技術や高度R＆Dの拡大を遅らせることは困難であったからである。いいかえれば、覇権国に競争上の優位を与えている自由市場は、競争相手の国ぐにたいして資本と科学技術のフローをもたらしたのである。ドイツや日本はこうした高度技術を導入し、しかも安価な労働力を獲得することを通じて、アメリカの経済的覇権の基礎にある生産性の優位という物質的な基盤を浸食したのである。

さらにアメリカのグローバルな軍事化は、世界システムとしての資本主義世界経済の秩序を維持するためのコストを払わせた。アメリカは世界システムを維持するとともに競争相手から覇権的な地位を守るために、大きな政治的・軍事的な責任を引き受けなければならなかった。覇権国は競争相手の軍事力の水準を低く抑えることによって政治的・軍事的な優位性を確保してきたのである。そのうえ朝鮮戦争やヴェトナム戦争へのアメリカの介入はさらに事態を悪化させた。一九八〇年代までにアメリカの支出と財政赤字の均衡は無視できないものになり、多額の国防予算は研究開発から資金を吸い上げ、それがアメリカ企業の競争力を弱めたのである。その意味では、政治的・軍事的覇権の維持と経済的な競争力の維持とのあいだにはトレードオフの関係が成立しているといえる。すなわち、覇権国が世界の警察官の役割を果たすために巨額の軍事費を支出し続けると、民間部門での研究開発が進まず、世界経済における競争力を弱めるからである。他方、覇権国が民間部門の生産性と市場における競争力を回復するために軍事力を削減すれば、資本主義世界経済の保護者としての役割を十分に果たせなくなる。八〇年代以降のアメリカはこうしたジレンマにさらされ、軍事費を西欧諸国や日本に肩代わりさせようとしてきた。このことは「世界秩序」を維持するためのコストが経済的利益の獲得という点からも不均衡であるというアメリカの認識を反映しているといえる。

ところで、アメリカの覇権の衰退はインターステイト・システムの場面においても明らかである。一九五〇年に勃発した朝鮮戦争では、アメリカは安保理決議八四によって指揮権移譲と国連旗の使用許可を獲得し、国連の同意を得て韓国を支援する軍事行動をとることができた。「朝鮮国連軍」は旧ソ連の理事会欠席という間隙をぬって結成されたものであったが、アメリカに対して軍隊の司令官を命じるとともに国連旗の使用を許可した点は、当時の国連というインターステイト・システムの枠組みのなかでのアメリカの政治的な優位を示しているということができる。しかし、一九九〇年の「湾岸多国籍軍」に関する安保理決議では、こうしたアメリカの政治的な優位は存在しなかった。今日の国連総会におけるアメリカの位置についてさえ、アメリカ自身はつねに「敗者」の立場にあるという想定に立っている。一九八〇年代までにアメリカの政治的覇権の衰退が起こり、政治的・軍事的な優位も揺らいだ。アメリカは同盟国に対する立場と敵対者に対する立場の双方において、威嚇する能力を失ったのである。一九九〇年代においてさえ、軍事力を行使するアメリカの体勢は限定され、それはソマリア、ボスニア、ハイチ、そしてコソボで検証されている。アメリカの覇権衰退は、冷戦の崩壊と並行しながら、戦後形成されたアメリカの同盟関係（NATOと日米安保条約）の再編を導きつつある。この覇権衰退は結局のところ、とりわけ東アジアにおける日米関係の再定義につながったのである。

さて、アメリカは戦後期を通じて、地政学的な利点を優先して貿易上の利益を犠牲にしてきたという側面をもっている。戦後のアメリカは「共産主義」の封じ込め政策を維持するために、外交政策の優先とアメリカ市場へのアクセスを交換した。しかし一九八〇年代にアメリカが世界システムにおける覇権的地位から下りたとき、こうした交換というアプローチは維持できなくなった。そして日本の貿易黒字が一九八〇年の七〇億ドルから一九八四年の三〇〇億ドルに膨れ始めると、アメリカ政府は対日貿易政策に対して新しい方向性を打ち出さざるをえなくなった。世界経済におけるアメリカの相対的な衰退が国民感情のなかに保護主義を支持するエトスを生み出したのである。レーガン政権は、このような自国での保護主義的な感情を抑えようとして、公正な貿易という考え方を擁護し、アメリカの輸出ために閉鎖的な日本市場の開放を求めた。このアプローチの背後にある基本的な認識は、日本の国内市場の閉鎖性とその市場メカニズムの歪みがアメリカの輸出にとって不当な障壁となり、したがって貿易黒字の原因であるという点であった。日米交渉においては、多くの領域で日本の譲歩を獲得しようとした。輸入割当の削減、輸入許可の緩和、煙草独占の廃止などがそれである。

一九八五年、アメリカでのレーガン大統領と中曽根首相との会談では、電気通信、医療機器や医薬品、エレクトロニクス、木材などの特定の市場における障壁を撤廃するための措置が明らかにされた。その後、アメリカはサービス、知的所有権の保護、投資措置といった新しい問題にまで領域を拡大したが、こうした試みは一九八八年の包括的・競争力法の議会での可決によって強化されることになった。とりわけ、スーパー三〇一条は、アメリカの通商上の権利を定義し、その侵害を決定し、罰則を割り当てるうえでの一方主義（unilateralism）に正統性を与えたのである。しかしそれは、根本的にGATTの多国間主義からの逸脱であった。包括的・競争力法の後、アメリカと日本はいわゆる「日米構造協議」によって、流通や小売のシステムの歪みにも焦点が当てられた。通商政策はさておいても、日本に対するアメリカの攻勢は円の切り上げというマクロ経済管理の領域まで及んだ。こうして一九八五年一〇月、アメリカと他の主要先進国とのあいだにプラザ合意が成立し、アメリカの貿易赤字を削減するためにドルの切り下げがおこなわれた。

このような日米間の経済的対立にもかかわらず、経済的相互依存の高まりが日米関係における協調体制を作り上げている要因になっている。一九九〇年の日米貿易は一四二〇億ドルを超え、一九九四年には一八〇〇億ドル近くに上り、一九九八年には一八〇〇億ドルを超えた。一九九〇年の数字だけをみても、日本とECとの貿易の二倍であり、アメリカとEC全体との貿易規模の八〇パーセントにあたる。アメリカにおけるハイテク製品の売上高については、日本はイギリスとドイツとならんでシェアーが高く（一九九四年）、アメリカでの日系自動車メーカーの生産台数も、一九八七年の七三万台から一九九六年には二三〇万台に増加している。日系企業は、一九八五年のプラザ合意以降の急激な円高の進展や日本国内の好景気などを背景に、対米直接投資を増やし、現地生産の拡大をはかってきた。対米直接投資は一九九〇年代に入って増加傾向にあり、とりわけ一九九四年以降はその伸びが大きくなっており、九五年から九六年にかけて円安傾向にもかかわらず伸びに衰えはみられなかった。このような日米間の水平分業の進展と日系企業によるアメリカでの現地生産の拡大は、日米間の経済的な相互依存の深化を物語っているといえよう。

他方、東アジア諸国と日米との経済関係も年を経るごとに進展しており、とりわけ日米の全輸入に占める中国のシェアーは伸びている。日本の総輸入に占める中国のシェアーは一九九〇年には五パーセントであったが、一九九八年には一四パーセントにも達し、アジアNIESとASEAN4（タイ、フィリピン、インドネシア、マレーシア）を抜いている。アメリカの総輸入に占める中国とASEAN4の割合も増加しており、中国のシェアーは一九九三年の五パーセントから一九九八年の八パーセントと徐々に増加傾向を示している。中国は一九九七年に四六二億ドルの貿易収支黒字を経常し、外貨準備が九八年末で一四九二億ドルにものぼっている。そしてアメリカの対中国貿易収支赤字は一九九八年に五六九億ドルであり、政治問題化しつつある。

しかし、日米の協調体制を維持する必要性はもちろんそれだけではない。世界経済のもっとも活力のある東アジア地域での日米の経済的覇権の維持と密接にかかわっていることは改めて指摘するまでもない。今後、農産物やサービスの分野などの貿易自由化、知的所有権の保護といった日米という中心諸国に有利な分野の世界的な拡大とそれに沿ったゲームのルールの確立を、WTOという枠組を通じて実現していくうえで軍事力あるいは「構造的権力」（S・ジョージ）を利用する必要がある。その意味でも日米間の協力関係の維持は、アメリカの北東アジア戦略からみれば、安全保障の点からだけでなく中国の世界システムへの統合という点で重要となっている。

II　東アジアの安全保障と日米同盟

米国国防総省は、一九九八年一一月に「東アジア太平洋に関する米国の安全保障戦略」を公表し、アジア太平洋地域において一〇万人規模の兵力を引き続き維持する方針を明らかにした。この報告書は、一九九〇年、一九九二年、一九九五年に続く第四次の報告書であるが、基本的には第三次報告書との違いはないとはいえ、「包括的な関与」という言葉を使うことによって、安全保障上の軍事プレゼンスによる関与を包括的な関与のひとつの要素にすぎないとしている点に特徴がある。この報告書は、前回の報告書であるいわゆる「ナイ・イニシアティヴ」を継承しており、アジア太平洋地域でのアメリカ企業の貿易や投資活動が安全保障の面で重要な要素となっているという認識にもとづいている。第三次報告書は、東アジアがアメリカにとってますます重要な市場になっていくことは確実であるとして、つぎにように書いている。

「米国経済は、ダイナミックなアジア経済がもたらす貿易と投資の機会によって強化されよう。米国経済は、貿易への依存度が高まっており、国内総生産（ＧＤＰ）に占める商品輸出は過去二〇年間に五・五パーセントから一一・六パーセントへとほぼ倍増した。この分野の拡大は、その多くがアジアに起因する。一九七〇年代と八〇年代における米国の対アジア太平洋地域向けの輸出は、欧州共同体（ＥＣ）向けのその二倍の速さで拡大した。米国とアジアの間の輸出入は今日、米国の世界貿易の三六パーセント強を占めている。米国産品一人当たりの輸入額を見ると、アジア諸国は欧州諸国を上回っている。アジア太平洋地域向けの米国の輸出は、全世界に対する米国の商品輸出の三分の一になろうとする勢いである。[二]」

この文章だけを読むと、誰もが「東アジア戦略構想」に関する報告書というよりも「東アジア経済報告」という印象をもつにちがいない。この報告書のなかでは、安全保障の問題と経済とをリンクさせることによって、アジア経済の発展が安全保障上の環境を作り出す点が強調されていた。すなわち、米国の軍事プレゼンスは、アジアの開発途上国がその資力を経済成長に振り向けるとともに、アメリカにとっては輸出市場の拡大につながるという観点が明白に打ち出されているからだ。こうした視点には、この第三次報告書がＪ・ナイのもとで作成されたことに現れているように、経済的相互依存と安全保障の相関関係を理論的前提においているリベラリズムの立場が強く打ち出されていると解釈することもできる。この立場にもとづいてアジア太平洋地域の状況をみると、市場経済の発展によって世界経済への統合を深めるなかで、民主主義の拡大が並行的に進展し、そのことによって軍事的な紛争の可能性が小さくなるということになる。

こうした基本的認識は第四次報告書でも維持されているといえるが、少しニュアンスが変わったと思われる点は軍事プレゼンスを「包括的な関与」のひとつの要素としていることである。この点についてはつぎのような説明がなされている。「アジア太平洋地域において相互安保を促進するための米国の関与は、基地や利用権を超えて広がり、我々の利益と影響力を推進するための幅広い手段を包括している。我々の外交団は第一線において地域への米国の全般的関与の駆動力となっている。米国の貿易・投資、文化・社会・宗教的な交流、外国研究、観光はすべてのアジアにおける米国の包括的で建設的な対外関与に大きく貢献している。……米国の企業が地域全体との間で行う貿易は五〇〇〇億ドル以上、投資はこれまでに一五〇〇億ドル以上に上り、市場資本主義の恩恵の具体例となっている。[三]」

この「包括的な関与」という概念には、アメリカがアジア太平洋地域において政治、軍事、外交、経済、文化、社会といった多様な分野で幅広い関与を進めていくという姿勢が示されている。中国との関係についても、「中国への包括的な関与」という視点から、一九九七年六月のクリントン大統領と江沢民国家主席との首脳会談を受けた形で、アメリカと中国は地球規模や地域規模で共通した利益を共有し、共に地域の安定を維持し、アジア経済の発展を維持・促進するという点が明記されている。こうした軍事プレゼンスの位置づけに関するニュアンスの変化は、アジア太平洋地域の状況の変化に基づいているということに加えて、アメリカ国防省内部においてアメリカの軍事的覇権による秩序維持を主張するリアリストの立場とならんで、グローバルあるいはリージョナルな経済的相互依存の促進を国際秩序維持の手段とするリベラリズムの視点が浸透しつつあるという状況を反映しているように思われる。このことは、報告書がアジア太平洋の安全保障ネットワークとして、アジア太平洋経済協力（ＡＰＥＣ）や東南アジア地域フォーラム（ＡＲＦ）の役割を評価している点に現れているということができる。

ところで、冷戦後のアメリカの世界戦略は、一九九三年九月に当時の安全保障担当大統領補佐官であるＡ・レイクがおこなった演説にあるように、「市場経済と民主主義国への世界的脅威」の「封じ込め」から市場経済の「拡大」へというスローガンに示されている。レイクはこのなかで、民主主義と市場経済の拡大が国内的にはアメリカの輸出を伸ばし、雇用を促進するとともに、対外的には「市場経済民主主義国家の共同体」の強化を進めるとしている。ここには対外政策において安全保障の問題と経済問題をリンクさせようとするアメリカのリベリズムの考え方が現れているといえるが、これは経済的な相互依存を安全保障の問題から切り離して一国の覇権による安定を主張する従来のリアリズムの理論とは一線を画するものといえる。レイク演説がなされた一九九三年という年は、一一月にシアトルでのＡＰＥＣ第五回会議でクリントン大統領がアジア・シフトの姿勢をとり、ＡＰＥＣ支持を表明したときであった。

こうしてみると、冷戦後のアメリカの東アジア戦略上の特徴は、軍事的な安全保障の側面よりも地域の経済問題とのリンケージを深めつつあるという点にあるといえよう。ソ連の軍事的脅威が消滅し、中国も市場経済化・自由化を進めてＷＴＯに加盟しようとしている状況のなかでは、アジア太平洋地域においてアメリカにとっての軍事的脅威といえるものは現実的には存在しなくなった。しかし、このことはただちにアメリカにとって、この地域での軍事的プレゼンスが必要なくなったということを意味しない。

アジア太平洋地域での覇権的な地位を確保したいアメリカにとっては、少なくとも三つの点で軍事プレゼンスの維持が必要であろう。ひとつは、世界システムとしての資本主義世界経済の拡大と維持という点である。資本主義経済としての世界システムの拡大にはつねに軍事力という「暴力」がともなってきたが、このことはアジアへのシステムの拡大についても例外ではない。このことは、一九九五年の「第三次東アジア戦略構想」のなかにも触れられているように、東アジアの平和と経済成長を持続するためにアメリカの軍事プレゼンスが重要であるという点に示されている。ハワイの太平洋艦隊司令部は、米軍プレゼンスは地域紛争に対処するたけでなく、平時にアメリカが東アジアの経済活動に食い込む環境を整備するために有益だとして、これを「協調的関与」とよんでおり、またアメリカの国防専門家のなかには、「軍事的脅威があろうがなかろうが、アメリカは東アジアのような経済的重要性をもつ地域には、軍事プレゼンスを活用して深く関わるべきである」という見解を示す人もいるということである。[四]

この点については、すでに触れたように、今後中国がＷＴＯに加盟し、資本主義世界経済への順調な統合を果たしていくかどうかがアメリカや日本にとっての主要な関心事となっている。今年の一月に、中国の最高人民法院が整理・統合の対象になった中国の政府系のノンバンクからの債権回収を不可能にするという決定をおこなったが、司法当局が債権者の権利を奪ったことは市場経済のルールを守らないという中国のマイナスイメージを浮き彫りにした。ＷＴＯの加盟が目前に迫っている中国にとっては、対外的な信頼をなくする結果となっただけでなく、先進資本主義国にとっては危惧していたとおりゲームのルールの遵守という大きな問題が浮上したのである。ＷＴＯという資本主義世界経済のレジームに加盟する場合に、そこでのゲームのルールを強制的に遵守させる国際機関が存在しない以上、アメリカという覇権国の果たす役割は大きいことになる。ＡＰＥＣやＷＴＯといった国際レジームを通じて市場開放を推進しているアメリカにとって、そこから経済的な利益を引き出せなければ東アジアでの軍事的プレゼンスの意味はなくなるからだ。

さて、もうひとつはこの地域でのインターステイト・システムの問題、すなわち覇権国家の登場の抑制という問題にかかわっている。米軍が東アジアから撤退すれば、新しい覇権国が登場する余地を与える可能性が生まれる。この議論は、一方では米軍の東アジアからの撤退が中国の軍事的覇権をもたらす恐れがあるというアジア諸国の懸念と関連しており、他方ではまた日本からの米軍の撤退が日本の軍事化を進め、日本を地域的な覇権国家にすることにつながるという点で日米安保はその歯止めとしての機能をもっているという、いわゆる「ビンのフタ」論とも関連してくる。この議論はC・ジョンソンによって有名になったものだが、かれはアメリカがアジアにおける軍事的プレゼンスを懸命に維持しようとする隠された理由は、「日本を監視し、日本がアメリカから独立した国際イニシアティブをとるのを防ぎたいという強い欲求である」[五]と述べている。東アジアの多くの諸国のなかには確かに、日本や中国の将来的な覇権への動きに対抗するものとして、アメリカの政治的・経済的な関与の継続が必要であると考えている国もあるようである。しかしながら、日米同盟による過度の関与がかえって また東アジア諸国に脅威を与えることになるという点も確かである。

最後は、日米の防衛関係におけるパートナーシップの問題である。冷戦崩壊後、アメリカの国防予算は減少してきたが、このことはアメリカの軍需産業の寡占化（ボーイング社、ロッキード・マーチン社、レシオン社の三社）を推し進めると同時に、技術の商業化や軍民両用技術の活用を推し進めることによってアメリカの防衛技術の優位を確保しようという戦略が実施されるようになった。この背景には、一九八〇年代後半のＦＳＸ（次期支援戦闘機）計画にたいする日米交渉の過程でアメリカ側が共同開発を提案した点にも現れていた。アメリカが日本にＦＳＸの開発を許せば、アメリカの防衛技術の面での優位が揺らぐ可能性があったからだ。こうした点からもアメリカは防衛技術開発の分野での国際協力に関心をもつようになった。こうしてＴＭＤ構想は、防衛装備と技術開発に関する日米のパートナーシップの確保にとって好都合なものとなった。

アメリカ国防総省の「第三次東アジア戦略構想」には、「われわれは、技術の共有を今まで以上に重視しており、この技術の共有が米国と日本の防衛調達技術の将来を特徴づけるようになることを期待している」と明記され、その柱としてＴＭＤに関する協力が謳われている。アメリカにとっては、日本に独走を許さない日本共同の防衛調達技術の開発が自国の軍事的優位を確保するうえで死活的な問題として認識されているということであろう。また日米安保共同宣言が出された一九九六年に、国防総省と防衛庁の支援を受け、国防産業協会と経団連の国防産業委員会は、安全保障協力産業フォーラム（ＩＦＳＥＣ）を設置した。この意味でも、日米防衛産業におけるパートナーシップの確立は、日米安保体制の堅持と強化を前提にしなくてはならない。そして、そのことがアメリカにとってみれば、日本の防衛技術開発の「独走」に歯止めをかける「ビンのフタ」として作用しているということもできよう。

こうした日米の防衛技術協力の出発点になりそうなのが、普天間基地代替施設の移設にともなう「海上ヘリポート案」であろう。その案が浮上してきたのは、一九九六年の日米首脳会談であったが、それ自体はアメリカ側が提案したものであった。「海上ヘリポート案」は、外洋でいくつかの船体を結合した浮体構造物の上に滑走路や格納庫を設置する計画であるが、この点に関して、当時の橋本首相は「日米両国で合同の態勢で研究に取り組みたい」と述べたのに対して、アメリカ側も「日米の技術を結集して実現したい」とした。[六] 海上ヘリポート構想は、日本の鉄鋼業界や造船業界だけでなく、アメリカの業界も巻き込むことになる一大公共事業である。その意味でも、名護市のキャンプ・シュワブ沖のメガフロート構想は、日米防衛技術協力の第一歩となる可能性が高い。

III　安全保障パラダイムの転換と沖縄基地問題

冷戦終結後、日米安全保障のパラダイムは、アメリカ国防総省の一九九〇年四月から一九九八一一月までの四次にわたる東アジア戦略報告ないし戦略構想、それを受けた形での「平成八年度以降に係る防衛計画の大綱」（一九九五年）、日米共同宣言（一九九六年）、そして「日米ガイドライン法案」（一九九九年）というなかで修正された。こうした「再定義」の過程で浮上してきたのが普天間基地の代替施設移転問題であるが、一九九九年一二月二七日、岸本名護市長は、米軍普天間飛行場のキャンプ・シュワブ水域内名護市辺野古沿岸域への移設を条件付きで受け入れることを表明した。その基本条件として、①安全性の確保、②自然環境への配慮、③既存の米軍施設等への配慮、④日米地位協定に改善および当該施設の使用期限、⑤基地使用協定、⑥基地の整理・縮小、⑦持続的発展の確保の七分野を挙げた。[七] このなかで、一五年使用問題にかかわる⑥については、「具体的な取り組みをおこなうものとする」という内容になっている。

しかし、アメリカ国防総省のクレーマー次官補は、すでに一二月一六日に民主党ネクストキャビネットの伊藤英成外交・安保担当相との会談で、一九九六年の日米安保共同宣言を理由に「具体的に数字を決めることは日米共同宣言に反する」として明確に拒否していた。これを受けた形で、今年の一月四日に瓦防衛庁長官が訪米し、コーエン国防長官と会談したが、コーヘン長官は「国際安全保障環境の変化に対応し、在日米軍の兵力構成を含む軍事情勢について緊密な協議を続けるべきだ」とし、一五年問題を先送りした。[八] 普天間飛行場代替施設の名護市への移設に関して、使用期限一五年という条件をつけるという問題にアメリカが反対している理由は、一九九六年の日米安保共同宣言に反するだけでなく、米軍基地に使用期限をつけることが東アジアにたいして誤ったメッセージを送る可能性があるという点にある。

確かに日米安保共同宣言には、「現在の安全保障情勢の下で米国のコミットメントを守るためには、日本における ほぼ現在の水準を含め、この地域においては、約一〇万人の前方展開軍事要員からなる現在の兵力構成を維持することが必要である」と明記されている。しかし情勢の変化を前提にして両国で期限に関して協議すること自体は排除されていないはずであり、「具体的な取り組みをおこなう」なかでの合意も可能であろう。アメリカ政府も名護市が移設を受け入れた昨年一二月二七日に、「日米安保条約の目的に合致する形で沖縄の米軍施設の集約、再編、削減にさらに努める」という声明を発表しているが、それならば期限問題にも積極的な姿勢を示してもよいはずだ。だが、それよりも問題なのは、争点を一五年問題にすり替えることで移設そのものを無前提に正当化している点である。昨年一二月一六–七日に名護市民を対象に実施された沖縄タイムス社と朝日新聞社の世論調査では、移設反対が五九パーセントであったのに対して賛成は二三パーセントであり、反対の五九パーセントのうち一七パーセントは「基地削減にならない」というのがその理由であった。[九] 一九九六年の九月の県民投票で「基地縮小」に八九パーセントの県民が賛成していたが、いまの基地問題に対する沖縄県民の意志もなんら変化していないことがはっきり示されている。

ところで、日米安保共同宣言は、冷戦の終結以後、世界的な規模の武力紛争が生起する可能性は遠のいているとしながらも、他方ではこの地域には依然として「不安定性および不確実性」が存在するとしている。これは、環境が変化すればシステム自体を変える必要性が生まれてくるが、しかしこれまでのシステムを維持したいために環境の変化を認めたくないという論理である。しかし、「不安定性および不確定性」という表現はかならずしも「現実に存在する明白な脅威や事態」を意味するものではなく、将来起こりうると想定できる不測の脅威や事態である。沖縄の米軍基地はいうなればこうした想定のもとに置かれているにすぎないのであり、沖縄県民の生活はそれによって苦しみを余儀なくされている。想定というのは認識の違いもとづくものにすぎない。その意味では、権利上はオルナタティヴな想定も可能である。

東アジアにおけるアメリカの軍事的プレゼンスの維持にはさまざまな要因が絡み合っているという点についてはすでに触れてきたが、そのことはアメリカにとってみれば沖縄の米軍基地の重要性がいっそう再認識されたということを意味していた。しかし、アメリカ国内においても東アジアの米軍基地に必要性については、先のC・ジョンソンや、ワシントンに本拠をおくアメリカの有力なシンクタンクであるケイトー研究所の見解のように、否定的な見方も存在する。C・ジョンソンは東アジアの安定に対する脅威の大部分が不均等な経済発展、人口移動、低賃金労働の搾取、民族間の緊張など非軍事的なものであり、「不安定要因」に対処するうえで軍事力を使用することも妥当ではないとし、現在の駐留軍をハワイやグアムや米国本土に戻し、危機に際に東アジアに移動させることは困難ではないとしている。

またケイトー研究所の報告「米国の東アジア安全保障政策に関するケイトー研究所の提言」（一九九五年）は、冷戦が終結して脅威の環境が変化したにもかかわらず、東アジア太平洋全域に一〇万人以上の米軍が陸上と海上で駐留し続けるなど状況が変わっていないとし、日本と韓国は自国の防衛に必要ないかなる兵力も装備・維持する経済力をもっているために、在日、在韓米軍は向こう三、四年のうちに全面撤収すべきであるとする。[10] こうした提言の基礎になっている基本的な認識は、日本はもはや深刻な脅威に直面しておらず、中国でさえも近隣諸国に深刻な脅威を及ぼす能力も意思もないという点である。北朝鮮に関しても、自国の国力の衰えを隠蔽するために国際社会で一定の関心を獲得するために核保有を利用しているにすぎないとしている。

実際問題として、現在の中国としては、社会主義的な市場経済化を押し進めるなかで、ＷＴＯ加盟問題、失業問題、法輪功問題など国内政治の緊急課題を抱えて精一杯の状況にあり、自らが「対外的な脅威」となりうるような時間的余裕など持ち合わせていないはずである。また北朝鮮に関しても、二〇〇〇年の一月二八日にベルリンで米朝協議が開催されたが、中国のＷＴＯ加盟が決まった時点でアメリカにとって北朝鮮はもはや「脅威」というよりも「市場」としてしか映っていないようである。アメリカのビジネス界はすでに在韓米商工会議所に北朝鮮ビジネス委員会を発足させて、市場の開拓に専念している。この意味で、まず重要なことは思考様式の「脱冷戦化」ということである。アメリカは安全保障の問題と経済問題をすでにリンクさせて、後者を優先しようというスタンスをとっている。冷戦終結後、日本もアメリカも深刻な軍事的脅威に直面しているとはいえない状況のなかで、安保体制の再定義とはいえ五〇年も前の冷戦時代の遺物としかいいようのない日米安保体制という二国間同盟の枠組から抜け出ることができない思考様式の転換が問題であろう。
そのためにも二国同盟の枠組から抜けだし軍事力に頼らない東アジアの安全保障をどのように考えるかが必要であろう。まず東アジアの安全保障の問題を考えるうえで肝要なことは、覇権安定論から脱却して多国間の協調的な地域的安全保障体制をめざすことであろう。しかし、その内容は多国間の安全保障体制とはいってもこれまでの軍事的な安全保障にもとづく枠組づくりではなくて、リージョナルなレベルでの民主的なインターステイト・システムをめざすべきであろう。ヨーロッパの安全保障では、NATOが依然としてその基盤となっているとはいえ、将来的な欧州の安全保障に関してはOSCEとのあいだで綱引きがおこなわれている。東アジアでも同様に、今後、日米同盟とASEAN地域フォーラム（ARF）とのあいだで安全保障の主要な枠組をめぐる綱引きが生まれる可能性が高く、そこからリージョナルなレベルでの新たな民主的なインターステイト・システムが形成される可能性がある。そうした方向性のなかで日米安保体制を解消し、米軍基地の整理・縮小に着手することができる。沖縄の基地問題は、こうした方向性のなかで解決の糸口を模索する必要があるように思われる。

【注】

一　通商産業省編『通商白書』平成一一年版　、一九九九年、六七頁。
二　米国防総省「東アジア太平洋地域に関する米国の安全保障戦略構想」『世界週報』一　九九五年、三月二八日号、六三頁
三　米国防総省「東アジア太平洋地域に関する米国の安全保障戦略」『世界週報』一九九九年、二月九日号、七二頁
四　岩田修一郎「米国の軍事戦略と日米安保体制」『日米安保体制―持続と変容―』国際政治学会編、一九九七年、一一七頁
五　C・ジョンソン「御番犬様、ゴー・ホーム!」『軍縮問題資料』一九九六年、一一月号、四二頁
六　『沖縄タイムス』一九九六年九月一八日・一九日。
七　『沖縄タイムス』一九九九年一二月二七日。

八　『沖縄タイムス』二〇〇〇年一月六日。

九　『沖縄タイムス』一九九九年一二月一九日。

一〇　ケイトー研究所「米国の東アジア安全保障政策に関するケイトー研究所の提言」(『世界週報』一九九五年三月二八日、七一頁)

第二部　イラク戦争後の世界システム

第六章　アメリカ帝国と日本のアジア政策

Ⅰ　アメリカの単独行動主義と帝国的支配の拡大

ブッシュ政権が成立して以来、アメリカは京都議定書、国際刑事裁判所設立条約、生物兵器条約からの離脱による国際法的な枠組の無視、中央アジアあるいはカスピ海地域への軍事プレゼンスの拡大、そして同盟関係の軽視など多国間協調路線を無視した単独行動主義に向かっている。最近では、こうしたアメリカの単独行動主義を「新帝国主義」あるいは「アメリカ帝国」という言葉で表現するようになってきた。

たとえば、C・ジョンソンはすでに九・一一テロの前に刊行した『アメリカ帝国への報復』のなかで、世界の一九カ国の六一を超える基地に駐留している「アメリカ帝国」がその支配に対する報復（ブローバック）にさらされている点を指摘している。これまではアメリカは、一九七〇年代はじめのカンボジアのクーデター支援、一九七三年のチリの軍事クーデターにおける関与、一九八〇年のニカラグアでの反サンディニスタ政権にたいする反対運動への関与、フィリピンのマルコス政権やインドネシアのスハルト政権という独裁政権への支援、そして湾岸戦争以後のイラクに対する封鎖などを通じて帝国的な支配を拡大してきたが、いまその政治的コストが報復という形で跳ね返ってきているというのである。

またJ・アイケンベリーは『フォーリン・アフェアーズ』に掲載された「新帝国主義というアメリカの野望」のなかで、アメリカの「新帝国主義的大戦略」が帝国のオーバーストレッチ（過度の拡大）という古典的な問題に遭遇する点に留意を促している。「新帝国主義的大戦略」は、戦後国際秩序の規範や制度あるいは多国間主義の枠組を無視してアメリカの権力を行使するものであるが、それは国際社会での正統性を欠き、より敵意に満ちた国際環境を生み出し、長期的な運用に耐えうるものではない。その大戦略の問題点は、「世界でもっとも力のある国が威張り散らし、ルールや正統性を無視した行動におよべば、それに対する反動を呼び込んでしまう」という点にある。

しかし、このようなアメリカの単独行動主義あるいは「帝国的な拡大」の根底にあるのは、衰退しつつある覇権の復活あるいは単純な世界支配への野望であろうか。アメリカの覇権に関しては、覇権が国際関係のなかで政治的・経済的・軍事的・文化的な領域でルールや要求を他国に押しつけることができる能力として定義されるならば、J・ナイが『アメリカへの警告』（日本経済新聞社）のなかでいっているように、現在のアメリカは覇権国とはとてもいえないだろう。ナイによれば、国際通貨基金（IMF）では影響力が強く、投票権比率が高いが、それでも単独で専務理事を選ぶことはできないし、世界貿易機関（WTO）ではヨーロッパと日本を抑えられていないし、一〇年以上にわたってイラクのフセイン大統領を権力の座から引き下ろすことができないからである。

II　アメリカのエネルギー安全保障と軍産複合体

アメリカが世界システムのなかで覇権を喪失しつつあるという状況において、アメリカが政治的・経済的・軍事的にもこれまで以上に優位を確保しようとしていることは確実である。しかし、アメリカの「帝国的な拡大」の根底にあるのはこのような覇権の復活というよりもむしろ、切迫した国内経済の危機やエネルギー問題、そして軍産複合体への依存する経済体質であろう。二〇〇一年五月にチェイニー副大統領を中心にしたグループが「国家エネルギー政策[三]」という一七〇頁にも及ぶ報告書をまとめたが、そのなかではエネルギー安全保障の促進が強調され、エネルギー価格の変動と供給の不安定性を解消することが国家エネルギー政策の基本とされた。

報告書によると、二〇二〇年までにアメリカの石油消費は三三パーセント、天然ガスは五〇パーセント以上、そして電力需要も四五パーセント上昇する。現在のところアメリカは石油消費の五三パーセントを輸入に依存しているが、二〇二〇年までにその割合が六五パーセントに上昇する。したがって、アメリカは現在の供給国であるサウジアラビア、ベネズエラ、カナダに加えて新たな供給先を確保する必要があり、将来の石油需要を満たし、かつOPECへの依存をなくすためにはカスピ海諸国、ロシア、アフリカに目を向けねばならない[四]。さらに報告書は、エネルギー安全保障を通商政策や対外政策よりも優先することを提言するだけでなく、それを実現するための「制裁」の再検討も提言している。「制裁は重要な国家的安全保障とグローバルな安全保障を促進することができ、とくにテロを支援し大量破壊兵器を保持しようとする国々に対しては重要な対外政策上の手段となりうる。[五]」

この報告書は、アメリカがすでに市場原理だけではもはや将来の石油資源を確保することができなくなっている点を表明するとともに、エネルギー安全保障上の観点から「制裁」の再定義までおこなって、「テロを支援し大量破壊兵器を保持しようとする国々」という表現で暗にイラクへの制裁を示唆している。市場原理を基盤にした経済的手段で国益を見込めない場合のつぎのステップとして政治的・軍事的手段に訴えるというのは、第二次世界大戦におけるファシズム国家が選択した道であるが、いまのアメリカはまさにこの轍を踏み始めようとしている。というよりもむしろ、これはすでに一九九〇年の湾岸戦争から始まっていたということもできる。『アジア・タイムズ』のコラムニストであるP・エスコバールは、アメリカの帝国的な拡大に関してつぎのように的確に表現している。「戦争ビジネスにまさるものはない。湾岸戦争のおかげで、アメリカはペルシャ湾に軍事基地をもち、対ユーゴ戦争で、ボスニア、コソボ、マケドニアに軍事基地をもち、タリバンとの戦争で、アメリカはいまやトルクメニスタン、ウズベキスタン、パキスタン、アフガニスタンに基地をもった。」[六]そしてイラクとの戦争によって、アメリカがイラクに軍事基地を確保することができれば、世界全体の石油と天然ガスの七〇パーセントが集中している中東地域、中央アジアおよびカスピ海周辺地域に軍事基地をもち、「帝国的な支配」を可能にすることができるのである。アメリカのエネルギー安全保障がめざしているのは、アメリカ自身が世界のエネルギー資源を管理することなのである。ブッシュ大統領はこの戦争計画を自由と民主主義の拡大および大量破壊兵器による被害の防止という名目で推し進めようとしているのである。

二〇〇二年一〇月二三日、対イラク攻撃に関する決議案を英米共同で安保理に提案したが、この同じ日にブッシュ大統領は三五五四億ドルの二〇〇三年度の国防予算案に署名した。これは二〇〇二年度の国防予算三四四〇億ドルよりも一一四億ドルも上回るものである。これまで軍事支出の増加のもっとも有効な常套手段は対外的な脅威の昂揚であったが、冷戦崩壊後にやや効力を喪失しかけていたその対外脅威論が九・一一テロ以後に効果を発揮したということができる。いまや軍需産業がアメリカ経済の主役に復活し、空洞化しつつある製造部門を活性化している。アメリカの技術者や科学者の三分の一以上が軍事関連の仕事に就き、とりわけ造船や航空機産業は軍事支出あるいは兵器輸出に依存するようになっている。

アメリカの航空宇宙・兵器企業の上位一一社で、約九〇万人が雇用されている。そのうち上位三社についてみると、ボーイング社では一九万八〇〇〇人、ユナイティド・テクノロジーズ社では一五万三八〇〇人、ロッキード・マーチン社では一二万六〇〇〇人が雇用されている。これらの企業のほとんど国防総省との契約に依存しており、世界の防衛関連企業の上位にランクされている。したがって、多くのアメリカ人や連邦議会議員が国防総省の軍事支出を支持するとしても驚くべきことではないのかもしれない。軍需産業は多くのブルーカラー労働者や技術者を雇用する巨大で手のつけられない部門となっているのである。

こうしてアメリカ帝国を維持するうえで、復活しつつある軍産複合体とグローバルに展開する巨大な軍事システムが大きな役割を果たすようになった。冷戦が終結して一〇年以上に経った現在も、競争相手が存在しないにもかかわらず軍事費は伸び続けている。C・ジョンソンはアメリカ帝国の軍事依存的な体質をつぎのように特徴づけている。「今日、軍隊はまったく傭兵と化しており、国防省から支払われる給与目当ての志願者で構成されている。軍部はなおも市民からなら軍隊にたいする一般大衆の支持を得ようとしているが、この軍隊はますます市民の利益とは無縁になっており、もっぱら軍部の利益を追求するだけの存在になっているのだ。」[七]

III　アメリカに追随する日本の安全保障政策

戦後の世界システムとしての資本主義世界経済の再建は、一方では、アメリカが西欧諸国や日本にたいして直接的な経済援助をおこなうとともに自由貿易体制の枠組を拡大することによって、他方では、NATOや日米安保体制という地域的な国家間システムの枠組が作られることによって達成された。それは同時に、アメリカの政治的・経済的覇権を揺るぎないものにする過程でもあった。しかし、EU諸国や日本がグローバルな経済大国へ成長するにつれて、そして中国とロシアが市場経済化の道を歩み始めて資本主義世界経済へ合流するにともない、戦後アメリカの揺るぎない覇権の衰退が明らかになってきた。対イラク戦争の準備に示されるブッシュ政権の単独行動主義と軍事プレゼンスの帝国的な拡大は、すでに触れたように、アメリカのエネルギー安全保障および国家安全保障と復活した軍産複合体を背景にしたものである。

こうしたアメリカの覇権の衰退を背景とした日米同盟の再編としての「安保の再定義」は、資本主義世界経済の外延的な拡大のフロンティアであるアジアへのアメリカの「深い関与」（J・ナイ）の新たな拡大を意味している。[八]これが日米安保体制のグローバル化にほかならない。ナイのいう「深い関与」とは、アメリカがアジア太平洋地域における二国間同盟を強化し、軍事プレゼンスを維持することであるが、これがいまやイラクを始めとする中東地域にも拡大しつつある。二〇〇二年一二月に決定されたインド洋へのイージス艦の派遣は、これを象徴するものである。

冷戦終結後、日米安保体制のパラダイムは、アメリカ国防総省が一九九〇年四月から一九九八年一一月まで出した四次にわたる東アジア戦略報告ないし戦略構想、一九九六年の日米安保共同宣言、そして一九九九年の「周辺事態法」制定のなかで、修正された。一九九五年二月に発表された「米国の東アジア太平洋地域に関する米国の安全保障戦略」（通称「ナイ・リポート」）は、「日本は冷戦後の実現可能な地域秩序と国際秩序の形成に米国が努力するに当たっての当然のパートナーである」という認識のもとに、日米安保同盟はアジアにおけるアメリカの安全保障政策のかなめ（linchpin）であるとし、この同盟が日米だけでなく、このアジア太平洋地域全域の安定を確保するための主要なファクターであるとしている。

そして一九九六年の「日米安保共同宣言」のなかでも、日米安保体制がアジア太平洋地域の平和と安定を維持するためにきわめて重要な柱の一つになっている点が確認され、日米両国間の緊密な防衛協力が宣言されている。このなかで、中国に関しては、「中国が肯定的かつ建設的な役割を果たすことがきわめて重要であることを強調し、この関連で、両国は中国との協力をさらに深めていくことに関心を有することを強調した」として、日米同盟の拡大がけっして中国にとっての脅威でなく、協力関係を深めるものである点に配慮した。とはいえ、朝鮮半島では依然として緊張関係が続いているなど、アジア太平洋地域において不安定および不確実性が存在しているとした。

一九九九年の「周辺事態法」は、このような「日米安保共同宣言」における日米安保の枠組拡大のための法的な基礎づけであった。それは「周辺事態」の概念を「地理的な概念ではない」と曖昧にしたまま、周辺事態における自衛隊の出動だけでなく、日本の後方地域支援の任務としての「民間空港・港湾の一時的使用」など自治体や民間企業の協力を規定している。また日米物品役務相互提供協定が改正されたが、これまで日米共同訓練における日米間の食事、輸送、燃料などの相互提供に限定されていた協定が周辺有事にも適用されることになった。これによって、補給、輸送、整備、通信などアジア太平洋における米軍の活動に対する日本の後方支援活動のための一連の法的枠組が整った形になった。

さらに、有事法制化への動きは、二〇〇二年の有事関連三法案の国会審議にまで進んでいたが、二〇〇二年春の国会と秋の臨時国会では継続審議となり、小泉政権は二〇〇三年一月の通常国会での成立をめざした。「武力攻撃事態法」では、有事の範囲が「武力攻撃が予測される事態」にまで拡大されたために、「武力攻撃が発生する場合」と「武力攻撃が予測される場合」の二つのケースが考えられ、有事の認定基準がきわめて曖昧になっている。また「武力攻撃が予測される場合」に対米支援をおこなえば、「専守防衛」から逸脱し、しかも憲法上認められていない集団的自衛権の行使にいたる可能性もある。集団的自衛権に関する日本の内閣法制局の見解は、集団的自衛権行使の憲法解釈を拒否しているが、後方支援問題についてそれが憲法上容認されない理由として、「米軍の武力行使を一体化した後方支援は、米軍と共犯関係になるからだ」というものである。したがって、現在、政府の憲法解釈上も、集団的自衛権の行使は認めていない。

しかし、アメリカからは集団的自衛権の禁止の解除を求める圧力がかかっており、日本の政府＝自民党はこれに対応するという図式になっている。二〇〇〇年一〇月に、アメリカの対日政策報告書（アーミテージ・レポート）がアーミテージ国務副長官らの超党派によって出された。この報告書は、冷戦後の日米関係、政治、安全保障、沖縄、情報技術、経済関係、外交にまで言及したものであるが、そのなかの「安全保障」に関しては、日本の集団的自衛権の「禁止」が日米間の「同盟協力の制約」になっているとして、日本側に「禁止」の解除を求めた。さらにレポートは、アメリカとイギリスのような特別な関係が日米同盟のモデルであるとしながら、日米の防衛責任の再確認、とりわけアメリカは「尖閣列島」を含む日本の行政管轄地域の防衛責任を再確認すること、そして新ガイドラインの「誠実な履行」、「有事法制の国会通過」、アメリカの軍事技術の利用と防衛産業との提携関係の促進、ＴＭＤに関する日米協力の範囲拡大にいたるまで求めている。

さらに驚くのは、さまざまな領域で政策上の対日要求を行っている点である。経済関係では、「橋やトンネルや高速道路作りは何の効果もなく、中止すべきである」として自民党の道路族を批判しながら小泉政権を援護しているし、外交関係の面では、アジア通貨基金の設立など対アジア政策においても、二国間関係を維持しながらワシントンとの調整にもとづいて展開すべきであり、日本が「抜け駆けをやるべきではない」としている。また自由貿易協定に関しては、日本とシンガポールのあいだの協定を推進するべきであるとしており、実際的に、二〇〇二年一月に日本とシンガポール間で自由貿易協定が締結された。

この「アーミテージ・レポート」を受ける形で、二〇〇一年三月、自民党政務調査会の国防部会は、「わが国の安全保障政策の確立と日米同盟」と題する提言を出した。そのなかで、集団的自衛権行使の禁止の問題点としてつぎのように報告されている。「それは、我が国が集団的自衛権の行使を禁じていることで、米軍の軍事訓練が極めて複雑なものになってしまい、有事の際に、日米が共同で紛争の抑止にあたる場合に支障をきたすことが懸念されることである。政府の従来の集団的自衛権行使に対する解釈は、同盟の信頼性確保の上での制約になっていて、かつ日米同盟の〝抑止力〟を減退させる危険性をはらんでいる。」[九]

この報告には、日米同盟の信頼性を維持するためには日本の国家体制（憲法）の基本原理にかかわる問題を犠牲にしてもかまわないという認識が如実に示されているばかりでなく、有事の際の武力による紛争抑止を視野に入れている。そして集団的自衛権の行使を可能にする方法として、解釈の変更（解釈改憲）や、「集団的自衛権の行使」を可能にする新たな法律制定を挙げている。このように、政府＝自民党はアメリカの要求に応える形で、有事法制化を進めるとともに、集団的自衛権のなし崩し的な行使の実現を図ろうとしているということができる。

アメリカ側にとっては、そのひとつの突破口がイージス艦の覇権問題であった。日本政府は二〇〇二年一一月初旬までは、「イージス艦派遣は米軍の武力行使と一体化し、集団的自衛権の行使に当たる恐れがある」として、派遣には慎重な態度をとっていた。しかし、一二月八日から一〇日の日程でアーミテージ国務副長官の訪日日程が決まると、その訪問のわずか四日前に、テロ対策特別措置法に基づく米軍支援のためにイージス艦のインド洋派遣を決定した。この派遣決定も結局のところは、アメリカの要請によるものであったことを政府自身も認めざるをえなかった。

ブッシュ政権は、二〇〇二年九月に「アメリカの国家安全保障戦略」を発表した。この文書の冒頭には、「自由と全体主義」という二〇世紀の大きな対立は自由を掲げる勢力の勝利に終わったと書かれ、自由、民主主義、自由貿易を世界中に拡大することがアメリカの使命であることが強調されている。そして「ならず者国家」(rogue states) という言葉を用いて、「同盟国あるいは友好国」と「ならず者国家」、いいかえれば味方と敵という単純な二分法で世界戦略を打ち立てようとしている点に特徴がある。「われわれはならず者国家やテロリストがアメリカやわれわれの同盟国や友好国に対して大量兵器で威嚇したりそれを使用したりする前に、それをやめさせる準備をしなくてはならない。われわれの対策は、強化された同盟、旧敵国との新たなパートナーシップの確立、軍事力の使用における革新、効果的なミサイル防衛システムの開発を含む近代技術、および情報収集と分析の重視といった要素を十分に活用したものでなければならない。」[10]

「国家安全保障戦略」は、この目的を達成するためには先制攻撃も辞さないと記している。文書はつぎのように説明している。「アメリカはこれまでわれわれの国家安全保障への脅威に対抗するために先制攻撃というオプションを主張してきた。脅威が大きくなればなるほど、戦闘行為を行わないコストは大きくなる。……われわれの敵対者によるこのような敵対行為に機先を制しそれを回避するために、アメリカは、もし必要ならば、先制攻撃をおこなうだろう。アメリカは、新たな脅威に対する先制攻撃として、必ず軍事力を使用するものではない。また国家が侵略の口実として先制攻撃を使用すべきではない。しかし、文明社会の敵対者が公然と積極的に世界の最も破壊的な科学技術を求める時代に、アメリカは危険が増大するのを何もしないでいることはできない。」[11]

このように文書では、大量破壊兵器を使用する「ならず者国家」と戦うためには、自衛行動である先制攻撃が必要である点が強調されているが、アメリカの先制攻撃や単独軍事行動の対象にイラクと北朝鮮が含められているのは明らかであるし、ブッシュ政権の高官もこの点を認めている。

IV　東アジアの安全保障ガバナンスの形成に向けて

冷戦終結後、アメリカも日本も深刻な軍事的脅威に直面しているとはいえない状況におかれているのに、旧ソ連の脅威が終焉した後にも、アメリカは中国、北朝鮮、テロ、イラクと一連の軍事的脅威をつぎからつぎに作り出し、軍事費を拡大し、国内の軍産複合体という戦争依存的な経済体質を作り上げてしまった。また近い将来に石油をはじめとするエネルギー資源の供給不足に直面しようとしているアメリカは、市場原理を通じた安定供給がもはや達成できないとみて軍事的な手段に訴えようとしている。アメリカの帝国的な拡大の本質はこの点にあるということができる。

したがって、日米安保体制の再定義が意味しているのは、日米安保体制という二国間同盟の枠組が東アジア地域の安全保障を射程に入れているだけでなく、このようなアメリカの帝国的な世界戦略に組み込まれつつあることである。日本がこうした悪無限から抜け出すためには、EUやロシアのようにアメリカの単独行動主義と距離を置く外交的姿勢を示すだけでなく、東アジアにおいて軍事力に頼らない多国間協調主義にもとづく安全保障体制を構築するように努力することが必要であるように思われる。

グローバルには国連を中心とした国家間システムを基礎としながら、そして地域的には多国間の民主的で協調的な地域安全保障体制をめざすことが重要であろう。ASEAN地域フォーラム(ARF)は、そのための多国間の枠組の基礎となりうるし、地域的な経済協力関係の促進も重要である。確かに、アメリカにおいてはAPECもARFも北東アジアにおける北朝鮮の核開発問題や台湾海峡問題などに対応できないという批判はあるが、いまの東アジアで問題をすべて解決するための枠組を形成することは困難である。したがって、現在のところ、ASEANに日本、韓国、中国が加わったASEAN+3という対話の枠組が形成されてきたように、多国間の協調的安全保障システムを徐々に構築していくような方向性をめざすしか方法はみあたらない状況である。

これまでアジア太平洋地域では、地域的な安全保障システムは構築されずに、アメリカを中心に二国間の「ハブ・アンド・スポーク」と呼ばれる構造が支配的であった。これはアメリカを中心として複数の二国間システムの構造であるが、これはアメリカ側にとっては分断による地域的システムの管理として支配の合理性と安定性から都合がよいものであった。なぜなら、「ハブ・アンド・スポーク」構造は、東アジア諸国というスポーク間の連携を排除することによって成り立っているからである。その意味では、アジアにおける多国間の安全保障システムの構築は、こうしたアメリカ主導の「ハブ・アンド・スポーク」構造を変えていくことを可能にするだろう。

さらにアジアにおける地域的な協力は経済関係の深化によって実現されつつある。二〇〇二年一一月に中国はＡＳＥＡＮ諸国とのあいだで自由貿易協定（ＦＴＡ）を含む包括的な経済協力の枠組協定を結んだ。日本は二〇〇二年一月に、シンガポールとのあいだで自由貿易協定を締結した。また二〇〇二年一一月にＡＳＥＡＮの次期事務局長に就任することが決まったシンガポールのオン・ケンヨン氏は、日本と中国とのあいだの自由貿易協定の推進を主張している。

このように、東アジア地域は、これまで以上に地域的な経済的依存関係が深まることから、今後は経済分野の多国間協力だけでなく、平和、環境、安全保障の分野での多国間の地域的ガバナンスを構築することが必要となっている。日本はアメリカ主導の安全保障政策からアジアの将来を見据えた多国間の「人間の安全保障」システムの構築を視野に入れるべきであろう。

【注】

一　Ｃ・ジョンソン『アメリカ帝国への報復』鈴木主税訳、集英社、二〇頁。

二　Ｊ・アイケンベリー「新帝国主義というアメリカの野望」（『ネオコンとアメリカ帝国の幻想―フォーリン・アフェアーズ・コレクション特別版―』朝日新聞社、二〇〇三年所収）。

三　National Energy Policy, Report of the National Energy Policy Development Group, May 2001.

四　*Ibid.*, p.x.

五　*Ibid.*, Chapter 8-6.

六　この発言の引用は以下による。Gopal Dayaneni and Bob Wing, Oil and War, in: Special To War Times, www.war-times.org.

七　C・ジョンソン前掲訳書、二七六頁。

八　いわゆるナイ・レポートについては、*United States Security Strategy for the East Asia-Pacific Region*, February 1995 ,Department of Defence Office of International Security Affairs East Asia Strategy Report を参照。

九　自由民主党政務調査会国防部会「わが国の安全保障政策の確立と日米同盟」二〇〇一年三月二三日。三頁。http://www2.odn.ne.jp/btree/syuhen/doc/jiminnsyudan.htm

一〇　*The National Security Strategy of the United States of America*, September 2002, p.14.

一一　*Ibid.*, p.15.

第七章　イラク戦争後の日本政治

I　イラク戦争と政治的レトリック

「政府は時局が重大であるとの名目で、われわれを常に不安な状態に置き、狂信的な愛国熱をかき立ててきた。もし、国民が盲目的に、政府が要求する通りの莫大な予算を承認しなければ、恐ろしい外国勢力または国内に巣食う悪性の勢力が国を亡ぼしてしまうというのが政府の言い分であった。しかし、ひるがえって考えて見ると、このような非常事態は全然起こらなかったように思われるし、妄想にしか過ぎなかったようにさえ思われる。」

この言葉は、ブッシュ政権について語っているものではなくて、元連合国軍最高司令官ダグラス・マッカーサーが一九五七年に語った言葉である。マッカーサーは、「愛国的熱情」、「重大な国家的事態」という名目でおこなわれている政府の宣伝活動が、アメリカ人を知らず知らずのうちに「戦争国家」のとりこにしていく事態をこのように表現したのである。福祉国家（welfare state）というのは高度の経済成長を伴った豊かな時代の先進諸国の国家形態であるということができるが、四〇年以上前にアメリカを「戦争国家」（warfare state）として特徴づけ、それが福祉国家という妄想を忘れさせる名案であるとしたのはフレッド・クックであった。

クックのいう「戦争国家」は過去の時代のアメリカの特徴だけではなく、現在のブッシュ政権の政治的特質をより的確に表現しているということもできる。九・一一テロの直後に、ブッシュ政権はアメリカ愛国者法（US Patriot Act）を成立させたが、それは「テロリズム」という言葉を拡大してコンピュータのハッキングや生物化学兵器による攻撃などの犯罪行為を含むものとした。この法律によって政府当局は、裁判所の命令なしに「テロリズム」に該当する行為の調査に関連する記録を捜索することが可能になったのである。実際問題として、九・一一テロ以後、アメリカ国内でも多くのイスラム系の住民や移住者が拘束され、移民帰化局（ＩＮＳ）や連邦捜査局（ＦＢＩ）の人種差別政策によって引き起こされた暴力の犠牲になっているといわれている。

またアメリカの国防費はブッシュ政権になってから急速に増え続け、二〇〇四年（会計年度）の軍事予算は四〇〇一億ドル、二〇〇五年（会計年度）は四〇二〇億ドル、そして二〇〇六年（会計年度）は四一九三億ドルに上っている。米議会予算局の今後の国防予算の長期的な見積もりによると、二〇〇五年度の四〇二〇億ドルから二〇〇九年には四五五〇億ドルに増加し、二〇一〇年度から二〇二二年までに平均して四八五〇億ドルに増えるという結果が出ている。これに加えてイラク戦争の戦費がもうすでに一五〇〇億ドルを超えているから、アメリカ国民は今後も多額の財政的な負担を強いられることになる。

他方、日本では二〇〇三年三月にイラク戦争が開始されると、小泉政権は直ちにブッシュ支持を打ち出し、「イラクに対する武力行使後の事態への対応についての報告」のなかで支持の理由を、同盟国であるアメリカが武力行使するときに可能なかぎり支援をおこなうことは当然であると説明した。小泉政権は、集団的自衛権が認められていない現状のなかで、イラクへの自衛隊派遣を人道復興支援と安全確保支援活動に限定するイラク特措法を制定することによって、アメリカとの協調を図ったのである。しかしイラク特措法については、非戦闘地域の定義をめぐって曖昧な点が残っているだけでなく、戦闘地域ならばそこへの自衛隊派遣は明らかに憲法違反となる。したがって、このことが憲法九条改正と集団的自衛権の容認という主張につながっている。

この意味で、日本とアメリカはまさに「戦争国家」化の道を歩み始めている。冷戦時代には、旧ソ連という仮想敵国が存在していたが、冷戦終結後にはそれが北朝鮮に変わった。しかし、北朝鮮という仮想敵国がアメリカや日本の軍事力増強やＢＭＤ（弾頭ミサイル防衛システム）を十分に説得できる「脅威」であるかといえば、そこには疑問が残る。いずれにせよ日米両国は、「テロとの戦争」、「不安定な弧」、「潜在的敵国」という政治的レトリックを駆使して、「戦争国家」化を押し進めている。イラク戦争後の日本政治は、アメリカの戦略にますます組み込まれながら、「戦争国家」へと舵を切ろうとしているように思えてならない。

II 「欠陥情報」と小泉政権のイラク政策

二〇〇二年九月一二日、ブッシュ大統領は国連総会で演説し、イラクが大量破壊兵器を保持していると断罪し、それを破棄しなければ武力行使も辞さないという姿勢を鮮明にした。ブッシュ政権は、アメリカ議会にたいしてもイラクによる大量破壊兵器の開発について十分な証拠があると発言していたが、こうした一連の動きを背景に、翌一〇月にアメリカ議会はブッシュ大統領にイラクでの軍事行動を命ずる権限を与える決議案を上下両院で圧倒的多数で採択した。しかし、後に大量破壊兵器の存在そのものが誤りであることが判明したことから考えると、ブッシュ政権がフレームアップによってアメリカ議会から軍事行動の権限を獲得したと非難されても必ずしも不当とはいえない。

さらに情報操作疑惑として問題になったのは、二〇〇三年一月にブッシュ大統領が一般教書演説のなかで触れた「イラクのウラン購入計画」という誤った情報であった。アメリカ政府は二〇〇二年一二月に、イラクに核物質を売ろうとしていた国がニジェールであることを明らかにし、翌月の大統領の一般教書演説でもウラン購入について触れ、その情報源はイギリスであることを明らかにした。[三] しかし、この「ウラン購入計画」を示す文書が偽造であることが判明し、入念に事実が確認されないまま偽情報がブッシュ大統領の一般教書演説に入れられたことに関して、CIAのテネット長官が責任をとらされた形で辞任した。

この点に関しては、二〇〇四年七月、アメリカ議会上院の情報特別委員会は、『イラク開戦前の情報活動に対する報告の結論』と題する報告書を出し、そのなかでイラク攻撃の大義とされた旧フセイン政権の大量破壊兵器（WMD）開発計画をめぐる情報をアメリカ中央情報局（CIA）が誇張したとして厳しく批判するとともに、イラクに大規模な大量破壊兵器開発計画が存在するという憶測が失敗を招いたとしたうえで、イラク戦争は「欠陥情報」に基づいて開始されたと断定した。[四] こうして二〇〇三年三月一九日にイラク戦争が開始されたが、それに至る過程でアメリカ議会やアメリカ国民がブッシュ政権の「欠陥情報」に惑わされたことになる。

他方、小泉政権はイラク戦争が開始されると、政府の基本的な考え方を明らかにし、二〇〇二年一一月に採択された国連安保理決議一四四一によってイラクへの武力攻撃の機会が与えられたとした。アメリカ側の主張は、国連決議一四四一にある「義務違反が続けば同国（イラク）は重大な結果に直面する」という規定を前提に、イラクに対して武力行使が可能であるというものであったが、小泉政権はアメリカが主張していた大量破壊兵器の存在を鵜呑みにして追随的に支持を表明したのである。アメリカはイラク戦争開戦前に何とか日本の参加を促そうとし、一二月八日から一〇日の日程でアーミテージ国務副長官を訪日させていた。小泉政権はアーミテージ国務副長官訪日の四日前にすでにテロ対策特別措置法にもとづく米軍支援のためにイージス艦のインド洋派遣を決定していた。日本政府はそれまで、イージス艦派遣は米軍との武力行使の一体化を伴い集団的自衛権の行使の恐れがあるとして慎重であったが、アメリカ側の要請に従う結果となった。

こうして日本政府は、二〇〇二年一二月一六日にワシントンで開催された日米安全保障協議委員会（「二＋二」）の共同発表のなかでも、「イラクの行動により、国際社会が安保理決議第一四四一号に沿った形で更なる行動をとることを求められるのであれば、日米両国がより一層緊密に協調して行動することを確認」した。したがって、この時点ですでに、日本はアメリカが武力行使に突き進んだ場合には協調行動をとらざるをえない状況にあったということができる。しかも、インド洋へのイージス艦派遣は、イラク開戦を視野に入れたものであり、実質的には米軍との武力行使の一体化にもとづく集団的自衛権の行使に等しいものであった。

こうした小泉政権の対イラク政策にたいして、野党の民主党はイラク開戦の翌二〇日に、「対イラク武力行使に関する考え方」を出し、小泉政権の対応は、国益等の観点からも極めて問題であるとともに、憲法の理念である国連中心主義と国際協調主義から逸脱した行為であるとして、イラク戦争支持の撤回を求めた。イラクの大量破壊兵器に関する民主党の基本的な立場は、大量破壊兵器保有の疑惑は完全に払拭されていないとはいえ、国連査察を数ヵ月の期限を区切って継続すれば、国連安保理決議第一四四一号が意図したイラクによる大量破壊兵器の完全廃棄は十分可能であっというものである。この民主党の立場は、国際原子力機関（ＩＡＥＡ）のエルバラダイ事務局長が二〇〇三年一月末に表明していた考え方、すなわち大量破壊兵器の十分な確認には数ヵ月必要であるという見解に近いものであった。

いずれにせよ、イラクへの武力行使に関しては、国連決議第一四四一号をめぐってアメリカとフランスやロシアとのあいだで大きな見解の相違があり、同様のことがそのまま日本国内の与野党間にも存在した。しかし翻って、国連決議第一四四一号の内容を具体的に検討してみても、どこにも武力行使を容認するという文言は含まれておらず、「イラクが武装解除義務の遵守を怠った場合、これを即座に安保理に報告」し、「報告を受領した場合直ちに会合を開いて現状を考慮し、国際の平和と安全を確保するためにすべての関連安保理決議を全面的に遵守する必要性を検討する」という文言があるだけである。

したがって、この決議がただちに武力行使を認めていると解釈することには相当の無理が伴っている。むろんアメリカの立場が解釈論というよりも力の論理を背景にしていることはもとよりである。これにたいして国連のアナン事務総長は、二〇〇四年九月に、イギリスのBBCとの会見で、英米が主導したイラク戦争について国連憲章に照らして「違法」との見解を表明した。[五] その理由としてアナン事務総長は、国連の承認や国際社会の広範な支持も新たな決議もなかった点を挙げた。

III　イラク特措法と自衛隊の海外派兵

小泉首相は、二〇〇三年五月にブッシュ大統領との首脳会談でアメリカに向かう政府専用機内で、イラク復興支援で自衛隊派遣を可能とする復興支援のための新法の整備を検討する考えを示していた。[六] 訪米の主要な狙いは北朝鮮の核疑惑問題であったが、他方イラク復興支援策に関しては日米首脳会談でアメリカ側の意向を聴き日本の復興支援政策を協議する点にあった。その後、政府内ではイラク復興支援特別措置法の検討作業に入り、自衛隊を国外に派遣する場合に周辺国との「地位協定」を締結することなどの検討を行った。

日本はこれまで、国連平和維持活動（PKO）協力法やテロ対策特別措置法にもとづいて自衛隊を海外に派遣してきた。PKOの場合には、紛争当事国間に停戦の合意が存在すること、派遣先の受け入れ同意が存在すること、平和維持活動における中立性などが自衛隊を海外に派遣するうえでの原則であった。しかし、イラクへの自衛隊派遣はもちろん国連の平和維持活動ではなく、アメリカという同盟国への支援が前提であり、アメリカの武力行使と一体化する可能性がきわめて高い。また自衛隊は派遣先の有力候補となっていたクウェートとは

「地位協定」が必要であり、イラクは政府が存在しないためにイラク暫定統治機構（ＣＰＡ）の同意が必要となる可能性があった。

この点に関して、民主党は、基本的にはイラク復興支援特別措置法案の段階で、アメリカ軍などによる占領下に自衛隊を派遣することを認めない立場をとっていたが、その理由は「戦闘地域と非戦闘地域、戦闘員と非戦闘員の区別が困難で、海外での武力行使の可能性が生じる」という点にあった。さらにイラク暫定統治機構の同意で自衛隊が活動することは、武力行使の一体化を伴う可能性がきわめて高いとした。民主党は自衛隊の活動を削除し、文民の活動を認める修正案を作成したが、与党三党はこれを受け入れないことを決めた。

こうして、アメリカがイラク戦争の戦闘終結宣言を出してからほぼ二カ月後の七月三日に、衆議院イラク復興支援特別委員会は、自衛隊をイラクへ派遣するイラク復興支援特別措置法案を可決した。イラク特措法の付則第二条と三条は、同法が四年間の時限立法である旨を規定しているが、「四年経過する日以後においても対応措置を実施する必要があると認められるに至ったときは」、四年以内の期間を定めて延長することも可能であるとしている。基本原則にある活動内容は、人道復興支援活動と安全確保支援活動であり、その活動の実施においては、「武力による威嚇又は武力の行使に当たるものであってはならない」とされている。

このイラク特措法で問題となったのは、自衛隊の活動領域であり、「現に戦争行為（国際的な武力紛争の一環として行われる人を殺傷し又は物を破壊する行為をいう。以下同じ）が行われておらず、かつ、そこで実施される活動の期間を通じて戦闘行為が行われることがないと認められる」地域に関してであった。通常、国際的な場面での地域というのは国あるいはそれ以上の広範囲にわたる地理的空間をさす場合が多く、政府の解釈のように、たとえばイラク南部ムサンナ州サマワというローカルな地域をさすと解釈することには無理がある。実際にムサンナ州の他の場所では銃撃戦が展開されており、サマワ近郊でも大量の爆発物が発見されているのである。

また第二条に規定されている武力行使に関しても、米軍の武力行使との一体化の可能性をまったく否定できない面がある。これまで政府は後方地域支援の問題については、後方地域とは、「わが国領域並びに現に戦闘行為が行われておらず、かつ、そこで実施される活動の期間を通じて戦闘行為が行われることがないと認められるわが国周辺の公海及びその上空」という定義であった。したがって、このこと自体問題をはらむものではあるとしても、後方地域支援活動が米軍の武力行使と一体性を生じることはないというのが政府の見解であった。しかし、イラク特措法は、派遣地域を拡大して戦闘が行われていない地域としての外国および公海とした結果、武力行使の一体性の可能性は一段と高くなった。というのは、イラクに自衛隊が派遣された地域の周辺は戦闘地域であり、攻撃された場合には戦闘に巻き込まれる可能性が高いからである。

さらにイラクに派遣された自衛隊が米軍との武力行使の一体化の恐れがあると懸念されているのは、二〇〇四年一二月に各新聞報道で明らかにされたイラク復興支援で派遣された航空自衛隊の輸送任務に関するものである。[七] この一年間、派遣された三機のC１３０輸送機でクェートとイラク間をこれまで五〇〇〇人近く輸送したが、航空自衛隊の輸送部隊は派遣後一年あまりのあいだに米兵ら海外の軍関係者約一三〇〇人を空輸していた。これらのなかには前線に配備される兵士や帰還する兵士などが含まれるということであり、輸送される兵士が戦闘参加目的である場合には、明らかに憲法が禁じる他国の武力行使との一体化とみなされるからである。

ところで、イラク特措法が成立する前月にすでに有事関連七法が成立していた。有事関連七法（米軍行動円滑化法、外国軍用等海上輸送規制法、交通・通信利用法、改正自衛隊法、捕虜取扱い法、国際人道法違反処罰法）は、日本有事における国民の保護や自衛隊と米軍との協力を取り決めたものであるが、これらのなかで米軍行動円滑化法は、日米安保条約にもとづき、武力攻撃を排除するために必要な米軍の行動が「円滑かつ効果的に実施されるための措置」[八]を定めたものである。この法律にもとづくならば、日本にたいする武力攻撃事態においては、日米の軍事的な行動の一体化が起こりうる可能性がきわめて高い。

しかし他方では、憲法九条は集団的自衛権を認めておらず、政府の見解も九条をどのように解釈しても集団的自衛権を容認するようなことは無理であるということであるから、当然のこととして、有事関連七法を実質的に実行力あるものとするためには、集団的自衛権の容認が必要となる。このようにして外堀が徐々に埋められ、いよいよ本丸に迫ろうとしているが、それが集団的自衛権の容認としての憲法九条の改正の動きである。すでに二〇〇〇年一〇月に、アメリカの対日政策報告書（アーミテージ・レポート）が出され、そのなかで集団的自衛権の禁止が日米同盟の制約になっている点を指摘していた。

そして自民党政務調査会の国防部会でも、二〇〇一年三月に、「わが国の安全保障政策の確立と日米同盟」と題する提言を出し、集団的自衛権の禁止が有事の際の日米共同行動に支障をきたすことが懸念されるとしていた。[九] さらに二〇〇四年三月三〇日に、自民党国防部会・防衛政策検討小委員会は、「提言・新しい日本の防衛政策」を出し、そのなかで集団的自衛権については一歩踏み込んだ形で、以下のように提言している。「わが国の平和と安全の確保をより万全なものとするといった観点のみならず、日米安保体制の実効的対応の確保や国連の集団安全保障への参加など、さらに広範な国際協力の途を切り開くことが、国際社会において、わが国がその責務を果たし、名誉ある地位を占めるために必要になってきており、集団的自衛権の行使を可能としなければならない状況にきている。[一〇]」

こうした集団的自衛権の容認の動きに関連して、日本経団連は二〇〇五年一月一八日に、「わが国の基本問題を考える」という報告書を出し、集団的自衛権に関して以下のような見解を示した。「現在、わが国では、主権国家として当然に保有する集団的自衛権は「保有するが行使できない」という解釈に基づき、自衛隊による国際的な活動が制約されている。しかし、集団的自衛権が行使できないということは、わが国として同盟国への支援活動が否定されていることになり、国際社会から信頼・尊敬される国家の実現に向けた足枷となっている。今後、わが国が、世界の平和・安定に主体的に関わっていくためには、必要な場合には、自衛隊によるこうした活動が可能となるような体制を整備しておく必要がある。従って、集団的自衛権に関しては、わが国の国益や国際平和の安定のために行使できる旨を、憲法上明らかにすべきである。[11]」

日本の経済界においては、経済同友会、日本商工会議所も同様の報告書をまとめ、憲法改正問題と集団的自衛権に関する見解を表明した。経済同友会は二〇〇四年一一月に「イラク問題研究会意見書」[12]を出し、「イラクへの自衛隊派遣はまったく問題がないとはいえないものの、イラクの復興支援は国際社会全体が取組むべきであるとした国連安保理決議一四八三に基づいており、概ね妥当な選択であった」とする一方、イラク特措法に関しては、以下のように記している。「自衛隊派遣の基準、目的、従事する業務、憲法との関係等を明確にする議論が尽くされていないまま、対症療法的に制定されている。その結果、法による定義と現実との乖離が大きくなっている。例えば、イラク特措法では、憲法上武力行使ができないとの解釈から、自衛隊の派遣は「非戦闘地域」に限るとしているが、実際には、他国の軍隊による派遣地域の治安維持を要している。」経済同友会の意見書はこのように、イラク特措法の問題点を指摘しつつ、憲法との関係において、「憲法改正、安全保障基本法制定、集団的自衛権の行使に関わる政府解釈の変更、恒久法制定」の四点について包括的に検討する必要があるとしている。

日本商工会議所の「憲法問題に関する懇談会」は、二〇〇四年一二月一七日に『憲法改正についての意見＝中間取りまとめ＝』を出し、憲法改正の具体的項目を提起し、集団的自衛権に関しては以下のように見解を示している。集団的自衛権に関しては、「複数国家が共同して侵略行為に相対したほうが安全保障効果は高まるし、世界経済国家としてシー・レーンの確保や、北朝鮮が暴発した場合の対応など、避けて通れない問題である」[13]として、今後さらに議論を重ねるべき問題であるとした。
このように、二〇〇〇年の「アーミテージ・レポート」から二〇〇四年のイラク自衛隊派遣に至る過程での小泉政権や経済界の対応は、日本に対して財政面だけでなく実際面での軍事的な負担を担わせようとするアメリカの安全保障戦略に確実に組み込まれつつあることを物語っているだけでなく、日米が「戦争国家」へ突入しつつあることを意味している。二〇〇四年一月三一日、衆議院においてイラクへの自衛隊派遣の承認を野党の欠席のまま小泉政権は強行採決した。依然として戦闘状態にあるイラクへの自衛隊派遣は、憲法のみならずイラク特措法の趣旨にすら合致しない可能性が高い。その点からすると、国民の八〇%以上がイラクへの自衛隊派遣には反対および慎重な立場をとっているなかでの自衛隊派遣は、日本の民主主義の破壊にもつながる。[一四]
他方で、「戦争国家」はもとより軍需産業化によって支えられるが、この面での日米協力体制も着々と整いつつある。

Ⅳ　日米安保と日米防衛協力体制の強化

一九九六年四月に発表された「日米安全保障共同宣言」は、日米安保体制が二一世紀に向けたアジア太平洋地域での安定的な情勢の維持のための基盤となることを宣言し、翌年には日米新ガイドライン（日米防衛協力のための指針）が公表された。日米新ガイドラインは、日米防衛協力のための共同の取組を提示し、日本に対する武力攻撃や周辺事態への対応、後方地域支援などを定めるものであった。このような日米安保体制の強化と連動して、日米防衛産業界の協力関係も同時並行的に進展した。

この日米新ガイドラインが成立した一九九七年一月に、冷戦後のアジア地域における平和と安定の実現に向け、効果的な日米防衛協力を推進するための日米産業間の対話の場として日米安全保障産業フォーラム（ＩＦＳＥＣ）が設置された。このフォーラムの目的は、日米防衛装備協力の推進に向けた日米防衛産業界の対話の推進と、防衛庁の米国国防総省に対する産業界の非公式なアドバイザリーグループの設置という点にあった。日米安全保障産業フォーラムは、日米の防衛産業が直面する課題について両国政府に提言を行うことを使命としており、二〇〇二年一二月に「日米安全保障産業フォーラム共同宣言：日米防衛産業界の関心事項」[一五]を出した。この共同宣言では、「防衛産業間の協力がより緊密になれば、日米双方の防衛生産・技術基盤にとって有益であり、日米間の相互運用を支えるとともに、結果として日米同盟の強化に繋がる」と結論づけた。世界的な傾向として、「主要な防衛プログラムが多国籍コンソーシアムによって実施されている」一方で、防衛産業もその技術基盤のグローバル化が進んでいるという状況のなかで、日米の防衛産業間の協力を強めることをめざしたものであるということができる。

また防衛産業界と政府との関係については、共同宣言のなかでは以下のように書かれている。「ＩＦＳＥＣは産業界として政府の方針を尊重しなければならないことは認識しているが、同時に産業界がイニシアティブをとって、日米協力の見込みがあるものを産業間だけでなく、政府にも情報提供しなければならないと認識している。産業間の対話と同様、政府と産業界による話し合いがオープン、かつ双方向に行なわなければならない。[一六]」さらに日本政府に対しては、「日米の防衛開発、生産の協力に資するよう、現在の武器輸出管理政策について、輸出制限の例外を広げる形で、より柔軟な運用を行うべきである」と提言している。

翌年の二〇〇三年一一月に、第二回日米安全保障戦略会議が開催された。会議には、アメリカ側からウィリアム・コーエン前米国防長官、ハワード・ベーカー駐日米国大使ほか、日本側からは自民党の国防族議員が参加し、日米の防衛戦略や防衛技術問題に関するテーマが取り上げられた。[一七]この会議では、日本の防衛産業の現状について触れられている。国際的には、最近多国間の大型装備開発プロジェクト（代表的な例としては、米・英・イタリア・オランダ・トルコ・カナダ・オーストラリア・ノルウェー・デンマークの九カ国が実施しているＪＳＦプログラム）があり、これは「米軍のＦ-16戦闘機や英軍のハリアー戦闘機などの後継戦闘機を共同で開発しようというもので、総開発費二四〇億ドル、総生産機数五〇〇〇機という壮大なもの」であるが、「日本の防衛産業も日本政府もこのプロジェクトには一切参加して」いない点が指摘されている。[一八] さらに、日本の武器輸出三原則に関しては、「一部見直し」してもよく、多国間の共同プロジェクトへの参加の是非も検討すべきであるとされている。

自民党政務調査会の国防部会・防衛政策検討小委員会は、二〇〇四年三月三〇日に、「提言・新しい日本の防衛政策―安全・安心な日本を目指して―」を出し、日本の防衛政策の骨格を提示した。この提言は、憲法改正と新防衛大綱策定を視野に入れつつ、防衛政策に関する自民党の基本的な考えを明らかにしたものであった。提言では、国内外の安全保障環境は大きく変化しているとして以下のように述べている。「世界の防衛産業もこうした変化の中にあって、軍事技術の飛躍的進歩と高度化・システム化・高価格化が急速に進んでおり、技術と費用の面から国際的な提携なくして研究開発・生産は考えられなくなってきている。各国とも軍事費が削減・抑制されていることから、軍事・民生の両部門での技術革新を融合させつつ、こうした多国間での開発・生産の潮流を一層拡大・加速させている。[一九]」

そして提言では、日本の防衛生産と技術基盤を維持していくためには、「総花的な産業保護政策にとどまるのではなく、将来のわが国の防衛にとって必要な分野については重点的に維持・育成を図っていく一方で、同盟国・友好国との連携を進める上で障害となっているものを取り除く必要がある」としている。この「障害」とはもとより武器輸出三原則のことであり、武器技術の共同開発を進める上で、武器輸出三原則および三木内閣時の政府統一見解の見直しが喫緊の課題であるとしている。

他方、日本の防衛産業と武器輸出三原則に関しては、日本の経済界も同様の見方を示した。二〇〇四年七月二〇日、日本経済団体連合会は「今後の防衛力整備のあり方について――防衛生産・技術基盤の強化に向けて[20]――」を出し、防衛産業の視点から安全保障環境の質的変化と安全保障基盤の強化についての基本的な考え方を提示した。まず安全保障環境の質的変化に関しては、「冷戦の終焉に伴い、世界の安全保障環境は、東西国家間の対立から、地域紛争、テロの発生、ミサイル・大量破壊兵器の拡散等、多様な形へ変化している」一方、「朝鮮半島におけるミサイル、核開発、武装工作船等といった脅威増大が顕著になっている」としている。

また防衛産業を取り巻く状況についてはつぎのような見解を示している。「わが国では、厳しい財政状況を背景として、防衛装備予算は年々減少傾向にある。さらに、ミサイル防衛システムという新たな装備の導入に伴い、従来の装備に対し、「選択と集中」が強く求められている。わが国防衛産業の特徴として、(一)企業内に占める防衛産業の比率が低いこと、(二)供給先は防衛庁のみであること、の二点がある。防衛装備予算の減少は、わが国防衛産業の規模の縮小に直結し、産業全体としての地盤沈下、企業内での重要性の低下、技術力の低下、コストの上昇につながる。株主や社会に対する説明責任が増大する中で、防衛部門の投資効率や将来への明確な展望が強く求められている。」

このように日本経団連は日本の防衛産業の基盤低下の傾向に対して、生産基盤の再構築を進める上で、防衛産業政策の推進の重要性を指摘している。防衛産業政策を推進する場合、多国間の共同技術開発や企業間の連携の強化が必要になってくるが、ここで制約となるのが武器輸出三原則である。この点については以下のように書かれている。「わが国では、武器輸出三原則等により、防衛生産分野において他国と連携することが制約されている。すでに、わが国は先進国間の共同プロジェクトの流れから取り残されており、将来の防衛装備に係わる技術開発面、コスト面、ひいては、わが国の安全保障全般に対する影響が懸念される。」

こうした経済界の要請と連動した形で、小泉首相の私的諮問機関である「安全保障と防衛力に関する懇談会」は二〇〇四年一〇月に報告書を出した。[二] この報告書では、「先進主要国の防衛産業は、技術進歩の高速化や新装備の高価格化などを受けて、国際的な連携と分業体制を構築することによって効率性を高め、競争力を維持しようとしている」一方、「日本は、国際共同開発等を通じた先進諸国の技術進歩から取り残されることが懸念される状況にある」として、「真に効率的で競争力のある防衛生産・技術基盤を構築する必要がある」としている。この観点から、武器輸出三原則については、つぎのように報告している。「七〇年代半ばよりとられてきた武器禁輸については、再検討されねばならない。まず、国際共同開発、分担生産が国際的に主流になりつつある現在、日本の安全保障上不可欠な「中核技術」を維持するためには、これに参加することのできる方策を検討すべきである。さらに、現在の弾道ミサイル防衛に関する日米共同技術研究が共同開発・生産に進む場合には、武器輸出三原則等を見直す必要が生じる。これらの事情を考慮すれば、少なくとも同盟国たる米国との間で、武器禁輸を緩和すべきである。」

この報告書に関しては、日本経団連も先の提言のなかで武器輸出三原則の見直しを求めていたこともあって、懇談会の方針に則った対応を進めたいとの談話を発表した。[三] かくして政府・与党は、二〇〇四年一二月九日に武器輸出三原則の見直しに関して正式に合意した。これによって日米で共同技術研究を進めている弾道ミサイル防衛（ＢＭＤ）に関する共同開発・生産を三原則の例外と明示することになる。この合意の翌日の一二月一〇日に、新防衛大綱が閣議決定されるとともに、中期防衛力整備計画（二〇〇五‐九年）に関しても閣議決定された。

政府・与党が武器輸出三原則の見直しに合意し、新防衛大綱と中期整備計画を閣議決定したが、大綱策定の趣旨は、安全保障と防衛力のあり方について、「弾道ミサイル防衛システムの整備等について（平成一五年一二月一九日安全保障会議及び閣議決定）」に基づき、新たな指針を示す点にある。日米両国は、一二月一四日に、ＢＭＤシステムにおいて包括的に協力するための枠組を定めた交換公文を締結した。これに基づく了解覚書は、第一にＢＭＤの研究、配備、運用に関する情報交換、第二に両政府間の調整のための「上級運営委員会」の設置、第三にＢＭＤの運用についての付属書の策定などを規定している。[二三]

Ｖ　ＢＭＤと「新たな脅威」の創出

これによって日米間でのＢＭＤを中心とした防衛協力体制が整ったことになる。二〇〇四年度の日本の防衛予算は約四・九兆円で、国内総生産の約一パーセントにあたる。防衛予算のうち約二パーセントの一〇六八億円がＢＭＤ関連の予算である。これらＢＭＤ関連経費の内訳は、イージス艦の改修とＳＭ－３ミサイルの取得、地対空誘導弾パトリオット・システムの改修とＰＡＣ－ミサイルの取得、そして自動警戒管制組織へのＢＭＤ対処機能付加のためのシステム設計などである。[二四]日本の海上自衛隊はすでに四隻のイージス艦を保有しているが、さらに二隻の発注が予定されおり、入札に必要な技術資格を得た三菱重工業が二〇〇八年度に配備予定の国内で六隻目のイージス艦を建造することになっている。総費用は一四〇〇億円である。このようにイージス艦建造に示される日米間のＢＭＤの防衛協力体制の確立は、日本がすでに「ＢＭＤクラブ」に引き入れられつつあることを意味するといえるだろう。[二五]現在、イスラエル、台湾もイージス艦の保有を望んでいるといわれている。日本の武器輸出三原則の見直しが日米防衛協力を中心としたＢＭＤシステムを軸に動いていることを考慮すれば、将来的にはイージス艦の輸出という事態が起こる可能性を一概に否定することはできないだろう。

日本のBMDシステムは主に北朝鮮からのミサイルを想定している。北朝鮮が一九九八年にテポドンの発射実験を行って以来、野党の民主党のなかにもBMDの導入はやむをえないという声が上がっていた。二〇〇五年二月一〇日に、北朝鮮は「自衛のための核兵器を製造した」と明言し、核兵器の製造と保有と初めて正式に認めた。さらに同年二月一五日に、韓国の有力紙である朝鮮日報は、「北朝鮮が射程六〇〇–一〇〇〇キロの新型スカッドミサイルを開発した模様だ」と伝えた。これとタイミングを合わせてかのように、同日、政府は、BMD導入に伴う弾道ミサイル手続きを簡素化する自衛隊法改正案を閣議決定した。この改正案では、緊急の場合には、首相の承認や防衛庁長官の迎撃命令がなくとも現場指揮官が判断できるとなっており、この点ではシビリアン・コントロールから離れた状態に置かれているということもできる。日米のBMDは、北朝鮮を脅威として想定しているだけにとどまらず、「新たな脅威」として中国をもう一つの潜在的なターゲットとしている。二〇〇四年一二月一〇日に閣議決定された「新防衛大綱」においては、「この地域の安全保障に大きな影響力を有する中国は、核・ミサイル戦略や海・空軍力の近代化を推進するとともに、海洋における活動範囲の拡大などを図っており、このような動向には今後も注目していく必要がある」とされている。[二六]ここでは中国を直ちに「軍事的脅威」とみなしているわけではないが、少なくとも「潜在的な脅威」として位置づけていることは確かである。

冷戦時代は、アメリカは旧ソ連を仮想敵国として位置づけて軍拡競争を繰り広げ、その対立構造のなかで、軍産複合体に組み込まれた軍需産業が経済を活性化してきた。冷戦終結後、この図式は崩れつつあったものの、九・一一テロ以後以後、「未知の敵」や「テロとの戦争」がアメリカの軍事化を推進するための政治的レトリックとなった。しかし、イラク戦争後、その政治的レトリックの効果も限界に達しつつある。近年の中国の軍事力増強は、BMDを中心とした日米の防衛協力体制の強化にとっては格好の材料となっている。さらに中国はいま宇宙開発に力を入れており、一九九九年には有人宇宙飛行に成功した。中国は将来的にはこの分野でもアメリカと競合する可能性が高い。

いま東アジアは経済的な統合を強めつつあり、東アジア共同体構想は経済のみならず安全保障や環境の面での協力関係をめざしている。他方、アメリカとしては日本をＢＭＤに組み込み、二国間の防衛協力体制を作り上げることによって、日本や中国を中心とした東アジアでの地域統合とガバナンスの形成に楔を打ち込む戦略を採ろうとしている。日本はこの戦略を後押しするのではなく、むしろ東アジアとアメリカとの間の楔となる戦略を模索していかなければならない。

【注】

一　このマッカーサーの言葉の引用は、フレッド・クック『戦争国家』笹川正博訳、みすず書房、一九六二年による。退役したダグラス・マッカーサーが当時レミントン・ランド社の社長として一九五七年半ばに同社の株主総会で述べた演説のなかの言葉である。

二　The Long-Term Implications of Current Defense Plans: Summary Update for Fiscal Year 2005. (http://www.cbo.gov/showdoc.cfm?index=586 &sedquence=0)。尚、アメリカの近年の軍事支出に関しては、Jurgen Brauer, United States Military Expenditure, 2004 が詳しく、参考になる。

三　この点については、セイモア・ハーシュ『アメリカの秘密戦争』伏見威蕃訳、日本経済新聞社、二〇〇四年参照。

四　『朝日新聞』二〇〇四年七月九日。

五　『毎日新聞』二〇〇四年九月一六日。

六　『産経新聞』二〇〇三年五月二三日。

七　『朝日新聞』二〇〇四年一二月二八日。『共同通信』二〇〇四年一二月八日。

八　この米軍行動円滑化法は、正式には「武力攻撃事態等におけるアメリカ合衆国の軍隊の行動に伴い我が国が実施する措置に関する法律」である。これについては首相官邸ホームページを参照（http://www.kentei.go.jp/jp/singi/hogohousei/hourei/beigun.html)。

九　これらの一連の動きに関しては、本書第六章「アメリカ帝国と日本のアジア政策」を参照。

一〇　自民党政務調査会、国防部会・防衛政策検討小委員会「提言・新しい日本の防衛政策」二〇〇四年三月三〇日。(http://www.nakatanigen.com/teigen.htm)

一一　日本経済団体連合会「わが国の基本問題を考える―これからの日本を展望して―」（二〇〇五年一月一八日、日本経済団体連合会のホームページより。http://www.keidanren.or.jp/janaese/policy/2005/002/honbun.html)

一二　経済同友会・イラク問題研究会「イラク問題研究会意見書」二〇〇四年一一月、三頁。

一三　日本・東京商工会議所・憲法問題に関する懇談会「憲法改正についての意見＝中間取りまとめ＝」二〇〇四年一二月、一七日、三頁。

一四　『毎日新聞』一二月一日。毎日新聞が二〇〇三年一一月二九―三〇日に実施した全国世論調査では、イラクへの自衛隊派遣について、派遣反対・慎重派は八割にも達していた。早期派遣派は九パーセントにすぎなかった。

一五　「日米安全保障産業フォーラム共同宣言：日米防衛産業界の関心事項」二〇〇二年一二月。(http://www.keidanren.or.jp/japanese/policy/2003/005 j.html)

一六　同上。

一七　「第二回日米安全保障戦略会議」（二〇〇三年一一月二〇日、二一日、二五日開催）に関しては、http://www.ja-nsrg.or.jp/f2003report01.htm を参照。

一八　同上。

一九　前掲「提言・新しい日本の防衛政策」。

二〇　日本経済団体連合会「今後の防衛力整備のあり方について――防衛生産・技術基盤の強化に向けて――」二〇〇四年七月二〇日。(http://www.keidanren.or.jp/japanese/policy/ 2004/063.html)

二一　「安全保障と防衛力に関する懇談会」報告書、二〇〇四年一〇月。
二二　『朝日新聞』二〇〇四年一〇月五日。
二三　『共同通信』一二月一七日。
二四　平成一六年度『防衛白書』（二〇〇四年）の第六章参照。
二五　Asia Times, April 29, 2004.
二六　「平成一七年度以降に係わる防衛大綱について」、二〇〇四年一二月一〇日（http://www.jda.go.jp/j/defeuse/policy/17taikoku/taikou.htm）。引用文中の「この地域」とは「わが国周辺」である。

第八章　イラク戦争後の日米同盟の新局面

ブッシュ大統領は二〇〇三年三月一七日の「対イラク最後通牒演説」のなかで、開戦理由をイラクによる大量破壊兵器の保有にあると説明した。その後、大量破壊兵器が存在しないことが判明すると、イラク戦争の目的がフセイン独裁体制の打倒と民主化にあると理由を変えた。しかし、二〇〇六年五月にイラク正統政府が発足しても、イラクの治安は依然として回復しないばかりでなく、シーア派、スンニ派、クルド人へ三分割された分裂国家につながりかねない情勢が続いており、イラクの民主化どころの話ではすまなくなりつつある。アメリカではイラク戦争をめぐってブッシュ政権への批判がますます高まり、一一月七日の中間選挙では共和党は民主党に敗北を喫した。共和党の敗北でラムズフェルド国防長官も辞任し、ブッシュ政権の今後のイラク政策は大きな修正を余儀なくされそうだ。

ブッシュ政権への批判の矛先は、イラク戦争の開戦理由や米軍兵士の死亡者数だけでなく、イラク戦争の経済的負担にも向けられている。イラク戦争のコストに関しては、開戦前には、戦争終結後一〇年間の戦後処理コストを含めると最大で一・九兆ドルという試算が出されていたが、二〇〇五年のアメリカ議会予算局の試算によると、二〇一五年まで駐留した場合には、一・二兆ドルに達するという結果も出ている。これらの推定額は、アメリカの軍事費のほぼ三―五年分に相当するものである。アメリカ国民の目には、今後の経済的負担が大きく映っているにちがいない。

ところで、イラク戦争の原因に関しては、アメリカのエネルギー安全保障政策の一環としての石油資源の確保との関連性が指摘されていた。エネルギー安全保障が国家安全保障の重要な要素だとすれば、そして、事実、二〇〇二年九月のブッシュ・ドクトリンのなかでもエネルギー政策が国家安全保障戦略の重要な要素のひとつに位置づけられていた点を考慮すれば、世界の石油確認埋蔵量が六七パーセントを占める中東地域がアメリカの戦略的な目標となっていることはもちろんとして、「テロとの戦争」や「民主化」はこの目標を達成するために中東地域への軍事的な進出を正統化する政治的レトリックであることも明らかになってきた。

第二次大戦前の日本が戦争への道を踏み出した大きな原因のひとつが、一九四一年のアメリカによる対日石油輸出禁止措置であったことはよく知られている。その当時、航空用燃料の原料となる良質の石油と石油製品が全面禁止となり、これに加えて在米資産の凍結によって石油の買い付けができなくなったことで、事実上の全面禁輸となった。[二]アメリカは戦後、日本に対して中東の石油を安定的に供給するという仕方で石油の輸入と精製に対する支配権を確保してきたが、このようなアメリカのエネルギー安全保障上の支配権と日米同盟が日本のアメリカへの従属の基盤をなしてきたといってよい。[三]したがって、日本はエネルギー安全保障の面ではアメリカと運命を共にしており、とりわけ冷戦終結後の日米同盟はそういう性格をさらに強めてきたといえる。

日米同盟のもうひとつの側面は、日米軍事・経済協力である。日米安全保障産業フォーラム（ＩＦＳＥＣ）は、一九九七年一〇月と二〇〇二年一二月に共同宣言を出したが、それらは日米間の防衛産業における協力体制の整備に関するものであった。さらに、日本経団連は二〇〇四年七月の提言「今後の防衛力整備のあり方について」のなかで、弾道ミサイル防衛（ＢＭＤ）システムの整備などについても触れている。日本がＢＭＤシステムの整備を開始したのは二〇〇三年の閣議決定以降であるが、二〇〇五年には「弾道ミサイル防衛用能力向上型迎撃ミサイルに関する日米共同開発」に関して、安全保障会議と閣議で決定された。

ＢＭＤシステムは北朝鮮による弾道ミサイル発射に対する防御体制として導入されたものであるが、軍事的な協力だけでなく、日米の防衛産業の参加を伴うことから軍事・経済協力という面をもつ。日米安保条約の第二条が「経済的協力」で、第五条が「共同防衛」という点からみると、日米同盟においては経済協力が優先されているといってもいいすぎではないが、いずれにせよ軍事・経済協力であることは明らかである。その意味で、ＢＭＤシステムの導入は日米同盟の中核に位置づけられているといってもよい。

このように、日米軍事同盟のもとで日本はエネルギー安全保障と軍事・経済協力の面で、アメリカのコントロールのもとに置かれている。この日米軍事同盟の強化という文脈のなかに集団的自衛権の問題が位置づけられるとすれば、日本は将来的にアメリカが「敵国」とみなすすべての国を敵にまわすという大きなリスクを背負うことになる。安倍政権が成立して以来、北朝鮮のミサイル発射や核実験を背景に集団的自衛権を行使できる国内態勢を準備する動きがますます強まりつつある。こうした日米軍事同盟の強化は、今後の日本にとってどのような影響をもたらすのであろうか。

Ｉ　イラク戦争後のアメリカの安全保障戦略

アメリカが安全保障政策でつねに掲げている「自由と民主主義の拡大」というスローガンが対外政策を遂行するうえでの政治的レトリックであるということは、一九五〇年までアメリカ国務省の政策立案スタッフであったＧ・ケナンが一九四八年に書いた政策計画研究二三（ＰＰＳ２３）をみれば理解することが容易である。これは当時極秘文書であったが、そのなかでケナンは、アメリカの国家的目的を実現するためには、「人権や生活水準の向上、民主化といった曖昧で非現実的な目標について語ることをやめなくてはならず、はっきりと力によって問題に対処すべき日が来るのはそう遠いことではない」[四]と書いている。ケナンは当時アメリカ外交政策の主要な関心のひとつが資源の確保にあると考えていたが、こうした点からみると、二〇〇三年のイラク戦争はケナンの提言どおりに進んだということができる。興味深いことに、ケナンはこの政策計画研究なかで極東地域について、以下のように書いている。

「われわれは来るべき時代の極東地域への影響がおもに軍事的・経済的なものになりつつあることを認識すべきである。われわれは太平洋・極東世界のどの部分がわが国の安全保障にとって重要なのかを注意深く研究し、われわれが責任をもってそれらの地域を管理または依拠できるようにしておくことに、わが国の政策を集中するべきである。[五]」

これは、一九四八年という冷戦時代に突入した時期に極東地域の戦略的な意味について言及したものであり、ここではアメリカの安全保障上における極東地域の意味が軍事的・経済的なものになりつつある点が強調されている。こうしてみると、冷戦終結によって日米軍事同盟の仮想敵国が旧ソ連から北朝鮮にかわったとはいえ、アメリカの安全保障上の目標には変化がないということであろう。変りつつあるのは安全保障戦略である。

まず、安全保障戦略上の変化として指摘できる点は、アメリカのエネルギー安全保障戦略の変化である。ブッシュ政権は二〇〇一年五月に『国家エネルギー政策』（NEP）を発表した。そのなかでは、アメリカの石油依存率が二〇〇〇年の五四パーセントから二〇二〇年には六四パーセントに上昇するとされた一方、湾岸諸国の石油生産は世界の五四パーセントから六七パーセントのあいだを推移するとし、「世界経済は確実にOPECからの石油供給に依存し続ける」という認識にもとづいて、「この地域（湾岸地域）はアメリカの国益にとって死活的であり続ける」[六]とされた。一九九〇年の湾岸戦争以来のサウジアラビアでの軍事基地建設と米軍配備という点をみると、アメリカのエネルギー安全保障戦略を進めるうえで、軍事的な介入の潜在的な必要性はこのＮＥＰのなかでも前提にされているといえる。実際問題として、『国家エネルギー政策』の八章では、テロや大量破壊兵器を保有している国への制裁にも言及している。[七]

『国家エネルギー政策』においては、輸入石油にかわる代替エネルギーについての新しい提案はほとんどみられず、国外の石油確保の問題が政策の中心を占めていた。したがって、ブッシュ政権のエネルギー政策に対しては、民主党からも再生エネルギーやエネルギー効率の改善などを含む包括的なエネルギー政策が必要であるとの批判を受けていた。こうして二〇〇五年八月に、『エネルギー政策法』が成立した。[八]この内容は、エネルギー効率改善、再生可能エネルギー、原子力、水素やエタノールなどの新エネルギー、エネルギー優遇税制など多岐にわたる包括的なエネルギー政策に関するものである。また、このなかの調査研究項目として興味深いのは、中国のエネルギー動向が含まれている点である。その調査研究項目は「中国のエネルギー重要増大とそれがアメリカの政治・戦略・経済・国土安全保障に与える影響について」であり、その意味では中国のエネルギー政策を視野に入れたものとなっている。

つぎに国家安全保障上の戦略の変化としては、九・一一テロの翌年の二〇〇二年九月に発表された『国家安全保障戦略』（いわゆるブッシュ・ドクトリン）のなかで提起された先制攻撃論が挙げられよう。ブッシュ・ドクトリンでは、大量破壊兵器の拡散防止やイラン、イラク、北朝鮮といった「ならず者国家」について触れ、アメリカの安全保障上の脅威となる場合にはそれらの脅威に対して先制攻撃というオプションの行使も辞さないという先制攻撃論を提示し、さらに北朝鮮が弾道ミサイル（ＢＭＤ）の主要な調達国である点を示唆した。[九]このブッシュ・ドクトリンには、一方ではエネルギー安全保障を視野にいれた翌年のイラク戦争と、北朝鮮のミサイル攻撃を前提にした日米のＢＭＤ構想につながる戦略が示されていたということも可能である。

二〇〇三年のイラク戦争の原因については、国内的にはブッシュ政権とのつながりがあるとされたエンロンの破綻問題、防衛産業・石油産業との関連、対外的にはアメリカのエネルギー安全保障上の問題など、さまざまな原因が指摘されているが、当時の差し迫った理由としてはサウジアラビア問題が大きな要因の一つであった。サウジアラビアでは国内的にサウド王家による独裁的な支配が危うい状況が続き、しかも湾岸戦争以来の米軍駐留が長期間続き国民の反発が強まり、アメリカはサウジアラビアから撤退するか、駐留し続けるかという大きな選択に迫られていた。これは中東地域において軍事的プレゼンスをどのように確保するかというアメリカのエネルギー安全保障政策上の重要課題であった。したがって、イラク戦争は当時アメリカが直面していたこのようなジレンマを解決するための手段であった。[一〇]

安全保障における第三の戦略的な変化は、安全保障政策の中心にアメリカの本土防衛という戦略がおかれた点である。第二次大戦後におけるアメリカ防衛戦略上の外部ラインは、一九四八年三月のマッカーサー、ドレーパー、ケナンの極秘の三者会談で示されていたように[一一]、「カリフォルニア沿岸」ではなくて、「マリアナ海溝、琉球、アリューシャン列島を結ぶライン」とされていた。戦後アメリカの日米軍事同盟を中心とする安全保障戦略においては、このような外部ラインがアメリカ本土防衛のための「前線基地」と位置づけられてきた。しかし、九・一一テロによって、本土防衛が安全保障上の戦略のなかに位置づけられたといえる。

アメリカの本土防衛については、ブッシュ政権はすでに二〇〇二年七月に『国土安全保障国家戦略』を発表し、その戦略を「テロリストの攻撃からアメリカ本土を守るために国民を動員し組織化するための戦略」[一二]とした。それはいわばテロ攻撃に対する「国家総動員法」というべき性格をもつものである。その戦略的な目標にすえられたことは、第一に「アメリカをテロリストの攻撃から守ること」、第二に「テロリズムに対するアメリカの無防備な状況を改善すること」、第三に「損害を最小化し、発生した攻撃から回復すること」、である。[一三] この『国土安全保障国家戦略』を受けた形で、ブッシュ政権は二〇〇二年一一月にアメリカ本土の安全保障体制の再編を目的とした『国土安全保障法』を成立させ、二〇〇三年一月には国土安全保障省を創設した。国土安全保障省は、財務省合衆国関税局やＦＢＩ国内準備課などいくつかの省庁を統合した新しい機関で、テロ対策を中心とした連邦政府組織の大規模な再編の結果として生まれたものである。

さらに二〇〇五年三月に『国家防衛戦略』を発表したが、これは二〇〇六年二月の『四年ごとの国防計画の見直し』（ＱＤＲ）の前提になったものである。その国家防衛戦略は、「課題がより危険になり管理できなくなく前に結果に影響を与える重要性を強調」し、二〇〇一年のＱＤＲにもとづき、「わが国の情報機関の限界を認識し、奇襲攻撃を予期し、戦略的な確実性をつかむ立場におくような、順応性のあるグローバルアプローチを発展させる」[一四] ことにあるとされている。また同文書は、より広範な課題に対処するために、国防総省の能力を新たに方向づける必要があるとしている。安全保障環境の変化に関しては、「不確実性」が今日の安全保障上の環境変化であるとしながら、「伝統的課題」、「不正規の課題」、「破局的課題」、「活動妨害的な課題」という四つの課題を挙げ、さらに「状況に順応し結果に影響を与える」戦略的な目標として、第一に直接的な攻撃からの本土防衛、第二に戦略的なアクセスの保証とグローバルな自由行動の確保、第三に同盟とパートナーの強化、第四に望ましい安全保障条件の確立、を掲げている。

II 「テロとの戦争」から「長い戦争」へ

二〇〇六年の『四年ごとの国防計画の見直し』（ＱＤＲ）では、「テロとの戦争」にかわって「長い戦争」（long

war）という概念が使われている。これは二〇〇一年の九・一一テロ以後の五年にわたるアメリカの戦争を「長い戦争」と総称しているもので、おそらくアフガン戦争、イラク戦争、そして「テロとの戦争」を含む概念と解釈することができる。その「長い戦争」の戦略が求めているのは、テロのネットワークを打倒し、本国を防衛し、岐路に立つ国家の選択を行い、大量破壊兵器の獲得や使用を抑えることである。そして二〇〇六年のQDRは、この「長い戦争」を戦うために、国防総省の能力と戦力のパワーアップと組織全体の変革の必要性を強調している。さらに同盟国や友好国との協力関係、すなわちヨーロッパにおけるNATO、アジアにおける二国間同盟関係、そして地域における二国間あるいは多国間関係にもとづく共同行動を促進するとしている。これらの点はとくに新しい内容というわけではない。

二〇〇六年QDRはまた、中国の軍事力についても触れ、以下のように書いている。「主要な大国と台頭しつつある大国のなかで、中国は、アメリカと軍事的に競争関係をもち、アメリカの対抗戦略がなければアメリカの通常の軍事的な優位を相殺しうるほどの破壊的な軍事技術を配備することができるほどの大きな潜在力をもっている。アメリカの政策は、中国がアジア太平洋地域において建設的で平和的な役割を果たし、テロ、拡散、麻薬、海賊行為を含む共通の安全保障上の課題に対処するうえでのパートナーとなるように促すことに重点をおいている。……アメリカの目標は、中国が経済的なパートナーであり続けるとともに、責任あるステークホルダーとなり、世界の利益のために邁進することである。」[一五]

すなわち、ここで「主要な大国と台頭しつつある大国」というのは、インド、ロシア、中国を含む国ぐにであり、そのなかでアメリカが中国に対して求めている点は、第一に中国の軍事力や軍事計画について不透明な部分を明確化し、第二に世界経済としての世界システムの利害関係国として、つまりステークホルダーとしての役割を果たすことである。

そして、この二〇〇六年のQDRが発表された翌月に、『国家安全保障戦略』[一六]が出された。これは二〇〇二年の『国家安全保障戦略』の改訂版というべきものであり、内容的には二〇〇二年以来の安全保障上の成果と課題を掲げ、「将来的な進路」を提起するという構成になっているが、一〇章「機会の保証とグローバル化の課題への対処」と一一章「結論」が追加されている。ブッシュ・ドクトリンにおいては、「ならず者国家」(rogue states)という用語を使用していたが、ここではそれにかわって「専制国家」(tyranny)という用語が使われている。「専制国家」は、「野蛮、貧困、不安定性、腐敗、苦難が結びついたもの」で、「独裁的な支配と専制的システム」のもとで創り出されたものである。「専制国家」として挙げられているのは、「北朝鮮、イラン、シリア、キューバ、ベラルーシ、ミャンマー、ジンバブエ」で、「これらの国ぐには自由の拡大という世界の利害にとって脅威となっており、これらのなかには大量破壊兵器やテロを追求することでアメリカの安全保障上の利害にとっても脅威となっている国ぐにも含まれている」[一七]とされる。

この二〇〇六年の『国家安全保障戦略』では、ブッシュ・ドクトリンと同様に、「グローバルなテロリズム」に対する同盟の強化、地域紛争の緩和、大量破壊兵器の不拡散、自由市場と自由貿易の拡大、民主化の推進などの問題が取り上げられているが、「先制攻撃論」も依然として維持されている。しかし、少しニュアンスの変わった点は、ブッシュ・ドクトリンが九・一一テロの翌年ということもあって、「先制攻撃論」を強い調子で訴えていたが、二〇〇六年の『国家安全保障戦略』では控えめな調子になったことであろう。すなわち、大量破壊兵器の拡散には「同盟国や地域的なパートナー」と協調した外交手段によって対処するが、もし必要ならば、「攻撃が起こる前に軍事力を使用することを排除しない」とし、『国家安全保障戦略において先制攻撃が占めている位置に変化はない」[一八]としているからである。

エネルギー安全保障に関してみると、少数の供給国への依存が長期的に確実でも持続的でもないとしたうえで、エネルギー安全保障の鍵は、エネルギー資源の供給地域の多様性、エネルギー資源のタイプの多様性を強調している。そして海外のエネルギー資源への依存を減少させる包括的なエネルギー戦略を優先させるとする。資源供給地を多様化し特定の国々に集中させないことで、産油国における腐敗を減少させ無責任な支配者の影響力を低下させるとしているが、見方を変えれば、このことはアメリカのエネルギー安全保障の戦略の対象がますます世界的に多様な地域に拡大するということを意味するものであろう。

またアメリカの本土防衛に関しては、二〇〇二年以降の国土安全保障省の創設、インテリジェンス・コミュニティの再組織化、二〇〇六年のＱＤＲの作成など、その「成果」が列挙されている。まず国土安全保障省の設立によって、「国民を保護し米国内のテロリストの攻撃を防ぐうえで演じるべき重要な役割をもつ」機関と組織が作られたと同時に、これにより国内のテロリストからの攻撃の防御、テロに対して脆弱なアメリカの体質の改善、損害を最小限にして攻撃からの回復を容易にする態勢ができあがったとされている。さらに一九八一年に設置されたインテリジェンス・コミュニティは、一九四七年の国家安全保障法制定以来の重要な再組織化を実施した。それは国家安全保障法が改正されたことにより、二〇〇四年に国家情報長官の職が新設されたことである。

III　日米安保体制の「トランスフォーメーション」

一九九五年二月にアメリカ国防総省は『東アジア戦略報告』（通称『ナイ・レポート』）を発表し、そのなかでアメリカの安全保障にとってアジア太平洋地域の安定が重要であるとするとともに、冷戦後の日米同盟がアジアの安全保障にとっての「かなめ」（linchpin）と位置づけ、日本の「新しいグローバルな役割」として「地域的な安定とグローバルな安定に対する日本の大きな貢献[一九]」が含まれるとした。この翌年に、「日米安保共同宣言」が出され、さらに一九九七年に「日米新ガイドライン」が成立し、日米安保体制のもとで極東（フィリピン以北、日本および周辺海域で韓国、台湾を含む）に限定されていた活動領域がアジア太平洋地域に拡大した。また二〇〇一年の「テロ特措法」では、米軍への協力支援活動の領域がインド洋に拡大し、さらに二〇〇三年の「イラク特措法」では中東地域にまで拡大した。

　このように「日米安保の再定義」以後、日本の米軍への協力支援活動の領域は、アジア太平洋地域から中東にいたる地域に拡大してきた。このような日米同盟のグローバル化は、日本がアメリカの安全保障戦略のなかに組み込まれると同時に、エネルギー安全保障政策のなかにますます組み込まれつつあることを意味している。そのことは二〇〇四年一二月一〇日新防衛計画大綱のなかにも強く反映されることになった。この新防衛計画大綱では、日米安保体制を基調とする日米間の協力関係が日本の安全とアジア太平洋地域の平和と安定のために重要な役割を果たしているとしたうえで、そこでの国際協力のあり方として、以下のように規定されている。

「中東から東アジアに至る地域は、従来から我が国と経済的結びつきが強い上、我が国への海上交通路ともなっており、資源・エネルギーの大半を海外に依存する我が国にとって、その安定は極めて重要である。このため、関係各国との間で共通の安全保障上の課題に対する各般の協力を推進し、この地域の安定化に努める。」[二〇]

　このように、日米両国にとってはいうまでもなく中東地域が安全保障上の、とりわけエネルギー安全保障上の重要な地域として位置しており、そのための協力体制として日米同盟が位置づけられる傾向が強められてきた。二〇〇五年二月一九日に、ワシントンにおいて日米安全保障協力委員会（ＳＣＣ）が開催され、日米が直面している安全保障上の問題と日米同盟の共通の戦略目標についての協議が行われた。このなかでは、地域における共通の戦略目標として、アジア太平洋における平和と安定、北朝鮮に関連する諸懸案の平和的解決の追求、中国が地域および世界において責任ある建設的な役割を果たすことの歓迎と協力関係の発展、中国が軍事分野で透明性を高めること、海上交通の安全の維持などが合意された。

また世界における共通の戦略目標には、国際社会における基本的人権、民主主義、法の支配といった基本的価値を推進すること、世界的な平和と繁栄を推進するために日米のパートナーシップをさらに強化すること、ＮＰＴやＩＡＥＡなどのレジームやＰＳＩなどのイニシアティブを通じての大量破壊兵器の不拡散、テロ対策、そして世界のエネルギー供給の安定性を維持・向上させること、が含まれる。これらの共通の戦略目標については、二〇〇六年六月二九日に小泉首相がホワイトハウスを公式訪問したさいに出された宣言である『新世紀の日米同盟』のなかでも示されているが、この短い宣言文のなかでは、日米両国が「テロとの闘い」、「地域の安定と繁栄の確保」、「市場経済の理念・体制の推進」、「人権の擁護」、「シーレーンを含む航海・通商の自由の確保」、「地球的規模でのエネルギー安全保障の向上」といった利益を共有していることが確認されている。このなかで「市場経済の理念・体制の推進」という項目は二〇〇五年二月のＳＣＣの合意にはみられなかったものである。また「エネルギー安全保障」という言葉が三回も使われているのは、そのプライオリティの高さを示唆しているといえる。

日米軍事同盟の共通の戦略的目標において「市場経済の理念・体制の推進」やエネルギー安全保障領域のプライオリティが高まったのは、中国の近年の動向と関連しているように思われる。アメリカ国防総省は二〇〇五年七月に、議会への年次報告書である『中国の軍事力』を発表し、そのなかで中国のエネルギー安全保障政策にも触れている。年次報告では、中国が将来的に平和的な統合と良好な競争の道を選ぶか、あるいは領域を拡大するなかで支配的な影響力を行使する道を選ぶかの選択肢をもっているとし、アメリカは中国が国際経済システムのなかで平和的で繁栄する道を選ぶことを歓迎するというメッセージを送っている。[二] すでに見たように、アメリカは二〇〇六年のＱＤＲと『国家安全保障政策』のなかでは、中国の軍事的な近代化やその不透明性に関しては警戒を発している一方で、中国が世界経済のなかで「責任のあるステークホルダー」となり、「共通の安全保障上のパートナー」となるようにという呼びかけを行っていた。こうしてみると、アメリカの中国に対する安全保障上の主な目標は、世界経済の「責任のあるステークホルダー」にすることであるといえる。

とはいえ、エネルギー安全保障に関しては、日米同盟と中国のあいだには依然として大きな課題が横たわっている。二〇〇三年に中国は世界の第二位の石油消費国になり、第三の石油輸入国になっている。現在、中国は石油の四〇パーセントを輸入しているが、二〇二五年までには八〇パーセントに増加する。かりに中国が将来的に石油を確保できなくなれば、経済的・社会的発展にとって大きな打撃となる見込みが高い。このため中国は、二〇〇四年から石油の戦略的な備蓄を進め、二〇一五年までには国際エネルギー機関の規準となっている九〇日分の備蓄を行う計画を立ててきた。アメリカ国防省の『中国の軍事力』では、中国の輸入石油の八〇パーセントが中東からインド洋を抜けてマラッカ海峡に至るシーレーンを通っているとして、中国のエネルギー安全保障にとってのその戦略的な重要性を以下のように指摘している。

「中国の国際的なプレゼンスの拡大は、その輸出市場と重要な資源とりわけエネルギー資源の輸入への関心の高まりを反映している。中国経済が成長するにつれて、重要な輸送ラインに沿った資源の流れを確保することへの関心が高まるだろう。たとえば、石油輸入の八〇パーセントがマラッカ海峡を通っている。二〇〇三年末、胡錦濤主席は中国がその輸送ルートを確保する必要性を「マラッカのジレンマ」とよんだ。」[三]

すなわち、ここで胡錦濤主席がいうところの「マラッカのジレンマ」というのは、米軍がペルシア湾からマラッカ海峡に至るシーレーンを支配している現在の状況のもとでは、中国は人民解放軍の陸・海・空軍をマラッカ海峡に投入することができないということであろう。そのために、中国としては、将来的には海上輸送を確保するために海軍と空軍の能力アップをめざすか、石油輸送のためのシーレーン周辺の国々との協力関係を取り結ぶ戦略をとるか、いずれかであろう。後者に関しては、実際問題として、二〇〇五年一月一八日付けの『ワシントン・タイムズ』紙は、アメリカ国防総省の純評価室が作成した報告書『アジアにおけるエネルギーの将来』を入手し、そのなかで、中国は「中東から南シナ海に至るシーレーンに沿って戦略的な関係を作り上げようとしている」[三]という内容を報じた。これは中国がシーレーンを確保するために、パキスタン、バングラディシュ、ミャンマー、カンボジア、タイとの関係を強化して拠点を作るというものである。もしこれが事実ならば、シーレーンをめぐって米中とのあいだにエネルギー戦略上の問題も生じかねない。日米軍事同盟は将来的にこのようなリスクも背負うことになろう。

二〇〇六年六月の「新世紀の日米同盟」において日米同盟の戦略目標あるいは共通の利益として掲げられたものは、大まかにみると、第一に経済的なグローバル化の進展による開放的な世界市場の維持と推進、第二に地球的な規模でのエネルギー安全保障の強化、第三に弾道ミサイル防衛協力と有事法制の整備、である。日米同盟がこれらの戦略を推進するとすれば、いずれもグローバルな領域のなかでしか実現できない性格のものである。その意味では、日米同盟は、本来の意味で、グローバル化しつつあるといってよい。

日米同盟の戦略的目標のうちの第一の点については、アメリカが世界経済の主導国としての役割を担い続けるかぎり、その「ゲームのルール」を拡大させ浸透させるという役割をどうしても引き受けざるをえない立場にある。これまでこの役回りをアメリカ単独で進めてきたが、アメリカの覇権が衰退した結果、日米同盟がそれを引き受けざるをえなくなった。そして現在の状況のなかで、アメリカは市場経済化を進めて世界経済にますます統合されつつある中国に対して、世界経済のなかで「責任あるステークホルダー」としての立場をとるように促している。これに中国がどのように対応するのかが今後の課題であるが、市場経済システムから「恩恵」を受けている中国にとってみれば、この道筋を進まざるをえない状況にあるだろう。

　第二の地球的規模でのエネルギー安全保障の強化については、中東の石油資源とその輸送ルートの確保をめぐって日米と中国のあいだに対立が生まれる潜在的な可能性が残っている。しかも、中国は上海協力機構を通じて、ロシア、カザフスタン、キルギス、タジキスタン、ウズベキスタンの国々ともエネルギー安全保障体制を構築しようとしており、さらにインド、イラン、パキスタンがその準加盟国となっている。インドとパキスタンは核保有国であり、イランは核開発の疑惑の最中にある国である。これら三カ国が加われば、上海協力機構の核保有国は四カ国になり、まさに「核クラブ」ができあがる。日米同盟が強化され、かりにこれらの機構との競合関係が生まれると、日本はますますアメリカの核の傘下から抜け出すことができなくなるばかりでなく、「日本の核保有」論議にますます拍車がかかるだろう。エネルギー安全保障に関しては、地域的なエネルギー安全保障のガバナンスの枠組を作ることが重要であろう。それはたとえば日中の二国間の枠組であってもよいだろう。

　最後のミサイル防衛協力の問題は、日米同盟のコミュニケーション・メディアというべきものとして位置づけられるが、これについては日米間ですでに共同技術研究を進めている。ＢＭＤシステムの導入は日米の防衛協力体制の強化だけにとどまらず、日米経済協力という性格が強いが、この実現のためには集団的自衛権の行使を可能にし、武器輸出三原則を緩和するという、これまでの日本の安全保障政策上の大きな修正が必要となる。ＢＭＤシステムの導入は、北朝鮮の弾道ミサイルを射程に入れたものであるだけでなく、というよりはむしろ中国のミサイル・システムを前提にしている。このことはアメリカ国防省の『中国の軍事力』をみれば明らかなように、[二四] アメリカにとってはＴＭＤとＮＭＤという多層的なミサイル防衛システムは、中国がすでに配備しているＤＦ31大陸間弾道ミサイルや二〇〇八年に配備を予定しているＤＦ31Ａ大陸間弾道ミサイルを射程に入れたものと考えられるからである。ミサイル防衛システムにおける日米協力は、中国側からみれば明らかに、自国を射程にいれたものとして映っている。

日本のミサイル防衛システムがアメリカのTMDとNMDの防衛システムに組み込まれると、かりにミサイルがアメリカ本土を攻撃対象とした場合、日本のミサイル防衛システムもアメリカ本土を守るために軍事的に協力せざるをえなくなり、結果的にアメリカの戦争に引き込まれる体制ができあがる。つまり、それは日本がアメリカの本土防衛も義務づけられることを意味する。日米軍事同盟によってアメリカは日本を防衛してくれるという安易な期待観が一般に受け入れられているが、果たしてそうであろうか。かりにそうだとしても、アメリカの国土安全保障省の創設にみられるように、アメリカの国防戦略の最終的な目標は本土防衛なのである。このためにアメリカのミサイル防衛戦略は、NMD、TMDというように多層的な構造をもっている。日本が進めているBMDはアメリカのミサイル防衛システムの側からみるとTMDに位置づけられようが、それは見方をかえれば、日本がアメリカの本土防衛の最前線基地として位置づけられているということを意味する。BMDシステムの導入と集団的自衛権の行使は、こうした悪夢の世界をもたらすことになる。

このように、アメリカの安全保障政策の延長線上に日米同盟が位置づけられとすれば、日本は将来的にも自主的な外交と安全保障政策を展開できない状況が続く可能性が高い。現在、東アジアにはAPEC、ASEAN地域フォーラム（ARF）、ASEAN＋3などのリージョナル・ガバナンスの枠組が存在しているが、これらの複合的なガバナンスによるネットワーク形成が構成メンバーの網状化を押し進め、地域的なコンフリクトを回避する結果につながる。しかし、東アジアには安全保障の地域レジームや地域ガバナンスの枠組は存在していない。日米同盟は二国間の安全保障レジームである。日本は東アジアの一員として複数の安全保障のレジームやガバナンスの枠組に属していてもよいという前提で、日米同盟とは別の地域的な安全保障のガバナンスあるいはレジームを作る道を模索すべきであろう。そのためには二国間の平和条約締結というレジーム形成からスタートする道も考えられうる。

【注】

一　William D.Nordhaus,The Economic Consequence of a War with Iraq,in:Carl Kaysen et al., *War with Iraq*, 2002, p.77. US Congressional Budget Office,Estimate of War Spending FY 2005FY2015, Feb, 2005.

二　ダニエル・ヤーギン『石油の世紀（上）』日高義樹・持田直武訳、日本放送出版協会、一九九一年、五三四頁。

三　この点に関しては、ノーム・チョムスキー『アメリカが本当に望んでいること』益岡賢訳、現代企画室、一九九四年、三九頁参照。チョムスキーはケナンを引用して次のように書いている。「ジョージ・ケナンのように、もう少し見通しのきく人もいた。彼は、日本の石油輸入を米国が支配するという制限つきで日本の産業化に手を貸すことを提案した。ケナンは、これにより、万が一日本が米国の方針から逸脱しても、日本に対する『拒否権』を発動できると述べた。米国はケナンの助言に従って、日本の石油輸入と精製に対する支配権を維持した。この結果、一九七〇年代の前半に日本が自分でコントロールしていたのは、自国の石油供給の一〇パーセントに過ぎなかった。」（同上）

四　Report by the Policy Planning Staff, Review of Current Trends U.S. Foreign Policy, February 24, 1948,in: *Foreign Ralations of the United States* 1948, Vol. 1, No.2, 1976.

五　*Ibid.* p.525.

六　National Energy Policy, Report of the National Energy Policy Development Group, May 2001, p.8-4.

七　アメリカのエネルギー安全保障の軍事的側面に関しては、マイケル・クレアー『血と油』柴田裕之訳、日本放送出版協会、二〇〇四年、一一一頁参照。尚、アメリカの安全保障戦略と軍産複合体については、本書第六章「アメリカ帝国と日本のアジア政策」を参照されたい。

八　Energy Policy Act, August, 2005.

九　The National Security Strategy of the United States of America, September 2002, p.14.

一〇 この点については、マイケル・クレアー前掲『血と油』一四四頁参照。

一一 Conversation Between General of the Army MacArther, under Secretary of the Army Draper, and Mr. George F.Kenan,March 21, 1948, in: *Foreign Relations of the United States 1948*, Vol.vi, p.709.

一二 *National Strategy for Homelance Security*, Office of Homeland Security, July, 2002, p.vii.

一三 *Ibid.*, p.vii.

一四 *The National Defense Strategy of the United State of America*, March 2005, p.iii.

一五 *Quadrennial Defense Review Report*, February 6, 2006, p.29.

一六 *The National Security Strategy of the United State of America*, March 2006.

一七 *Ibid.*, p.3.

一八 *Ibid.*, p.23.

一九 *United State Security Strategy For The East Asia-Pacific Region*, February 1995.

二〇 『平成一七年度以降に係る防衛計画の大綱について』平成一六年一二月一〇日閣議決定。

二一 Annual Report to Congress, *The Military Power of the Peoples Republic of China 2005*, Office of Secretary of Defense.p.8.

二二 *Ibid.*, p.33.

二三 Washington Times, January 18, 2005. 尚、この中国の戦略については、『海外安全保障情報』二〇〇六年三月、を参照。

二四 *The Military Power of the People's Republic of China 2005*, pp. 28-30.

第九章　資源をめぐる地政学

Ⅰ　二一世紀世界システムの変容と九・一一テロ

冷戦終結後、ロシア・東欧諸国、そして中国などアジアの旧社会主義圏が資本主義世界経済に編入されつつあるが、このような世界システムの拡大にともなってアメリカの地政学的な支配権も拡大し、世界システムの構図も変容しつつあるようにみえる。二〇〇一年一二月の中国のＷＴＯ加盟は、関税の撤廃や外資参入への規制緩和によって中国が正式に市場経済のゲームへ参加し始めたことを意味するだけでなく、二一世紀になって資本主義世界経済としての世界システムがまさに真の意味でグローバル化を実現したことをも意味している。とりわけアメリカにとっては、ＷＴＯ加盟後の中国にたいして知的所有権などの分野において、「世界の警察官」として資本主義世界経済のゲームのルールを遵守させることが重要な役割となった。

アメリカは冷戦終結後にソ連という仮想敵国を失い、そして中国のＷＴＯ加盟によって少なくとも外見的には中国を現実的な仮想敵国としては想定できなくなったいま、新たな「仮想敵国」として「テロ支援国家」を全面に押し出し、それをアメリカの軍事的な拡大のための象徴として政治的に利用している。この意味で、二〇〇一年の九・一一テロは覇権国アメリカにとっては、軍事的な拡大を維持し続けるうえで仮想的国の喪失という事態の穴埋めをすると同時に、アメリカの軍需産業の活性化とグローバル化のためのカンフル剤ともなったのである。他方、日本でも九・一一テロをきっかけに「テロ対策特別措置法」が成立し、アメリカの要求に応える形で憲法が認めていない集団的自衛権をなし崩し的に行使しようという事態が進行している。日米安保条約の枠組が同時多発テロ以後アジア太平洋地域を超えて中央アジアにまで拡大したという点では、まさに日米安保体制の「グローバル化」が進んでいるということができる。

湾岸戦争以後、世界中に軍事基地を持つ米軍はサウジアラビアに駐留し、アフガン戦争以後もカザフスタンへの駐留を継続し、さらにはグルジアへの特殊部隊の派遣、イエメンへの軍隊派遣もつぎつぎに決定した。このような中東あるいは中央アジアにおける一連のアメリカの軍事的プレゼンスの拡大は、表向きにはテロ対策を標榜しているとはいえ、その背景には石油資源の確保というアメリカのエネルギー安全保障上の問題があることはいうまでもない。テロ対策を口実に無節操ともいえるほどに世界中に米軍を送り込もうとしているブッシュ政権に対しては、アメリカ国内からも上院民主党のダシェル院内総務の強い懸念が表明された。

アメリカの覇権衰退が語られてから久しいが、このようなアメリカの軍事的プレゼンスの拡大は「覇権の復活」を意味しているのだろうか。ウォーラースティンの定義にみられるように、ある大国が経済的・政治的・軍事的・文化的な領域において自らの支配と願望を強制しうること、すなわちある大国が地政学的なルールを定義することが覇権の意味であるとすれば、アメリカの覇権はすでに衰退しつつある。ベトナム戦争以後、アメリカ経済が衰退し、アメリカ一国では世界システムの管理ができない状況に立ち至ったことは、一九七五年のサミットの開始や国際紛争解決における国連機能の拡大にみられる。さらに湾岸戦争以後、多国籍軍の形成にみられるように大国による一方的な介入から国連による集団的な介入へとシフトしつつある。それでもアメリカが依然として世界で最強の軍事国家であることは否定できないし、おそらく向こう二五年間はそうであろうというウォーラーステインの主張にも頷ける面がある。

しかし、アメリカがもはや一国では地政学的なゲームのルールを設定することも、その正統性を確保することもできない状況にあることは明らかである。二〇〇一年一〇月の上海でのAPEC首脳会合での「反テロ宣言」は、結果的には、アメリカの反テロ政策が中国やロシアだけでなく、最大のイスラム人口を抱えるインドネシアの承認を得たことを意味し、アメリカのアフガニスタンへの軍事介入にお墨付きを与えることになったのである。このように、アメリカがAPEC首脳会合での「テロ宣言」へ中国を加えることに成功し、さらにWTOへの正式加盟を実現したことは、世界システムの政治構造としての国家間システムの強化につながる道を切り拓いたことを意味している。アメリカの軍事的プレゼンスの拡大の背景にはこうした世界システムにおける国家間システムの変化が存在するといえる。

II　世界システムの拡大と資源をめぐる紛争

今日、世界システムはグローバルな拡大を実現したことで、もはや外延的な拡大が不可能な一つのクローズド・システムとなっており、その限られた空間での資源をめぐる紛争が大きな問題になりつつある。歴史を通じて、諸国家は少なくとも自然資源へのアクセスとその管理を安全保障上の重要な課題としてきた。石油とならんで水が戦略的な資源である中東では、水をめぐる紛争が過去にも発生した。一九七〇年代半ばに、ユーフラテス川にあるシリアのダムをめぐってシリアとイラクがあわや戦争になる事態が生じた。またイスラエルが水消費のほぼ六〇パーセントを依存するヨルダン川にたいする支配が一九六七年の中東戦争の一つの要因であったともいわれている。イスラエルでは一九四九年以降、人口が急速に増大し灌漑農地も拡大してきたが、一九八九年までに人口は四倍、灌漑農地は七倍、水の消費は八倍に増えた。しかし、利用可能な水資源はきわめて限定されている。

石油資源に関しては、一九世紀以降、イギリス、フランス、オランダなどのヨーロッパ諸国は石油を求めて中東に進出した。さらに、第二次世界大戦期におけるドイツのコーカサスへの進軍、日本によるビルマ侵攻は世界システムから排除された当時の世界システムの半周辺諸国が石油資源への軍事的なアクセスを試みた事例であり、そのことが世界大戦につながっていった。当時のヒトラーのソ連侵攻の最重点目標は、バクーをはじめとするコーカサス地方の油田を占領することであった。他方、一九四一年にアメリカから対日石油輸出禁止の措置をとられた日本は、戦争突入時には石油の備蓄を二年分と見積もっており、その後はインドネシアなど南方の石油に頼らねばならないと考え侵攻した。実際、日本は南方地域の征服によって石油の備蓄を増やすことができたのである。しかし、一九四二年のミッドウェー海戦での敗北以降、石油輸送ルートを確保できなくなり石油の欠乏を来たし、そのことが日本を敗戦に導く結果になった。[二] 今日では、ドイツや日本をファシズムへと導いた戦前のブロック経済化は起こりうる可能性は少ないけれども、閉じた世界システムではいずれは成長と資源は限界に達し、ホッブズ的なアナーキカル・ソサイエティが到来する可能性はきわめて高い。

国連の最近の人口予測では、二〇二五年には現在の六〇億人から八〇億人に、二〇五〇年には九四億人に増えるとされている。今日の人口増加のほぼ九〇パーセント以上は発展途上国で起こっており、その意味で途上国での貧しい人びとの割合も著しく増加している。またWTO体制下で急速な貿易自由化を経験した途上国では所得格差の拡大もみられ、先進国と途上国のあいだの所得格差だけでなく、途上国間の所得格差も進んでいる。UNDPによると、この所得格差はグローバリゼーションが進展するにともない広がっており、世界のもっとも貧しい二〇パーセントの国ともっとも富める国のあいだの所得格差は、一九六〇年には三〇対一、一九九〇年には六〇対一だったのにたいして、一九九七年には七四対一にまで開いている。

このような世界の人口増加と所得格差は、必然的に、エネルギー消費の増大と不均衡な配分をもたらす。一九九〇年の全世界のエネルギー消費量は、石油換算で八八億トンに達し、過去二〇年間でみると全世界のエネルギー消費は年率二–四パーセントの割合で増えてきたことになる。また先進諸国でのエネルギー消費は、途上国に比べて三〇倍以上になっている。しかし、先進諸国での一人あたりのエネルギー消費は急速には増えていないのにたいして、途上国では増加傾向にある。このエネルギー増加は、人口増加と結びついて、途上国全体のエネルギー消費を押し上げている。

ＯＥＣＤ／ＩＥＡ編『二〇二〇年・世界のエネルギー展望』によれば、[三] 二〇一〇年から二〇二〇年のあいだに在来型石油の生産のピークが到来する可能性があるという。現在、中東以外の全世界で石油が生産されているが、ＯＰＥＣ中東地域以外の石油生産は、ＯＰＥＣ中東地域の生産がピークに達する以前にピークに達し、その後はＯＰＥＣ中東地域への依存度は高まる。石油の埋蔵量については、在来型石油の最終的な可採埋蔵量は二・三兆バレルと三兆バレルという仮定があるが、後者の場合は石油生産がピークに達して石油価格が上昇する時期は二〇二〇年であり、前者の場合に低く見積もって二兆バレルであると仮定すると、石油生産がピークに達し石油価格が上昇に転ずる時期は二〇一〇年になるという。

他方、天然ガスの埋蔵量は石油換算で一・九兆バレル相当と推定されており、世界の天然ガス生産は二〇二〇年を過ぎてもピークに達することはないと見込まれている。しかし、それだけにエネルギー資源としての天然ガスにたいする需要は今後も高まる。またオイルシェールやオイルサンドなどの非在来型石油への需要も高まり、在来型石油の生産がピークに達するとその供給も急速に拡大すると予測されている。

ＷＴＯに加盟した後も高い経済成長が見込まれる中国では、今後一〇年間、世界のエネルギー需要のもっとも高い増加が記録されそうである。東南アジア諸国でも、都市化と経済成長によって電力需要が高まり、発電量も一九九三年から九五年にかけて毎年平均して一三パーセントも増大している。東南アジア諸国の電力需要は二〇一〇年までに、二倍になると予測されている。しかし、これら太平洋沿岸のアジア諸国には増大するニーズを満たすだけのエネルギー資源が存在しないことが将来的には紛争を引き起こすような深刻な問題となる可能性がある。これらの地域は石油需要の一〇分の一しか満たしておらず、可採埋蔵量の一二分の一しか保有していない。エネルギーの自給率も一九九五年の四三パーセントから二〇一〇年の二九パーセントにまで落ち込むと予測されており、その時期までに太平洋沿岸のアジア諸国は石油の七〇パーセントを輸入しなければならなくなる。

このような将来的なエネルギー供給についての不確定要因は、太平洋沿岸のアジア諸国における海洋紛争を増大させる重要な要因であり続けるだろう。南シナ海のスプラトリー諸島をめぐる紛争は、その諸島に多くの石油と天然ガスが埋蔵されているということから、今後も懸念されている。この紛争をめぐってはすでに一九八八年に中国とベトナムが軍事的衝突を引き起こしているが、この膠着状態は一九九七年初めには一応の終息をみた。しかし、中国やベトナムのほか、マレーシア、ブルネイなどスプラトリー諸島の周辺諸国が領有権を主張しており、将来的には紛争の火種になりうる。

III　エネルギー資源をめぐる地政学

現在の世界の石油の可採年数は約四二年、天然ガスは約六二年であるといわれており、確認埋蔵量の地域的な分布については、石油も天然ガスもそれぞれ全体の七〇パーセントが中東と旧ソ連に集中している。なかでも、ロシア、カザフスタン、トルクメニスタン、イラン、アゼルバイジャンの五カ国が位置するカスピ海およびその周辺地域では、石油と天然ガスの埋蔵量のポテンシャルは高いと考えられている。この五カ国のうち、ロシアとカザフスタンはユーラシア経済共同体と上海協力機構を通じて、緊密な協力関係を結びつつある。

二〇〇一年五月三一日に、ユーラシア経済共同体多国間委員会の第一回の会合がベラルーシの首都ミンスクで開催され、ユーラシア経済共同体の設立が宣言された。共同体の優先課題としては、加盟国の経済、貿易、社会、文化、法律などの分野での協力の条件整備が挙げられているが、プーチン大統領が二〇〇二年一月に提唱した「ユーラシア天然ガス連盟」にも示されているように、石油や天然ガスの生産についての協力関係も含まれることになろう。また二〇〇一年六月一五日に、中国、ロシア、カザフスタン、キルギス、タジキスタンの「上海ファイブ」首脳会議では、ウズベキスタンを加えた六カ国による「上海協力機構」（SCO）の設立を宣言した。六カ国首脳が調印した上海協定には、イスラム過激派などによる国際テロへの共同対処や麻薬密輸の共同取り締まりなどに関するものが明記されている。上海協力機構は中国とロシアという大国を含めた地域安全保障機構として機能していくことに加えて、インド、イラン、パキスタンなども加盟に強い関心をもっているというだけに、アメリカの安全保障政策にとっては大きな影響を与えるものとなろう。

二〇〇二年六月には、上海協力機構に加盟する中国、ロシア、カザフスタン、キルギス、タジキスタン、ウズベキスタンの六カ国首脳会議が開催され、「上海協力機構憲章」が承認された。この憲章では、加盟国間の相互信頼や善隣友好を促進すること、協力分野を拡大し、地域の平和や安全、安定を守り、民主的で公正かつ合理的な国際政治経済の新秩序をつくること、あらゆるテロ、民族分裂活動、過激派の活動に協力して立ち向かい、違法薬物や武器の売買、国際犯罪組織の活動や違法な移民を取り締まること、そして政治、経済貿易、国防、法の執行、環境保護、文化、科学技術、教育、エネルギー、交通、金融融資その他ともに関心をもつ分野での有効な地域協力を促進すること、これらが上海協力機構の基本理念と任務として定められた。したがって、上海協力機構は、単に地域の安全保障機構という側面だけでなく、経済や文化など多方面での協力を志向する機構として位置づけられた。[四] そして二〇〇五年六月には、上海協力機構はカザフスタンのアスタナで外相会議を開催し、インド、イラン、パキスタンを準加盟国とすることを承認した。

ところで、ブッシュ政権は二〇〇一年三月末に京都議定書からの離脱を表明し、五月にはチェイニー副大統領を中心としたグループがとりまとめた新エネルギー政策を発表した。この新エネルギー政策は、アメリカが一九七〇年代のエネルギー危機以来の最大のエネルギー不足に直面しているという認識にもとづき、エネルギーの供給拡大、技術革新による省エネの推進、消費者への供給ラインの近代化に力点を置いている。このなかで、エネルギー安全保障と国際協力に関しては、アメリカのエネルギー企業の海外市場での競争を支援し、アメリカ企業が海外で活動しやすいような、また投資・貿易障壁を低減するようなルールと手続を実現するとしている。またカスピ海周辺地域については、天然ガスパイプラインの建設に向けて支援することで、トルコとグルジアへの天然ガス供給ルートが多様化され、アゼルバイジャンの天然ガス輸出のルートにもなること、そしてカザフスタン、アゼルバイジャンやその他のカスピ海周辺国とのあいだの対話を深めることで安定した投資環境を整えることなどが示されている。

一九七〇年代以来のエネルギー危機に直面しているアメリカにとっては、石油と天然ガスなどの地下資源が集中している中東およびカスピ海周辺地域はエネルギー安全保障上の観点から重要な戦略的な地域である。すでに触れたように、その地域では現在、中国とロシアといった大国を中心に、ユーラシア経済共同体や上海協力機構などの地域安全保障レジームが形を整えつつある。これらはＡＰＥＣとは違って、おもに世界システムの半周辺地域を中心とするエネルギー安全保障を含んだ安全保障レジームの枠組であり、これらにＥＵ諸国やアメリカなど中心諸国が含まれていないことは、アメリカにとってはまさに安全保障上の脅威として映っているともいえる。

このような資源をめぐる地政学的な状況が九・一一テロとどのような関係にあるのかは明らかではないが、同時多発テロ事件とアフガニスタン空爆の後、アメリカがこの地域にたいして軍事的なプレゼンスを拡大し、影響力を及ぼそうとしていることは事実である。とりわけアメリカ軍はアフガニスタン攻撃でウズベキスタンなどに駐留しているが、中央アジアでのアメリカ軍駐留が長期化することも考えられる。カザフスタンのナザルバエフ大統領は、アフガニスタンが荒廃状態にあり、反テロ作戦が長期化せざるを得ないとすれば、アメリカ軍の駐留も長引く可能性がある点を示唆している。

【注】

一　I. Wallerstein, "Superpower", Commentary No.76., Nov.1, 2001. http://fbc.binghamton.edu/commntr.htm.

二　戦争と石油の関連については、ダニエル・ヤーギン『石油の世紀』(上・下）日高義樹・持田直武共訳、日本放送出版会、一九九一年、五一三頁以下参照。

三　OECD／IEA編『二〇二〇年・世界のエネルギー展望』通商産業省資源エネルギー庁長官官房国際資源課監訳、通商産業調査会出版部、一九九九年。

四　「人民網日本語版」二〇〇二年六月九日。

第三部

帝国とグローバル市民社会

第一〇章　「帝国」的主権の成立

ブッシュ政権が成立して以来、アメリカは単独行動主義的な傾向を強め、世界の「警察官」としての役割を自らグローバルに拡大しようとしている。このことが「民主主義の帝国」、「自由の帝国」、そして「アメリカ帝国」というアメリカに関する言説の拡大に拍車をかけている。しかし、ネグリとハートの『〈帝国〉』は、「アメリカ帝国」を前提としつつも、現代世界を「帝国」として捉えるところに特徴がある。これまで市場経済と「帝国的支配」は相矛盾するシステムであるとみなされてきた。ロシア革命によって成立した「ソビエト帝国」は、単一の政治権力による指令経済体制をとっていたということでは現代の「世界帝国」であったといえよう。けれども、資本主義世界経済としての世界システムを「帝国」とみなすようなユニークな理論は、これまで登場してこなかった。ここではネグリとハートの「帝国」的な主権の成立に焦点を合わせて、その理論的なプロブレマティークを探ってみたい。

I　構成的権力と近代的主権の成立

現代の権力論には、大きく分けて、「強制モデル」とよばれるものと「社会形成理論」とよばれる二つの理論的な立場がある。前者は権力のもっている強制的で抑圧的な側面を強調するのにたいして、後者は権力のもっている対抗的側面あるいは社会構成的な側面に着目するものである。この点から見ると、ネグリの構成的権力は、アレントのいう「潜在的能力」論あるいはハーバーマスのいう「コミュニケーション的権力」論の系譜につながる後者の理論的潮流に属するといってよい。[一]

その意味で、新しい社会システムを構成する創造的な多数者であるマルチチュードを主体とするネグリの構成的権力は、われわれの頭上にあって君臨するような支配装置ではなく、諸々の特異性からなる物象化されない諸個人の集合的能力なのである。「構成的権力は選択の行為であり、ある地平を切り拓く確固たる決定であり、まだ存在していないことではあるけれども、その存在条件そのものは創造的行為がその特徴を創造のなかで失うことはないということを予見させるような何ごとかのラディカルな装置なのである。」[二]

しかし、諸々の特異性からなる諸個人たるマルチチュードの行為が制度化あるいは物象化されるとき、構成的権力は「構成された権力」に転化する。ネグリがしばしば両者を「生きた労働」と「死んだ労働」というマルクス的なモデルによって対比的に説明するのは、構成的権力の担い手としてのマルチチュードがもつ現実的な生産力としての生きた共同性（協同性）を強く示唆するためである。こうした点からみると、近代的な主権の成立は、構成的権力が「構成された権力」に転化する過程なのである。ネグリとハートは近代的な「主権機械」の成立をつぎのように説明している。

「主権と資本の綜合が完全に成し遂げられ、権力の超越性が権威の超越論的な行使に完全に変容すると、主権は社会全体に支配を貫徹するような政治的機械となる。主権機械の作動を通じて、マルチチュードはあらゆる瞬間に秩序化された全体性へと変容させられてしまうのだ。……言いかえるなら、主権は、あらゆる特異性を全体性のなかに包摂し、すべての諸個人の意志を一般意志のなかに包摂するという奇跡を、継続的かつ広範囲にわたって成し遂げなければならない。[三]」

そして、近代的主権が国民主権へ転換するうえで必要となった物質的な条件は、資本主義的な蓄積の過程と権力の諸構造とのあいだで均衡が確立されることであった。すなわち、資本主義的蓄積の政治的担い手であったブルジョアジーの政治的勝利が国民主権の概念を作り上げたのである。ネグリとハートは、「人民」が国民の本来的な土台として措定されているものの、結局のところ国民国家の所産にすぎないとする。「人民」概念は、主権のために構成されたものなのである。かれらはマルチチュードと人民との違いを次のように説明する。「マルチチュードがいつまでも閉ざされることのない構成的な関係性であるのに対して、人民は主権のために整えられたすでに構成済みの統合体なのである。人民は単一の意志と行動をもたらすが、これらは、マルチチュードがもたらす諸種の意志と行動とは無関係であり、また往々にしてそれらと衝突するものである。あらゆる国民はマルチチュードを人民へと仕立て上げなければならない。[四]」

この場合、一八–九世紀のヨーロッパで人民という近代的概念を構築するうえで二つの基本的操作が行われた。ひとつは、人民の同一性は「他者」との人種的な差異を隠蔽あるいは抹消するという想像的な平面で構築されたものであり、もうひとつは、ヘゲモニーを掌握した集団・人種・階級が住民全体を代表することによって種々の内的差異を覆い隠そうとするメカニズムである。人民という概念は、対外的には植民地主義的な人種主義のメカニズムとして、国内的には集団的・人種的・階級的な差異を覆い隠すメカニズムとして形成されたのである。こうして国民主権も人民主権も、同一性を構築するためのメカニズムとなり、これによってマルチチュードの多数多様性と特異性が否定されてしまったのである。「すなわち人民がマルチチュードを代表＝表象し、国民が人民を代表＝表象し、国家が国民を代表＝表象する。[五]」

ネグリは『〈帝国〉に関する五つの講義』のなかで、マルチチュードは代表できないという点に関して次のようにいう。「人民は常に単一体として代表（表象）されるが、マルチチュードは代表（表象）できない。というのは、マルチチュードは、幾多の近代性の目的論的・超越論的合理主義と向かい合う途方もなく巨大な存在だからである。人民の概念とは対照的に、マルチチュードの概念は、特異的な多様性（多数性）であり具体的な普遍である。人民は社会的身体を構成するが、マルチチュードはそうではない。というのは、マルチチュードは〈生〉の〈肉〉体だからである。一方でわれわれがマルチチュードを人民と対照させるとすれば、他方でマルチチュードを大衆・庶民と対照させて提示しなければならない。まさに大衆・庶民は容易に操作可能であったために、それらは非合理的で受動的な危険で暴力的な社会勢力を命名するためにしばしば用いられる表現であった。それに対してマルチチュードは、能動的な社会的当事者であり行動する多様性（多数性）である。[六]」

II　アメリカ革命と「自由の帝国」の出現

ハンナ・アーレントがアメリカ革命のなかに人民の行為による憲法制定という構成的権力の出現をみたように、ネグリとハートにとっても、アメリカ革命はマルチチュード自身のネットワーク状に結び合わされた諸権力の民主的な相互作用によって実現されたものであった。このマルチチュードの構成的権力が、アメリカの政治体制である民主主義的な共和制を作り上げたのである。しかし、その後アメリカは、外部のフロンティアへの拡大的なプロジェクトへ向かう傾向を強くし、その過程で最初の契機において肯定されたマルチチュードの構成的権力は、今度は弁証法的に否定されるようになる。

アメリカの民主主義的共和制によるフロンティア拡大政策は、最初から、アメリカ先住民を外的な存在として排除し、アフリカ系アメリカ人を奴隷制という形で内部に従属させたのである。これらの内的矛盾がアメリカの主権に危機をもたらした。というのは、アメリカ革命当初の主権概念を特徴づけた「自由な流通・混交・平等」の実現は阻止され、その主権は領土の境界と内部の双方で矛盾と障害に遭遇したからである。これを克服する動きが帝国的な空間を開こうとする道であった。こうして民主主義的共和制は帝国的主権への転換の道を歩む。ネグリとハートは、アメリカの帝国的主権の成立史を次のように説明している。

「この具体的かつ社会的な憲法＝政体構成は、共和制の創設以降、根底的に変化してきたのである。じつのところ合衆国の政体構成史は、四つの異なった局面または体制に分けられるべきものである。第一の局面は、独立宣言から南北戦争と再建時代にまでわたる。第二の、極端な矛盾を含んだ局面は、世紀の変わり目をまたいで革新主義の時代に対応するものであり、セオドア・ローズヴェルトの帝国主義的ドクトリンから、ウッドロウ・ウィルソンの国際的な改革主義まで及ぶ。第三の局面は、ニューディールと第二次世界大戦から冷戦の絶頂期までわたる。そして最後に、第四の局面は、一九六〇年代のさまざまな社会運動とともに始まり、ソ連邦と東欧ブロックの崩壊をくぐり抜けてつづいてゆく。合衆国の政体構成史のこれらの局面は、〈帝国〉的主権の実現へと向かう一歩をそれぞれしるしづけるものである。[七]」

とりわけ第二の局面は、アメリカの帝国的主権が国内の空間的な限界のために対外的な空間を開こうとしたプロジェクトを推し進めた時期であった。この時期の国内的な矛盾とは階級闘争の激化であった。「階級的分断が、国家組織の拡大的均衡を不安定化しかねない限界として出現したのである。それと同時に、資本の巨大トラストが富を生産性から切り離し、貨幣を生産諸関係から切り離すような金融権力の新たな形態を組織しはじめた。

……空間の拡大がもはや不可能になり、したがってまた、それを紛争解決の戦略として利用することがもはやできなくなってしまったために、社会的紛争が暴力的かつ調停不可能な出来事として直接的に現われた。[八]」

こうしてアメリカにおける空間の閉止とそれへの取り組みは、二〇世紀初頭のローズヴェルトとウィルソンによって行われた。ローズヴェルトは伝統的なヨーロッパ的スタイルの帝国主義イデオロギーを行使し、ウィルソンは、ネットワーク的権力という制裁構成的構想を拡大し、平和に関する国際主義的イデオロギーを採用したのである。これら二人に共通しているのは、アメリカの空間が閉ざされてしまったために内的な解決の道が不可能になり、この事態の解決するために外部に目を向けたことである。その意味では、今日のブッシュ政権が内的矛盾と国内的空間の閉止によってイラク戦争という形で外部に目を向けていることと共通している。しかし、ネグリとハートは、今日のアメリカ帝国の成立を構成的権力によって成立した民主主義的共和国が当初より保持していた内的矛盾から説明しようとしているのである。

ニューディール政策に始まるアメリカの国家体制の第三の局面は、アメリカ経済の停滞とその克服をヨーロッパ的な福祉システムの構築と、ロシア革命という対外的な脅威への応答として位置づけられる。この時期に成立した冷戦イデオロギーは、自国と外国の双方における労働運動に対する応答であり、直接的かつ暴虐な帝国主義的プロジェクトを内外で押し通そうとするうえで有効に機能したのである。

「冷戦がもたらしたもっとも重要な効果は、古い列強の衰退を加速し、〈帝国〉的秩序の構成における合衆国の主導権を増大させつつ、帝国主義的世界内部のヘゲモニーの線を再編成することであった。もしも新しいタイプのヘゲモニー的主導権がすでに準備されていなかったならば、合衆国は冷戦の終焉を勝者として迎えることができなかっただろう。この〈帝国〉的プロジェクト、換言すれば、ネットワーク的権力のグローバルなプロジェクトこそが、合衆国の政体構成史における第四の局面もしくは体制を規定するものである。[九]」

第四の局面の開始は一九六八年の革命に位置づけることができるが、アメリカが対外的に帝国主義的なプロジェクトを推進しているあいだ、「共和主義的原理と元来の立憲的精神への回帰を求める圧力」、いいかれば構成的権力の再浮上がこの時期にみられたのである。ネグリとハートはこの時期の構成的権力の出現について次のようにいう。

「合衆国が外国での帝国主義的な冒険に非常に深く巻き込まれ、自らの元来の立憲的プロジェクトからもっとも遠く離れてさ迷っているまさにそのときに、構成的（権力の）精神はその本国においてもっとも強く咲き誇ったのである—反戦運動そのものにおいてのみならず、公民権運動とブラック・パワーの運動、学生運動、そして最後に第二波フェミニズムの運動においても。ニューレフトのさまざまな構成要素と出現は、構成的権力の原理と社会的空間をふたたび開こうとする宣言とに対する、とてつもない大きな力強い肯定であったのだ。」一〇

しかし、冷戦が終結した結果、アメリカは「国際的な警察権力」として帝国的プロジェクトを押し進める責任を一手に引き受けることになった。ネグリとハートによれば、湾岸戦争の重要性はアメリカがそれ自身の国家的動機によってではなく、「グローバルな法権利の名において、国際的正義を管理運用することのできる唯一の権力として登場した」ということにある。かれらが、「合衆国警察は、帝国主義の利害関心ではなく、〈帝国〉の利害関心にもとづいて行動するのである」一一というとき、その「帝国」はもはやアメリカ帝国ではなく、グローバルな帝国に変貌している。

こうして、ネグリとハートのいう「帝国」的なものは、現在、開かれた空間を再接合するアメリカの政体構成的なプロジェクトがグローバルに拡大することを通じて、その輪郭を整えつつあるということにある。その意味で、われわれは「帝国」的主権への移行をいま経験しているのである。しかし、こうしたネグリとハートの「帝国」論で明らかにされていないのは、グローバルな帝国への移行がいつごろ行われたのかという歴史的転換の時

期である。このことを考えるためには、近代的主権の危機と「帝国」的主権の成立という問題を検討しなければならない。

III　近代的主権から「帝国」的主権へ

ネグリとハートがいう「帝国」的主権への移行を特徴づけるキーワードは、「もはや外部は存在しない」である。近代からポスト近代への移行、帝国主義から「帝国」への移行のなかで、あらゆる領域において内部と外部の境界の区別がなくなっているというのが、かれらの基本的な立場である。このことを主権概念との関係からみると、次のようになる。

「一般的にいって近代的主権は、これまで（現実的または想像的な）領土とその外部との関係という観点から構想されてきた。たとえばホッブズからルソーにいたる近代初期の社会理論家たちは、市民的〔市民社会の〕秩序を、自然の外的秩序とは対立的ないし対照的な、境界の確定された内的空間として理解した。そこでは市民的秩序の境界づけられた空間、それが占める場所は、自然の外的空間からの分離によって定義される。〔三〕」

ところが、「帝国」的世界においては、市民的秩序と外的な自然的秩序のあいだの境界はすでに消滅しており、このことはいいかえれば主権国家システムの内部で政治の場所を占めてきた公共空間が消滅したことを意味する。政治的な意味において外部が存在しないということは、軍事的な意味でも外部が存在しなくなったということでもある。主権国家システムが消滅したという前提に立てば、従来の個々の国家間の国際紛争も消滅したことになる。その意味では、ネグリとハートによれば、現代の「帝国」における戦争はすべて「内戦」なのである。いいかえれば、アメリカを頂点とする「帝国」の「国際的な警察権力」の行使なのである。

確かに、ネグリとハートがいうように、近代的主権が危機状況にあることは明らかである。今日では、一七世紀以来、主権国家と勢力均衡によって成り立ってきたウェストファリア体制は機能不全に陥り、グローバル・ガバナンスの枠組が必要になってきたからだ。かれらは、主権概念の有効性が喪失するにつれて、いわゆる政治的なものの自律性もまたその有効性を失うと考えている。ナショナルな空間に存在していた政治的なるものはそれを超えたグローバルな空間の場に移行しつつあることはいまや理論的に共有されている事実である。この点は、世界システム論も、レジーム論も、グローバル・ガバナンス論も、そして「帝国」論も一致している。

しかし、はたしてウェストファリア体制とよばれる近代的主権国家システムは、ネグリとハートがいうように、すでに崩壊してしまったのか。確かに、グローバル化は国境を越えたさまざまな人・モノ・情報の移動をもたらしたことで近代の主権国家の終焉を印象づけるような現象をもたらしているが、他面では主権国家システムが現実になお存在し続けながら機能していることも紛れのない事実である。ネグリとハートの「帝国」論は、その意味では、グローバル化論におけるハイパー・グローバル主義者の議論と通じる面があり、そこでの「主権国家の終焉」論が「帝国」論にも持ち込まれているのである。このような「帝国」論の理論的前提に措かれているのは、世界市場を帝国権力のモデルに援用することができるということである。しかし、現代のグローバル化社会において経済的な境界線と政治的境界線は必ずしも一致していないのが現状である。

さて、「帝国」のヒエラルヒー的な支配構造についてみると、まず「帝国」自体は三つの混合政体からなるコングロマリット的な構造をもっている。ネグリとハートの「帝国」には、古代ギリシア・ローマ時代の歴史家ポリュビオスが描いたローマ帝国像が投影されている。ポリビュオスは、君主制が専制政治、貴族政治が寡頭政治、民主制が衆愚政治に転換するという政体循環論を唱えたことでよく知られているが、同時にかれはローマ帝国の安定性は君主制、貴族政治、民主制の三つの混合形態にあるとし、それが長期間持続する完全な政体であると考えたのである。

ネグリとハートの「帝国」論は基本的には、このようなポリビュオスの混合政体論にもとづきながら、現代世界を「帝国」という概念で再構成しようとするものである。この意味において、現代の「帝国」もまた君主的であり、貴族政治的であり、そして民主的でもあり、その点でシステムとしての安定性を保持しているのである。現代の「帝国」が君主的であるというのは、核兵器と卓越した軍事技術をもつペンタゴンを中心に世界支配を行っているヘゲモニー国家アメリカがその頂点に位置しているからである。アメリカは単独で行動することもできるが、国連の傘のもとに他の諸国と共同して行動することもできる。

「帝国」が貴族政治的であるというのは、国際機関であるＷＴＯ、世界銀行、ＩＭＦ、Ｇ７、ダボス会議など限られたグループやエリート的なアクターがヒエラルヒーの第二の層を構成しているからである。そして最後に民主的であるのは、第三の層に従属的な国民国家の集合体が存在するとともに、民衆の利益を代表する諸集団（ＮＧＯ）が位置している。国民国家による民主主義的討議の場である国連総会に関していえば、ネグリとハートはマルチチュードを代表する国民と、国民を代表する国民国家という二重の代表の仕掛けのためにマルチチュードを代表するものになっていないとする。

この「帝国」という三層のピラミッド構造のなかで、現代の「君主」と「貴族」は、世界市場への支配にかかわっているために、つねに商品生産ネットワークの安定性という点に配慮しなくてはならない。このかぎりで君主的機能と貴族政治的機能は密接不可分となっている。ところが、第三の層は「帝国」の有機的関係に異質的なものを持ち込み、その有機的関係を変える潜在的可能性をもっている。そこでは「帝国」を組み換える抵抗の主体としてのマルチチュードの役割が構想される。このような「帝国」とマルチチュードの対立的なイメージは、一九九九年のシアトルでのＷＴＯ閣僚会議に対する抗議運動のような、近年の反グローバリズム運動をただちに想起させるものとなっている。むしろ、現代の反グローバル運動を理論化したのが「帝国」であるといっても過言ではないかもしれない。

Ⅳ 「帝国」と世界システム

ネグリは『未来への帰還』のなかで、帝国に関してつぎのように簡潔に定義している。

「現代の帝国をどのように定義するのか？これは世界市場の政治的形態である。つまり、世界市場を通貨、金融、通商の調整で制御し、防衛している強制権の手段と武器の総体であり、ひとつの《生‐政治的》世界共同体のなかにおける、流通、コミュニケーション、言葉の手段の総体である。それぞれの資本主義社会は指令されることが必要である。つまり、帝国は世界化した資本主義社会を取りしきる司令部である。その条件は、一方では、国民国家（幾世紀もの間それが理解されていたような、そしていくばくかの頑固者たちがそれをなお偶像視しつづけているようなものとしての）の消滅であり、他方、国民国家の延長以外の何者でもなかった《古風な》帝国主義（ならびに植民地主義）の終焉である。」[三]

世界市場が地球上のすべての地域を内部化し、もはや世界市場には外部は存在しないというネグリの認識は、世界システム論と共通するものである。さらに帝国が「世界市場の政治的形態」であるという認識についても、ウォーラーステインの世界システム論が国家間システムを「資本主義世界経済の政治的上部構造」と捉える視点と共通している。世界システム論では、単一の政治権力が存在する世界システムは世界帝国ということとなるが、資本主義世界経済には単一の政治権力である世界政府が存在しないという点では世界帝国ではない。しかし、ネグリはもはや外部が存在しない世界市場の政治的形態としての「帝国」を理論の中心に据えただけでなく、帝国的な支配のヒエラルヒー構造を明らかにしようとした点では、ウォーラースティンのいう国家間システムとは異なっている。

しかし、事実問題として、いまの世界システムは単一の政治権力の存在しない「アナキカル・ソサイエティ」である以上、ネグリのいう「単一の権力」にもとづく「帝国」というのは実際には存在しない理論的構築物であるだけでなく、現実に進行しつつある歴史的現実とも合致しない概念である。ハートとネグリの「帝国」論に立ち戻ると、「君主国」としてのアメリカは、確かに近年、単独行動主義によって世界の警察官としての役割を強めている。さらにアメリカが世界市場の管理者としての役割を果たしていることも確かである。しかし他方で、かつてのアメリカの覇権が衰退し、もはや一国だけでは国際紛争を解決できない状況にあることも否定できない。そしてアメリカは国連から脱退しないかぎり、国連という国家間システムの枠組のなかで行動せざるをえないのである。

その意味で、ネグリとハートのいう「帝国」は、世界政府ではない。なぜなら、世界政府の決定は、拘束力のある権力メディアとして「帝国」全体に浸透し、その決定は経済的な再分配構造そのものを変えることも可能であるからだ。しかし、「帝国」がつねに世界市場を前提とし、その政治的形態であることからすれば、「帝国」的支配の役割は資本主義世界経済を維持することにある。歴史上の世界帝国は、中央集権化した行政機構と軍事力を背景にして、帝国内部からの貢納という直接的な収奪によって維持されてきた。しかし、資本主義世界経済を前提にする現代の「帝国」は、市場原理を媒介とする搾取と収奪を基礎としている。

この場合、「帝国」のシステム転換はどのように位置づけられるのだろうか。「君主制」、「貴族制」、「民主制」の三層的な支配構造が前提とされるならば、「君主」の交替、いいかえればヘゲモニー国家の交替が起こってアメリカの支配が終焉しても、ＥＵや中国がその代わりの役割を担うケースも想定される。ウォーラースティンの世界システム論がいうところの反システム運動は、資本主義世界経済としての世界システムの転換にかかわってきた。ネグリとハートは、「帝国」と世界市場への闘いをつぎのように描いている。

「〈帝国〉から「切り離され」、固定された境界によってその権力から保護され孤立した個別的共同体を人種的、宗教的、または地域的な用語で定義しようとするどんな提案も、結局のところ一種のゲットーに陥るべく運命づけられている。境界を画定された、ローカルな自律性を目指そうとする企てによって〈帝国〉に抵抗することは不可能なのだ。私たちはそれが何であろうと、以前の社会形態に戻ることはできないし、孤立した社会形態に向けて進むこともできないのである。むしろ私たちは、向こう側へと到達するために、〈帝国〉を突き抜けなければならないのだ。[一四]」

マルチチュードは、「帝国」を突き抜けるための主体である。マルチチュードは、つねに生産的であることにおいて搾取される主体であり、移動する主体（移民労働者）であることにおいて同時に抑圧される主体であり、物象化された（構成された）関係を突き崩すということにおいては構成的権力の主体である。ネグリとハートの理論的意図は、マルチチュードを「帝国」に対抗するグローバルな主体として再構成するところにある。その場合の構成的権力は、以下のように表現される。

「人間の自己価値化（世界市場全域での万人に対する平等な市民権）として、そして政治的権力、つまり権力の基礎が万人の欲求の表現によって規定されるような社会の構成として、である。労働の構成的権力は、社会労働者や非物質的労働を組織化するものであり、マルチチュードによって運営され、マルチチュードによって組織され、マルチチュードによって指揮される生政治的統一体としての生産的かつ政治的な権力を組織化するものである。[一五]」

しかし、「帝国」というシステムを転換するさいの潜在的な主体であるマルチチュードが準備されても、依然として残る問題は、システム転換の内容的な側面である。グローバルな「帝国」の解体構築というシステムレベルの転換という問題に関しては、今後、ネグリとハートはどのような回答を用意するのだろうか。

【注】

一　アレントとハーバーマスの構成的権力論に関しては、星野智『現代権力論の構図』情況出版、二〇〇〇年を参照されたい。
二　アントニオ・ネグリ『構成的権力』杉村昌昭・斉藤悦則訳、松籟社、一九九九年、五〇頁。
三　アントニオ・ネグリ／マイケル・ハート『〈帝国〉』水島一憲他訳、以文社、二〇〇三年、一二三頁。
四　同訳書、一四二頁。
五　同訳書、一七九頁。
六　アントニオ・ネグリ『〈帝国〉をめぐる五つの講義』小原耕一・吉澤明訳、青土社、二〇〇四年、一七〇―一頁。
七　同訳書、二一九頁。
八　同訳書、二二四頁
九　同訳書、二三二頁。
一〇　同訳書、二三二頁。
一一　同訳書、二三三頁。
一二　同訳書、二四二頁。
一三　アントニオ・ネグリ『未来への帰還』杉村昌昭訳、インパクト出版会、一九九九年、六一頁。
一四　ネグリ／ハート前掲訳書『〈帝国〉』、二七一頁。
一五　同訳書、五〇八頁。

第一一章　国民国家と帝国の間

はじめに

近代世界システムの歴史を振り返ると、一五世紀から今日までの五〇〇年あまりのあいだに、数多くの帝国の興亡がみられた。一六世紀に大帝国を形成したハプスブルク帝国とオスマン帝国、一八―九世紀の覇権国家としての大英帝国、二〇世紀に世界システムから離脱したソビエト帝国、ナチス・ドイツの「第三帝国」、大日本帝国、そしてアメリカ帝国、これらの帝国は資本主義世界経済のなかに吸収されるか、覇権競争に敗れるか、あるいは世界システムを維持のためのコスト負担と過度の拡大《オーバーストレッチ》によって衰退してきた。資本主義経済としての近代世界システムは、市場経済システムを前提にしているかぎり、世界経済を政治的にコントロールする帝国的な支配形態とは相容れなかった。そのかわりに世界経済の政治的上部構造としての機能を果たしてきたのが、主権国家システムとインターステイト・システムであった。

　しかし、世界システムは国民経済を管理する主権国家によって構成されてきたために、中心、半周辺、周辺に階層化された国民経済の危機の克服は、主権国家によって担われてきた。世界経済における循環的な経済危機と覇権競争のために市場原理が極端に麻痺し、インターステイト・システムの調整が機能しなくなると、主権国家間の対立は戦争という政治的手段によって決着がつけられた。過剰なものを消費し、主権国家間の対立に決着をつける戦争は、世界経済の潤滑油ともいうべき役割も果たしてきたのである。しかし、帝国や覇権国家の歴史をみると、戦争は、いつの時代も、その経済競争力と財政的資源を奪い取ってきた。今日アメリカ帝国が直面している事態も例外ではなく、C・ジョンソンが『帝国の悲劇』（二〇〇四年）のなかで指摘しているように、世界の永続的な軍事的支配は「高価なビジネス」なのである。アメリカ帝国が今後もこのビジネスを引き受けていくのか、あるいは民主的な国民国家に立ち戻るのか、いまそのはざまにおかれているといってよい。

I　帝国から主権国家システムへ

一四五〇年以降にヨーロッパで形成された資本主義世界経済としての世界システムは、北イタリア諸都市を中心とする地中海経済圏や北西ヨーロッパの経済圏に、東ヨーロッパや大西洋沿岸地域やラテンアメリカの一部が加わった形で拡大していった。しかし、この時期には、ヨーロッパの資本主義世界経済はハプスブルク帝国やオスマン帝国など世界帝国が併存しており、当初は世界経済と帝国との相克の時代が続いた。一五一九年に神聖ローマ皇帝の地位に就いたカール五世の時代に、スペイン帝国はヨーロッパにおける政治的支配を拡大した。ヨーロッパにおけるカール五世の領地は、スペイン、ネーデルランド、南ドイツ、ボヘミア、ハンガリー、ミラノ、ナポリなど広範な地域にわたっており、かれの時代のハプスブルク帝国の拡大は、一五世紀中葉に成立した「世界経済」を飲み込む勢いをみせていた。カール五世とフランソワ一世は、「世界経済」を帝国化しようと試みたのである。

しかし、ハプスブルク帝国とフランスとのイタリアを舞台とした帝国間の抗争（イタリア戦争）や、一五五六年のハプスブルク帝国の分割（マドリード系のフェリペ二世とオーストリア系のフェルナンド）もあり、帝国による世界経済の組み込みは失敗に帰した。二つの帝国間の戦争は、双方に多大な戦費を負担させて財政危機に陥らせた。一五五七年にはスペインだけでなくフランスも自己破産を宣言し、一五五九年のカトー・カンブレジ条約の締結に至った。このことによって世界システムのなかでスペイン帝国は没落し半周辺化していった。

この時期に帝国という政治システムが存続できない原因というものが存在したのか、そうだとするとそれは何か。その原因の一つは、資本主義世界経済の発展に見合った国家形成を実現できなかったことである。「経済地理的には一六世紀の「世界経済」の中心に位置していながら、スペインはこの「ヨーロッパ世界経済」を自国の支配的な利益に結びつけうる国家機構をつくらなかった、というより、つくれなかったこと、これである。」[二]

スペイン国内では、ジェノバ人やオランダ人などの外国人が金融の中枢を占めており、カール五世はスペイン・ナショナリズムの視点に立って重商主義政策を推進しなかったうえに、国内のブルジョアジーの多くは海外への投資から工業基盤の建設に向かわずに、穀物栽培の方向にむかった。さらに富裕な階層は、教会、宮殿、修道院などの建築に資金を使い、産業に投資しようとはせず、一七世紀には、スペインでは繊維産業、金属工業、造船業は衰退し、輸出市場だけでなく、国内および植民地の市場のほとんどを失っていたのである。

帝国が没落したもう一つの原因は、帝国のオーバーストレッチである。すなわち、帝国が拡大しすぎたために、国家機構を維持するコストと戦争遂行のコストが増え、国家負債が激増したことである。帝国内の寄生的な宮廷官僚や貴族の奢侈的支出や皇帝の借財は、再三にわたる債務不履行と国家破産をもたらした。またスペインはフランスとの戦争をはじめ、オスマン帝国との戦争（レパントの戦い）、ネーデルランドとの戦争、そしてイギリスとの海戦など、多額の戦費を浪費した。

他方、スペインは一五五七年以降、中欧の帝国領土を失い、その後も北部ネーデルランドを失うなど、国家収入の源泉を喪失した。しかし、より根本的な問題は税制システムにあった。帝国が政治的支配のための財源を確保するには、中央管理された税制システムの形成が不可欠である。スペインの官僚制自体が非能率で脆弱であったことに加えて、皇帝が財政権を握っていなかったことが問題であった。スペイン帝国領内の領地にはそれぞれ法律や税制があって、大きな自治権を獲得していたために、帝国全体のために定期的に財政的貢献をすることはなかったのである。三

ところで、スペイン帝国の衰退とともに、一六世紀後半から、資本主義世界経済としての世界システムの重心がしだいにスペインから北西ヨーロッパに移動していった。こうしてヨーロッパ世界経済のなかで帝国的な支配形態は弱体化し、それにかわって国民国家システムが形成される。三〇年戦争の講和条約である一六四八年のウェストファリア条約は、近代の主権国家あるいは国民国家から成るインターステイト・システムという世界秩序を作り上げたのである。この条約において、スイスとオランダの独立が国際法的に正式に認められるとともに、他の主権国家や領邦国家の主権も認められることになった。

このウェストファリア条約で、オランダとスイスの独立が国際法的に正式に認められたとはいえ、オランダは実際上、一五八一年にネーデルラント連邦共和国として独立を宣言しており、すでに世界システムにおけるヘゲモニーを確立していた。ウォーラーステインによれば、オランダのヘゲモニー確立の時期はおおよそ、ウェストファリア条約を挟んだ一六二五年から一六七五年にかけてである。四 ウェストファリア体制というのは、しばしば、いかなる上位の権威をも認めない主権国家によって成り立つシステムとしてみなされているが、当時のドイツでは領邦国家が支配的であり、フランスはルイ一四世の絶対主義国家の時代であり、イギリスはブルジョア革命によって資本主義への道を本格化し始めた時代であって、主権国家とはいっても国家形態はきわめて多様であった。

それだけでなく、現代の世界システムと同様に、それを構成する主権国家の強さもまた異なっており、その点ではヒエラルヒー的でもあった。資本主義世界経済にあっては、有産者は国家に対して自己の利益をあげるための市場アクセスやインフラストラクチャーの整備など、生産と収益のための一般的な諸条件の維持を期待する。国家の強さの指標は、第一に、有産者が世界市場のなかでの競争において国家によって直接的にどれほど援助されるか、第二に、国家が他国に与える影響力としての軍事力、第三に、自国の資源を動員できる財政力、第四に、国家戦略上の決定を速やかに行える行政機構、そして最後に、有産者間の利害の均衡としてのヘゲモニー・ブロックの確立である。

一七世紀中葉に、このような強い国家の条件を満たしていたのがオランダであった。オランダではスペイン帝国からの独立戦争を通じてすでに国内のヘゲモニー・ブロックはほぼ確立していたといえるが、対外的にも、オランダ艦隊はスペインの海軍力を凌ぐまでになっていた。一六七〇年の時点で、オランダはイギリスの三倍の船舶を所有し、その数はイギリス、フランス、ポルトガル、スペイン、ドイツ各邦を合わせたよりも多かった。[五] 当時のオランダは造船業だけでなく、農業、織維産業、製糖業などあらゆる産業分野で優位に立っていただけでなく、東方貿易や大西洋貿易においても優位な立場にあった。その意味で、「ネーデルラント連邦は、「世界経済」を世界帝国に転換させようとしたカール五世の陣営の試みが失敗して以来、初めて出現したヘゲモニー国家であった。[六]」

しかし、一七世紀中葉にはまたオランダのヘゲモニーに対するイギリスの挑戦が始まった。当時のイギリスとしては、オランダに対抗するためには、イギリス商人に対する国家的な援助を行うか、外国人商人に対する国家的な抑圧を行うかのいずれの方法しかなかった。清教徒革命後に対外政策において国内の有産者のヘゲモニー・ブロックをほぼ確立したイギリスは、一六五一年に航海法を発布して、イギリスに輸入される商品は、イギリス船か、その商品の原産国の船でなければならないとし、オランダ船を排除する政策を打ち出した。オランダはこれに反対し、両国間の戦争が開始された。さらに一七世紀後半に、フランスはオランダに侵入し、オランダ共和国の体制を揺さぶった。オランダはフランス軍に対抗するために陸軍を増強せざるをえず、南の国境防御に多くの資源を注ぎ込まざるをえなかった。

こうしてオランダは、イギリスとフランスとの戦争に多額の財政支出をおこなわざるをえず、しかも戦争によって二〇〇万人の人口しか有しない国民の多くが失われる結果となり、国力の著しい低下を招くことになった。[七]オランダのヘゲモニーに対するイギリスとフランスの挑戦は成功を収め、その後に、イギリスとフランスはヘゲモニーを争って、一〇〇年にわたる戦争を繰り広げる。こうして一八世紀後半には、イギリスの覇権がほぼ確立し、パクス・ブリタニカの時代を迎える。

このようにして、一七世紀から一八世紀後半の時期の世界システムにおいては、スペイン帝国と北イタリアの都市国家が没落して半周辺へと下降し、オランダとイギリスが中心国家を形成し、北東ヨーロッパおよびラテンアメリカが周辺国になっていたが、最終的にイギリスのヘゲモニーが確立したのである。

II　世界システムによる帝国の編入

資本主義世界経済としての世界システムは外部世界を自己の内部に組み込むことによって拡大する社会システムである。世界帝国がシステム統合を単一の政治権力によって達成するのに対して、資本主義世界経済は商品経済の拡大をインターステイト・システムあるいは覇権国家が管理することによって拡大する社会システムである。一般に、帝国は再分配的あるいは貢納的な生産様式をとり、そこでは資本蓄積が優先されないが、世界経済は資本主義的な生産様式をとり、市場をつうじた資本蓄積を優先し、それにたいする政治的・社会的な拘束を最小限にとどめる。両者が世界システムであるかぎり、一つの内部世界をもち、外部にたいして境界づけられている。しかし、二つの世界システムが相互に接触するのは、戦争の場合もあれば貿易の場合もあるが、いずれにせよ、その場合、一方の世界システムは他方を吸収しようとする。

ヨーロッパ世界経済において、ハプスブルク帝国がヨーロッパ統合に挫折した後、他の帝国は逆に世界経済に組み込まれるという過程をたどった。スペイン帝国あるいはハプスブルク帝国は、没落するなかで世界経済の半周辺部を構成していった。組み込みとは、地理的な意味で、特定の地域の生産過程が「資本主義世界経済」の分業体制を構成する一連の商品連鎖のなかに組み入れられることであるが、帝国によるヨーロッパ世界の統合の試みが失敗してから、逆に帝国は世界経済へ統合されるという歴史的プロセスを経る。ハプスブルク帝国が半周辺化された後、一八世紀にはオスマン帝国、ムガール帝国、ロシア帝国が世界経済へ組み込まれていったのである。

まず、オスマン帝国は一六八三年のウィーン包囲が失敗に終わった後、徐々に領土を失った。ヨーロッパ諸国との貿易関係についてみると、フランスは、オスマン帝国から域内での通商や移動の自由が保証されるカピチュレーションが与えられていたこともあって、通商関係を深めていた。一八世紀後半には、オスマン帝国はフランス綿工業の原料供給地として、原綿の輸出を増大させていた。この時期、オスマン帝国の貿易で圧倒的な地位にあった対仏貿易は、四倍に増え、輸出では、「製品ないし半製品から原材料へ」の着実な移行がなされた。すなわち、キャメロット（モヘアの布地）に代わってモヘアの撚糸、絹織物に代わって生糸、綿糸に代わって原綿の輸出へと移行していたのである。[八] すでにバルカン半島では、一七二〇年代から新たな植民地物産として、綿花やトウモロコシの栽培が始まっており、これは輸出指向の換金作物栽培として発展していた。オスマン帝国内の綿花の生産は、アナトリア西部だけでなく、バルカン半島でも重要な生産物となっていた。その後一九世紀になって貿易相手が代わると、綿花と小麦がバルカン半島からイギリスやオーストリアへ輸出されていたのである。ウォーラーステインは、オスマン帝国の資本主義世界経済への組み込みの時期を、ほぼ一七五〇年前後としている。[九]

しかし、一八世紀末にヘゲモニーを確立したイギリスは、フランスに代わって、オスマン帝国の政治的統合の保護者となった。イギリスがオスマン帝国の統合を維持したのは、オーストリアとロシアの進出を牽制し、しかもインドへの道を確保することにつながると考えたからであった。オスマン帝国は、ウィーン包囲に失敗して以降、ヨーロッパ諸国の圧力に曝され続けたが、一七七四年にロシアとの戦争に敗北して締結したキュチュク・カイナルジャ条約は、ロシアにとってはバルカン半島への足がかりを作ることになった反面、オスマン帝国にとっては領土の割譲や賠償金の支払いなど国力の低下をもたらした。ウォーラーステインは、この条約によってオスマン帝国はヨーロッパのインターステイト・システムという複雑なメカニズムに入り込まざるをえなくなったとしている。[一〇] すなわち、このことは国際条約という当時のヨーロッパ的な国際法システムに組み込まれたということを意味しているからである。こうして、オスマン帝国は、資本主義世界経済としての世界システムと、その政治的上部構造としてのインターステイト・システムの双方に組み入れられることになった。

これとは対照的に、一六世紀初頭から一九世紀中頃までインドを支配していたムガール帝国の場合は、資本主義世界経済としての世界システムとのつながりのなかで消滅という過程をたどった。この点に関して、ウォーラーステインはつぎのように説明している。

「オスマン帝国の場合、一八五〇年には、一七五〇年よりも内部的には強力な国家になっていたが、対外的には弱体化し、地理的にも収縮していた。究極的には、その領土のさらに分割されるはずであったが、いずれにせよ、そうした後継国家はすべてインターステイト・システムに完全に組み込まれ、その制約を受けた。これとは対照的に、一七五〇年のムガール帝国は、オスマン帝国の場合より、はるかに深刻な政治的分解の過程の最終局面にあった。そのうえ、ムガール帝国は、オスマン帝国ほどには内部的に統合されておらず、地理的にもそれほど広大ではなかった。この地域の「世界経済」への統合の結末は、一八五七年の同帝国の完全な消滅であった。[二]」

ムガール帝国の消滅の背景には、ポルトガル、オランダ、イギリス、フランスなどヨーロッパ勢力の進出、内部のイスラム教徒とヒンドゥー教徒との宗教的な対立、軍事力の弱さなど、その脆弱性が指摘されているが、ウォーラーステインはハン・ハビブの解釈を紹介しながら、ムガール帝国の脆弱性をその過酷な徴税システムに求めている。

「中央の政府はその軍事力を確保すべく、農民から十分な税収を得ようとした。しかし、ムガール帝国は、同様の政治体のすべてがそうであったように、徴税のために中間層の仲介を必要とした。……仲介を行なった中間階層の利害は、中央政府のそれとはまったく違っていたから、時間が経つと、自己の取り分を増やすために、経済的余剰の搾取率をどんどん高める傾向が強かった。……これこそ「無謀な行為」であった。というのは、他の地域でもそうだが、ムガール帝国でも、それが土地からの逃避、武装蜂起、耕作の衰微などをもたらし、長期的には、帝国構造の経済的基礎の衰微につながったからである。[三]」

しかし、ムガール帝国が消滅したとはいえ、それはインドという単一の行政単位に置き換えられたにすぎない。この時期には、東インド会社が制約を受けることなく政治的・経済的支配権を掌握していたばかりでなく、一九世紀後半までには、インディゴ、生糸、アヘン、綿が輸出品のなかで有力となり、ヨーロッパにはインディゴと生糸が供給され、中国にはアヘンと綿が供給された。一八世紀後半以降は、カルカッタを経由して「世界経済」

にリンクするガンジス川沿いの貿易が拡大した。こうしてインド自体は、一八世紀半ばから一九世紀半ばまでの間に、資本主義世界経済のネットワークと、インターステイト・システムに組み込まれていったのである。

他方、ロシア帝国の場合も、一八世紀半ばから一九世紀半ばまでの間、ヨーロッパ諸国との貿易関係が深まり、主に第一次産品の輸出がほとんどを占めていた。ロシアが資本主義世界経済としての世界システムに組み込まれたのは、この時期である。この最初の時期のロシア帝国の第一の輸出品は、大麻と亜麻であったが、一八世紀末には、ロシア産の鉄が重要な輸出品となり、イギリス向けの輸出が増大し、エカチェリーナの時代に「黄金期」を迎えた。というのはスウェーデンとともに、ロシアは、木炭鉄法による高級品生産のために重要な二つの要素、つまり、広大な森林と豊かな鉱脈を確保しており、そのうえ、農奴労働も確保していたからである。[三]しかし、一九世紀初頭に、イギリスで木炭鉄法に代わるコークス製鉄法という新技術が開発され、ロシアの鉄輸出が崩壊すると、新たな主要輸出品として小麦が鉄に取って代わった。

こうして、一七世紀のハプスブルク帝国、そして一八世紀のオスマン帝国、ムガール帝国、ロシア帝国はいずれも、資本主義世界経済に組み込まれていった。この組み込みの過程は、一九世紀半ばまでには完了したのである。ある地域が世界経済としての世界システムに組み込まれるということは、主権国家あるいは国民国家を超えた貿易がシステム内部の活動の一部を形成することを意味する。しかし、貿易という経済活動はきわめて脆弱なものであるから、世界システムの政治的上部構造としてのインターステイト・システムによって何らかの形で管理あるいは保証される必要がある。一六四八年に成立したウェストファリア体制は、主権国家の活動の保証および主権国家間関係の国際法への従属というインターステイト・システムの基本原理を確立したものである。

III　ウェストファリア体制と主権国家システムの形成

ウェストファリア条約は、しばしば、「神聖ローマ帝国の死亡証明書」とよばれているが、それはヨーロッパにおける帝国的な支配を終焉させたと同時に、ヨーロッパ世界に帝国に代わる主権国家システムの原理を樹立したからである。ウェストファリア条約の第八条には、以下のように書かれている。「ローマ帝国の選挙侯、諸侯、諸身分は各々のすべて、自らの諸々の古き権利、大権、自由、特権、聖俗両界における領域権の自由な行使、支配権、レガーリエンおよびこれらのものの占有について、いかなる口実の下であろうと、将来いずれの者によっても事実上害されることなく、また害されてはならないことが、本和議により確定され、また確認される。」[一四]

もとより、このウェストファリア条約によって神聖ローマ帝国が完全に「死滅」したわけではないし、条文のなかで主権国家システムの原理を樹立したと明示されているわけでもない。この条約によって、ドイツ国内では領邦国家の独立が認められ、スイスとオランダの独立も正式に認められ、スウェーデンはフォアポメルンなど北ドイツの一定地域を保有することになり、フランスはハプスブルク家からアルザスの所領を獲得した。こうしてハプスブルク家のドイツ皇帝の権力はしだいに弱められる一方、ブランデンブルクやバイエルンなどドイツの領邦国家の独立が認められ、フランス、スウェーデン、オランダ、イギリスなどの諸国が勢力を強めたのである。

したがって、ウェストファリア体制という総称は、主権国家に優る権威あるいは機関の不在、単一の政治システムとしての国家がヨーロッパ世界の基本的単位であること、そしてこの新しい体制は国際法と勢力均衡にもとづいているということを意味していたのである。ウェストファリア体制で形成された支配原理は、一定の社会的目的をもっていた。それは、支配者が相互に排他的な領土にたいするそれぞれの絶対的な支配権を正統化したように、市民は主権者間の紛争の当事者ではないという原理を確立したことである。この原理のもっとも重要な領域は商業の領域であり、この和議に続く条約において、三十年戦争の過程で発展した貿易上の障害を廃止することによって商業上の自由を回復することをねらいとした条項が挿入された。[一五]

その意味で、ウェストファリア体制は、「諸国家から成る社会」というインターステイト・システムの原理を基礎づけるものとなったばかりでなく、ヨーロッパの資本主義世界経済において主権国家が政治的管理の基本単位であることを方向づけたといえる。このような主権国家あるいは国民国家から構成される国際社会としての諸国家システムという考え方を保証する規範は、「国際的な憲法」といえるようなものであった。ヘルドによれば、その規範には三つの側面がある。一つは、国民国家が出現しつつある時代の国際政治の基本原理であり、この原理が国際法に拡張されるとともに、その国際法に先立つものとされたことである。第二の共存という規範は、主権国家が国際秩序における相互的な問題を組織化するための最小限の条件を明らかにしたものであり、それには主権国家による強制力の行使の正統性に関する規範、条約の本質に関する規範、国家の適切な権限に関する規範、そして各国が他国の領土と人民にたいする主権を尊重する義務に関する規範が含まれる。最後の協力という規範は、国家間の関係が単なる共存を超えて維持されるためには、それらの共同の形態を形成する必要があるというものである。

そしてヘルドは、ウェストファリア・モデルの特徴として以下の七点を挙げている。第一は、世界は上位の権威を認めない主権国家によって構成され、分割されている。第二に、法形成、紛争解決、法執行の諸過程は、個々の国家の手に委ねられている。第三に、国際法は共存にための最小限のルールの確立を指向している。第四に、国境を越える不法行為にたいする責任は、その影響を受ける当事者のみに関わる「私事」である。第五に、すべての国家は法の下に平等とみなされ、法的ルールは権力の非対称性を考慮しない。第六に、国家間の紛争は最終的に強制力によって解決される。最後に、国家の自主性にたいする侵害の最小化が「集団的」な優先事項である。

ここに定式化されているウェストファリア・モデルは、一六四八年から一九四五年までの時期の国際法と国際ルールであるということができる。戦後の国連システムによる国際協調主義は、必ずしも国家間の紛争や紛争解決をすべて個々の主権国家に委ね、最終的に軍事力によって解決するという方針をとっていないからである。しかし、一九四五年以降の国連システムがこのようなウェストファリア・モデルを完全に超えているかといえば、けっしてそうともいえない。戦後においても、国際紛争はしばしば強制力の行使としての国家間の戦争に至り、国連システムの機能不全が起こったからである。二〇〇三年にブッシュ政権が引き起こしたイラク戦争は、この代表例である。しかし、イラク復興において国連が果たす役割を考慮すると、今日、紛争解決が個々の主権国家に委ねられているというウェストファリア体制という伝統的なモデルが妥当しないことも明らかである。

ところで、主権国家あるいは国民国家の形成には、資本主義世界経済の拡大に対応する形で時間的なズレが存在した。ここで主権国家と国民国家という二つの概念の違いについて少し触れておく必要がある。ウェストファリア体制が成立した時期のヨーロッパ諸国は、いわゆる絶対主義国家という特徴をもっていた。絶対主義国家は、対内的に国家権力が主権者（君主）に集中し、対外的には上位権力に依存しない主権国家としての性格を保持していた。すなわち主権国家は、主権が君主であれ国民であれ、対外的な独立性と自律性を備えた国家を意味していたのである。

したがって、単純化していえば、近代ブルジョア革命をつうじて国家主権が君主から「国民」へ移行することによって、主権国家も絶対主義国家から資本主義的な国民国家に移行したということができる。その意味で、絶対主義国家も主権国家であり、近代の国民国家も主権国家であることはいうまでもない。しかし、国家が国民国家としてナショナルな水準での政治的・経済的・社会的・文化的なアイデンティティを形成するには、主権国家内の市場形成（国民経済）、貨幣システムの発展、中央管理された徴税システムの形成、労働力の商品化、さらにはそれらを保証するための国内法システムの形成が必要であった。ネグリとハートは『〈帝国〉』のなかで、このような国民形成の過程をつぎのように的確に表現している。

「かくして、国民という近代的な概念が、君主制国家の世襲的身分を引き継いだのであり、またそれを新たなかたちで再発明したのである。権力のこの新たな全体性は、一方における新たな資本主義的生産過程と、他方における絶対主義的行政機関の古いネットワークによって、部分的に構造化されたものであった。そして、そうしたぎこちない構造的関係は、国民的同一性によって安定化させられたのだ。国民的同一性とは、血縁関係という生物学的連続性と領土という空間的連続性、そしてまた言語の共通性にもとづいた、統合を推進する文化的同一性のことだ。[一七]」

一五世紀にヨーロッパで資本主義世界経済が形成されてからウェストファリア体制の成立まで、イギリス、フランス、スペイン、ポルトガル、オランダ、スイス、スウェーデンが主権国家を形成したが、その後、国内市場の整備や国内のブルジョアジーのヘゲモニー獲得によって国民国家へ転換していった。資本主義世界経済としての世界システムにおける国民国家形成は、このように一七世紀から一九世紀および二〇世紀にかけて、世界システムの中心諸国から始まり、半周辺諸国、周辺諸国へと拡大していった。

今日の国民国家から構成されるインターステイト・システムは、しかし、等質的な国民国家群の集合でなくて、資本主義世界経済としての世界システムのなかでヒエラルヒー化された国民国家のネットワークを形成しているのである。したがって国民国家は、近代世界システムが成立して以来、インターステイト・システムの構成要素となったかぎりにおいて、その主権においても制約を受けてきた。それは、国際法、国際条約、外交上の慣例、国際機関などにみられるものである。とりわけ今日の政治的グローバル化は、こうした主権国家への制約の度合いをますます深めつつあり、主権国家から成るウェストファリア体制を根本的に変容させ、ポスト・ウェストファリア体制へと転換させつつある。

IV　国民国家システムからグローバル帝国へ？

主権国家システムを前提にしてきたウェストファリア体制は、すでに触れたように、戦後の国連を中心としてきた国際協調主義によって変容を余儀なくされてきたが、それが政治的グローバル化によってさらに加速されている。ウェストファリア体制は、「容器としての国家」の一国的な政治的空間の集合体という性格をもっていたが、その「容器としての国家」にはたえず商品、ヒト、資本、マネー、情報、知識、犯罪、武器、環境汚染、ウィルス等々が入り込み、ヘルドがいう意味での「フローの空間」となっている。毎日一兆ドルが世界の外国為替市場をかけめぐり、年間五億人が観光のため国境を越え、世界のインターネット利用者数が七億人を超えている今日の状況は、国家がフローの通過点にすぎないことを物語っている。すなわち、グローバルでトランスナショナルなフローとネットワークがその一国的な政治的空間に織り込まれた「脱領域的空間」となっている。[一八]

このように、国民国家は、経済・文化・軍事・環境のグローバル化によって「フローの空間」と化している一方、政治的グローバル化によって一国の政府あるいは政治もトランスナショナルな網の目の制約を強く受けている。いいかえば、国民国家はますますインターステイト・システムあるいはグローバル・ガバナンスの制約から免れない状況が生じているのである。国連システムの形成、G8、政府間組織（IGO）、NGO、多国籍企業、EUなどのリージョナルな共同体などが国民国家の権力を徐々に奪いつつある。こうした権力移動がどれほど進展しているのかという点については、依然として主権国家の自律性を主張するリアリズムの立場から、主権の解体と新しい「帝国」の主権を宣言するネグリとハートの議論まで、多様なスペクトルを織りなしている。いずれにしても、主権国家は成立当初より、完全な主権というものを保持していたわけではなく、インターステイト・システムの制約を受けていたのであり、グローバル化がその度合いを深めていることだけは確かである。国連システムの形成は、そうしたインターステイト・システムが目にみえる形で物象化したものである。

戦後、国連は、憲章のなかで国際的な平和と安全の維持・回復のために、暫定措置としての勧告（第三九条）、非軍事的措置（第四一条）、軍事的措置（第四二条）を規定した。関係当事国が暫定措置としての勧告に従わない場合には、安保理はつぎのステップとして妥当な措置をとる。非軍事的措置は、「経済関係及び鉄道、航海、航空、郵便、電信、無線通信その他の運輸の手段全部又は一部の中断並びに外交関係の断絶を含むことができる」ものである。アパルト政策に関する一九六二年の決議は、非軍事的措置勧告の例であり、湾岸問題に関する安保理決議六七八は軍事的措置の例である。このような国連システムの形成が、安全保障領域において主権国家の行動を制約する枠組を作り上げてきた結果、今日の戦争の正当性に関するグローバルな法的保証は、国連というインターステイト・システムによって与えられている。

他方において、世界システムの中心諸国は、Ｇ８サミットという「エリート・カルテル」を形成し、世界経済の管理的機能を果たしてきた。サミットは基本的にはそれぞれナショナル・インタレストを追求する主権国家の間の利害調整を目的にしているが、しかし他方では、グローバルな視座から世界システムを管理するという機能を担っている。一九九八年にバーミンガムで開催されたＧ８サミットは、参加国全体にかかわるグローバルな諸問題について検討し、その議題は一九九七年の東アジア危機を踏まえたグローバルな金融構造の改革から、グローバルな麻薬問題にまで及んだ[一九]。

また主権国家の相対的な機能低下は、政府間組織（ＩＧＯ）やＮＧＯの相対的な機能増大と対応している。政府間組織は一九〇九年の三七から一九九九年の約三〇〇に増えており、その活動は主権国家政府内の各部局と対応して、財政から環境まで広がっている。他方、ＮＧＯはいうまでもなく各主権国家の利益を追求するのではなく、グローバルな公共性を追求する組織であるが、それは国際機関だけでなく、主権国家の政策決定に大きな影響を与えつつある。[一〇] こうしてＮＧＯを中心に形成されてきたグローバル市民社会は、グローバルな権力ネットワークのなかに橋頭堡を作り上げようとしている。

さらにヨーロッパ諸国の場合、ＥＵというリージョナルな共同体はそれを構成する主権国家の政策決定を大きく制約している。ＥＵでは、安全保障政策、通貨政策、環境政策などの面で共通の政策を採用している。二七の主権国家で構成されるＥＵは主権国家の国家連合（コンフェデレーション）であり、依然として主権は存続しているが、共通の政策は欧州委員会が各国に発する指令によって実現されている。このかぎりにおいて、ＥＵにおいて主権はきわめて制約されており、今後この傾向は強まる。しかし、ＥＵが国家連合から連邦国家（フェデレーション）に移行し、国家主権が統合されれば、一つの主権に収斂することになる。この政治共同体は、まさしく帝国という性格をもつものといえるだろう。

こうして今日、ウェストファリア体制からポスト・ウェストファリア体制へと移行するなかで、グローバルな権力ネットワークにおける国民国家の相対的な地位が低下し、その反面で帝国形成のベクトルを強めつつある。確かに、アメリカ帝国、ＥＵ帝国、ロシア帝国、中国帝国、そしてグローバル帝国（ネグリとハート）という表現は可能であろうが、かりにこうした表現が許されるとすれば、こうした「世界的な帝国化」は何を意味しているのだろうか。近代世界システムの形成のなかで世界経済が帝国を吸収したように、今度は帝国が世界経済を吸収しているのだろうか。歴史的には、世界経済は帝国の政治権力を排除するなかで自己のシステムを拡大してきたが、他方では、主権国家という領域的な政治権力によって維持されてきた。グローバル化はこうした世界経済と主権国家との相互関係の限界を極端にまで押し進めている。

世界経済は拡大し深化してきた一方、「容器として国家」は相変わらず変化した環境に自己組織化できない状況が続いてきた。その意味で、今日進展しつつあるリージョナル化は、世界経済のグローバル化に対応した国家のリージョナルな統合である。ＥＵは、メタシステムを形成することでこの危機に対応しようとしているし、東アジアも共同体というメタシステムを形成することで自己組織化を進めようとしている。このことが意味しているのは、世界経済の管理者が主権国家からリージョナルな政治体とインターステイト・システムへと移行しつつあることである。今後は、世界経済の管理機能は、ナショナル、リージョナル、グローバルという三つの領域にますます分掌される可能性が高く、このことは、いわばグローバルな権力ネットワークの補完性（権限分担）の進展につながる。

この点、ネグリとハートの『〈帝国〉』のモチーフは、帝国によるグローバルなプロセスの全般的な管理にあったが、かれらの理論的難点は、こうした権力ネットワークの補完性を考慮せず、しかもリージョナルな帝国としてのアメリカ帝国しか理論的視野に入れず、アメリカ帝国からグローバル帝国を導き出したことである。帝国的な支配が単一の政治権力を前提にしていることを考えれば、グローバルな場面での多元的な権力状況が続くかぎり、グローバル帝国への権力移動にはまだまだ時間がかかりそうである。しかし、アメリカ帝国の方は、いまの世界的な軍事的支配を継続せざるをえないとすると、今後も戦争の継続および軍産複合体の維持と、そのための財政支出によって衰退を加速することになる。そのとき現れる事態は、グローバル帝国の解体ではなくて、もう一つの帝国の登場かもしれない。

【注】

一　I・ウォーラーステイン『近代世界システムI』川北稔訳、岩波書店、一九八一年、七頁。
二　同書、二五頁。
三　P・ケネディ『大国の興亡』（上巻）鈴木主税訳、草思社、一九八八年、九五頁。
四　I・ウォーラーステイン『近代世界システム 1600～1750』川北稔訳、名古屋大学出版会、一九九三年、四六頁。
五　同訳書、五一頁。
六　同訳書、四五頁。
七　P・ケネディ前掲訳書、一四三頁。
八　I・ウォーラーステイン『近代世界システム 1730～1840s』川北稔訳、名古屋大学出版会、一九九七年、一六六頁。
九　世界経済とオスマン帝国に関しては、I. Wallerstein, The Ottman Empire and the Capitalist World-Economy:Some Questions for Research, in: Review, I,3, Winter, 1979 ,pp.389-98. を参照。
一〇　ウォーラーステイン『近代世界システム 1730～1840s』一九四頁。
一一　同訳書、一九六頁。
一二　同訳書、一九六頁。
一三　ウォーラーステイン『近代世界システム 1600～1750』、一六七頁。
一四　ウェストファリア条約の引用は、大沼保昭・藤田久一編『国際条約集』二〇〇三年、有斐閣、七五八頁による。
一五　Giovanni Arrighi, *The Long Twentieth Century*, Verso, 1994, p.43.
一六　D・ヘルド『デモクラシーと世界秩序』佐々木寛他訳、NTT出版、二〇〇二年、九八頁。
一七　ネグリ／ハート『〈帝国〉』水嶋一憲他訳、以文社、二〇〇三年、一三二頁。
一八　D・ヘルド『グローバル化とは何か』中谷義和訳、法律文化社、二〇〇二年、一五〇頁。

一九　同訳書、一五〇頁。

二〇　これに関しては、臼井久和「日本外交におけるＮＧＯ」『国際問題』第五一九号、二〇〇三年、が示唆的である。

第一二章　グローバル化と「帝国」論

I　「帝国」論が提起しているもの

資本主義世界経済としての近代世界システムが成立してから、帝国の支配は市場経済システムとは相容れないものとみなされてきた。二〇世紀に入ってロシア革命が起こり、いわゆる「現存した社会主義」が資本主義世界経済としての世界システムから離脱し、旧ソ連を形成した。旧ソ連は経済的な生産と分配を中央権力が管理するという指令経済システムをとっていたという点で、帝国的支配とよぶことができるものであった。しかし旧ソ連が崩壊した後、市場経済が復活するとともに、ふたたび世界市場に再編入されるに及んで、かつての帝国的支配は崩れ去った。

ネグリとハートの著作『〈帝国〉』（以文社）に代表される近年の「帝国」論は、一九八〇年代後半のグローバル化の進展と冷戦終結という状況のなかで登場してきたものである。しかし、「帝国」論とはいっても、アルフレート・ヴァラダンの『自由の帝国』（NTT出版）、チャルマーズ・ジョンソンの『アメリカ帝国への報復』（集英社）、エマニュエル・トッドの『帝国以後』（藤原書店）にしても、アメリカ帝国をテーマとしたものであり、帝国そのものをテーマとしたものではない。とはいえ、ソヴィエト帝国が崩壊した現在、アメリカ帝国が経済的支配にかわって軍事的・政治的に世界をしようとしており、そのかぎりでは現代においてはアメリカ帝国が世界の脅威になっているといっても過言ではない。最近のＥＵ諸国の市民の意識調査でも、アメリカを脅威に感じている人々が多いという結果が出ている。

他方、ネグリとハートの『〈帝国〉』は、アメリカ帝国だけでなく、それを含めたグローバルな権力構造としての帝国をテーマとしており、きわめてユニークな理論を提示している。しかし、かれらの「帝国」論の意味はそれだけではなく、現代のグローバル化に対抗するマルチチュードによる反グローバル化運動を視野に入れているという点で、世界システムの構造変動を問題化しているところにある。ウォーラースティンの世界システム論においても、反システム運動が理論的に組み込まれているが、それは必ずしも一九九〇年代以降の反グローバル化運動を説明できない。それに対して、ネグリとハートの『帝国』は、現代世界システムの支配構造およびそれに対抗する反グローバル化運動を解読するための新しい理論的パラダイムとなりうるのだろうか。

II　「アメリカ帝国」論とその背景

冷戦が終結するまで、世界政治においてソヴィエト連邦とアメリカ合衆国が二大覇権国として君臨していた。しかし、ソヴィエト帝国の崩壊によって、冷戦が開始されてから五〇年以上のあいだ活動停止状態にあったアメリカ帝国はその活動を復活させ、いまやその支配領域をグローバルに拡大しようとしている。二〇〇一年現在、アジア太平洋地域だけでも九万五九九五人の米軍が展開しており、そのうち日本、韓国、オーストラリアにはそれぞれ四万八九一人、三万六五七二人、一六三人が配置されている。他方、ドイツ、イタリア、イギリス、ベルギー、ポルトガルなどヨーロッパ諸国には一二万人の米軍が駐屯している。そのほかサウジアラビア、クウェート、バーレンなどの中東諸国、ボスニア＝ヘルツェゴビナ、クロアチア、マケドニアなどバルカン諸国、そしてパナマ、ハイチ、ホンジュラスなど中南米諸国に、アメリカ軍が駐留している。その数は二五万人をはるかに超えている。

そして二〇〇一年の九・一一テロ後、アメリカはアフガニスタンに侵攻してタリバン政権を打倒したが、その後、ウズベキスタン、キルギスタン、タジキスタン、グルジアなど中央アジアに米軍を駐留させ、この地域での軍事的プレゼンスを拡大している。こうした背景にあるのは、国際的なテロ対策という名目で、石油や天然ガスなどの資源が埋蔵されているこの地域を軍事的に制圧するというエネルギー戦略的な意図であることはいうまでもない。またこの地域では、中央アジア協力機構や上海協力機構など中央ユーラシアの多国間安全保障体制が成立しており、これらがアメリカにとってはエネルギー安全保障上の脅威と映っていることも事実である。

こうしたアメリカの軍事的な支配は、かつてのローマ帝国の支配を連想させるものであるが、アメリカはこれまでも軍事的プレゼンスを背景に世界的に軍事的介入を行ってきた。一九九〇年代以降の主要なものだけをみても、一九八九–九〇年のパナマ侵攻、一九九〇年のイラク侵攻、一九九二–四年のソマリア侵攻、一九九九年のユーゴ空爆、二〇〇一年のアフガニスタン侵攻、そして二〇〇三年のイラク戦争と続いている。冷戦終結後の湾岸戦争はアメリカにとっては帝国復活の開幕ゲームであり、その後一九九〇年代を通じてアメリカ帝国は、戦後の多国間主義と国際ルールを否定し、単独行動主義の道を歩み始める。そしてイラク戦争は、明らかに国際法を無視し正当性を欠いたブッシュ政権のワンサイドゲームであった。

アメリカの単独行動主義は、戦後の国際協調と多国間主義を否定してきたことにあるが、それを象徴しているのが、分担金滞納などによる国連活動への消極的参加、対人地雷禁止のオタワ条約からの離脱、国際刑事裁判所設立条約の署名撤回、ＡＢＭ制限条約からの離脱、京都議定書からの離脱などであり、さらに二〇〇三年になって列国議会同盟（ＩＰＵ）からは分担金未納で資格停止処分を受けている。国際法の無視と国際機関の分担金の踏み倒しというのは、少なくとも「自由と民主主義」を標榜する国の行動ではなく、アメリカ自身が批判している「ならず者国家」の所業である。レーガン政権の中枢にいた保守派の理論家クライド・プレストウィッツは『ならずもの国家アメリカ』（講談社）のなかで、「ブッシュは図らずも、自らを皇帝と宣言したのである」[二]と断定している。

こうしたアメリカ帝国の復活ともいうべき状況の出現は、近年社会科学の領域でも帝国論の新たな流行を生み出した。九・一一テロの前年にアメリカの日本政策研究所所長チャルマーズ・ジョンソンは『アメリカ帝国への報復』（集英社）を書いて、アメリカ帝国の軍事的な展開と介入によって被害を受けた人々の「ブローバック」（報復）を問題化した。「ブローバックという言葉の意味は、ある国がみずから播いた種を刈り取るという意味を簡略に述べるときに使うが、自分が何を播いたのかよく知らず、充分に理解していない場合もある。その富と力にかんがみて、アメリカ合衆国は近い将来、考えうるあらゆる種類のブローバックをどこよりも先に受けることになるだろう。それはとりわけ、アメリカ国内を含めて地球上のあらゆる場所で、アメリカ人にたいするテロリストの攻撃というかたちをとるだろうが、その対象は軍人と民間人とを問わない。[三]」

さらにチャルマール・ジョンソンは、アメリカ帝国へのより大きなブローバックに関して続けてつぎのように書いている。「アメリカにとっての真の脅威は、より大きな部分へのブローバック―すなわち帝国が支払わされる具体的なコスト―である。帝国の運営には金がかかり、その費用は年を追うごとにかさむ。たとえば、アメリカ産業の空洞化は、そうと認識されることはあまりないが、ブローバックの一つのかたち―アメリカの政策の意図せざる否定的結果―だと言える。民主的だった社会に軍国主義がはびこることも、もう一つのブローバックの例である。帝国こそ問題なのだ。たとえアメリカが難攻不落だという意識を強くもち、その意識を正当だと思わせる充実した軍事力と経済的な手段を駆使できたとしても、帝国を自負すること自体が危機を不可避にするのだ。[四]」

アメリカが一九九〇年の湾岸戦争で支払ったコストは、外国からの援助によって黒字になったといわれているが、イラク戦争のコストはアメリカにとって大きな負担となるだろう。たとえば、アメリカ下院予算委員会の民主党会派が二〇〇二年九月に試算したものによれば、イラク戦争の戦費は大まかに見積もって、一〇〇〇億ドルから二〇〇〇億ドルである。今後一〇年の戦後処理コストを含めると、高コストのケースでは一・九兆ドルかかるという試算も出されている。[五]この額はアメリカのGDPの一八パーセントに達し、朝鮮戦争（一五パーセント）、ヴェトナム戦争（一二パーセント）、湾岸戦争（一パーセント）をはるかに上回ることになる。

III　帝国とヘゲモニー国家

ウォーラーステインの世界システム論は、世界システムを世界帝国と資本主義世界経済の二つに類型化した。世界帝国は、強制力である単一の政治権力とそれによる交易の独占によって周辺部から中心部への富の流れを管理しているのに対して、資本主義世界経済は社会的分業にもとづく商品経済の連鎖によって成り立つシステムである。したがって帝国というのは基本的には政治的単位である。たとえばS・N・アイゼンシュタットは、帝国をつぎのように定義している。

「「帝国」という言葉は、ふつう広大な領域をカヴァーする、比較的高度に中央集権化された政治システムをさす。それは、皇帝個人と中央の政治機構に体現される中央権力をもつ自律的統一体である。さらに帝国というものは、通常、伝統的に合法的支配権を認められてきた領土を核にしてはいるが、しばしばそれより広い、本来の領土を遙かに越えた地域への普遍的な政治的・文化的支配権を主張してきた。[六]」

このように帝国は、広大な土地と巨大な人口を管理し、防衛する責任をもつが、他方ではその管理が周辺まで行き届かず、本来は経済発展に振り向けるべきエネルギーや利潤も管理に費やされてしまう傾向がある。とくに帝国内で抑圧や搾取によって叛乱が起こると、軍事支出の増加が不可避になることから、帝国的支配はコストがかかる支配形態であった。このようなコストのかかる政治的上部構造を排して、市場経済の作用を社会システムの基本原理に据えたのが、近代世界システムとしての資本主義世界経済である。資本主義経済が成立した後、主権国家としての国民国家が世界システムの基本的な政治的単位となり、以来、主権国家と勢力均衡を基本原理とするウェストファリア体制が基本原理になった。

こうして資本主義世界経済としての世界システムの成立に伴って、世界システムの管理者としての政治的統一体は帝国ではなく国民国家あるいは主権国家となったのである。F・ブローデルやウォーラーステインが帝国の概念よりも国家あるいは覇権国家という概念を使うようになったのにはこうした背景があるといえる。[七]

ウォーラーステインにとって、覇権は政治的支配力や軍事的支配力だけではなく、世界システム内部における生産的・商業的・財政的な支配を含むものである。「ある強国の企業が他の強国の企業よりも世界市場において大きな割合を占めるとか、最強の軍事力や最大の政治支配力をもつというだけでは十分ではない。私が覇権という場合には、ただ、その優位性が大きく、主要同盟諸国が事実上の保護国であり、覇権国に対して敵対する主要列強にかなりの挫折感と高度の防衛的姿勢を与えているような状況を意味している。[八]」

このような覇権の歴史的事例として、一七世紀のオランダ、一九世紀のイギリス、そして二〇世紀のアメリカが挙げられるが、これら三つの事例には類似性がある。第一に、三つの領域における相対的な効率性の達成と損失の序列と関連している。すなわち、それぞれの事例において、覇権国の企業はまず自国の優位を農・工業生産において達成し、ついで商業、そして金融という順で達成していった。そしてこの順序で優位を喪失していった。第二に、覇権国のイデオロギーと政治に関するものである。覇権国は、覇権を掌握しているあいだはグローバルな「自由主義」の唱道者となる傾向があったことである。国際的な競争力で優位に立つ覇権国は、歴史上、つねに自由市場を求めてきたのであり、したがって「自由主義」というのは覇権国の経済的なイデオロギーなのである。

そして第三に、覇権国の地球全体に及ぶ軍事力のパターンに関する類似性である。「覇権の力はなによりも海軍国（今日では海・空軍団）であった。覇権に向けての長期の上昇期には、これら諸国はしぶしぶ陸軍の軍備を増強してきたように思われ、地上戦に縛りつけられる国家収入と人力の浪費を潜在的弱体化要因となる可能性があると公然と論じてきた。しかしながら、世界経済の世界帝国への変型をはかっていると思われた領土に依拠した主要な対抗国に立ち向かうためにも、個々の覇権国は結局強い陸軍をもたなければならないと悟った。」[九]

しかし、覇権国は経済的な優位性をいつまでも維持することはできない。覇権国に競争上の優位を与えている自由市場は、競争相手の国々にたいして資本と科学技術の革新のフローをもたらし、この結果、覇権国は競争上の優位性を維持して生産的な利益を確保することが困難になるからである。しかもグローバルな秩序を維持するためのコストは国によって不均衡に分担されているが、覇権国にとっては生産コストの上昇や不生産的な軍事部門における過度の支出をもたらす。覇権国はもともと世界市場での優位性を維持するためにコスト負担をおこなってきたが、それは他面では競争相手国の軍事力の水準を低く抑えることによって政治的・軍事的な優位性を確保してきたことを意味する。しかし、覇権国における過度のコスト負担は、この力関係を逆転させる可能性を潜在的にもっている。

覇権国の経済的なパフォーマンスが低下し、衰退局面に突入すると、覇権国はこのコスト負担を他国に押しつけようとする。湾岸戦争以後、アメリカがヨーロッパ諸国や日本に軍事的コストを負担させようとしてきた意図は、覇権国によって担われてきたコスト負担が不均衡であるという認識を反映している。しかし、競争相手国が「世界秩序」を維持するためのコストを負担することは、結果的に、覇権国の軍事力を相対的に弱めることにつながる。イラク戦争でブッシュ政権の財政赤字は拡大しており、今後もイラク駐留が長引けば戦費は増加する。すでに二〇〇三年七月までにイラク戦争と米軍の駐留で四八〇億ドルかかったが、今後もイラク駐留の負担は増加し、そのしわ寄せが日本にも及ぶことは明らかである。

IV　アメリカ帝国の盛衰

ジョン・アイケンベリーは、『フォーリン・アフェアーズ』に掲載した論文「新帝国主義というアメリカの野望」のなかで、アメリカの新帝国主義的な戦略を七つ挙げている。[一〇] 第一は「単極構造世界の維持」であるが、それはアメリカの世界支配を脅かす諸大国の連合による覇権の確立を許さないことである。第二の「テロリストとWMD」は、帝国主義的な侵略を正当化するためのバーチャルな敵を想定したものである。第三の「抑止理念の淘汰と先制攻撃理論」は、抑止理論が機能不全に陥り、現在の脅威に対抗するには先制攻撃しかないという、九・一一テロ事件以来のアメリカのネオコンの追いつめられた危機意識を反映している。二〇〇二年九月に出されたブッシュ・ドクトリンには次のように書かれている。「無法国家やテロリストの目標を考慮すると、米国はもはやこれまでのように自身の対応にのみ依存することはできない。攻撃の可能性に対する抑止力が欠如、今日の脅威の緊急性、そして敵の選択する兵器がもたらし得る危害の規模を考えれば、受け身の対応という選択肢は許されない。敵に先制攻撃を許すわけにはいかないのである。[二二]」

第四の「主権概念の再定義」は、テロや大量破壊兵器が存在する国の主権が尊重されなくとも仕方ないという論理である。クリントン政権時代のアメリカも人道的な介入という大義によってユーゴ空爆を行ったが、新帝国主義はその範囲を人権からテロと大量破壊兵器に広げたことになる。第五の「国際法と同盟関係の軽視」と第六の「単独行動主義と同盟の軽視」は、国際法も同盟も軽視し、単独行動主義をとるという姿勢を示すものであり、最後の「国際的安定への認識の低下」は、単独行動主義による国際秩序の混乱を自ら正当化するものとなっている。

こうしてみると、ブッシュ政権下のアメリカ帝国は、先制攻撃論を提起することによって長年にわたる自国の安全保障政策を覆しただけでなく、国際協調と国連を中心としてきた戦後の「世界秩序」の基本原理を打ち壊し、さらには三〇〇年以上も続いてきたウェストファリア体制の基本原理である主権国家の尊重と内政不干渉を根本から否定している。それだけでなく、アメリカ帝国の先制攻撃論は明らかに、「武力による威嚇又は武力の行使」を「いかなる国の領土保全又は政治的独立に対して」も慎まなければならないとした国連憲章第二条四項に違反している。

このようなネオコンの考え方は、アメリカ帝国を強化するどころか、その衰退をいっそう押し進めることになる可能性が高い。[二三]ウォーラーステインは、ネオコンの政策が軍事的、経済的、イデオロギー的な理由で失敗するとしている。まず軍事的理由であるが、軍事力は依然としてアメリカのもっとも強力なカードであり、唯一のカードといっていいほどである。今日アメリカが世界中に展開している膨大な軍事力は、一〇年前に比べてかなり巨大化している。しかし、そのことは、アメリカがイラクに侵攻し、そこをすぐに征服し安定した体制を作り上げることができるということを意味しない。これまでアメリカは一九四五年以来三つの大きな戦争、朝鮮戦争、ヴェトナム戦争、湾岸戦争を経験してきたが、一つは敗北し、二つは引き分けであり、いずれも大きな成果は得られなかった。イラク戦争では、アメリカの終結宣言以来、アメリカ軍の被害は増えており、イラク戦争はヴェトナム戦争のように泥沼化しつつあり、アメリカ軍の軍事的管理もうまく進んでいない。E・トッドが『帝国以後』のなかでいっているように、アメリカの軍事力は国民国家としてのアメリカを守るには大きすぎるが、世界を支配するには小さすぎるのである。

経済的理由に関しては、一九八〇年代にはアメリカの多くのアナリストは日本の経済的奇跡に対して神経質になっていたが、一九九〇年代になって日本の経済的停滞が表面化すると、かれらのいらだちは沈静化に向かった。アメリカ政府も、日本が遅れをとったことに自己満足し、いまではワシントンは日本の政策決定者にたいしてどこが間違っているのかについてレクチャーしている状況である。ウォーラースティンは、二〇〇二年四月二〇日付けのニューヨークタイムズの記事を引用しながら、日米のテクノロジー競争においてアメリカが優位に立っていることに疑問を呈している。「日本の研究所は世界最速のコンピュータを作った。それは強力なもので、アメリカの二〇の最速のコンピュータをつなげたものと同等の処理能力をもち、ＩＢＭのコンピュータをはるかに上回るものである」。これはＮＥＣが開発した気象観測用に設計された「地球シミュレータ」というコンピュータのことを指すと思われるが、ここでは必ずしもアメリカの優位が揺るぎないものではないといっている。

ネオコンが失敗するイデオロギー的な理由は、ブッシュ政権内部で政治的に分裂しており、実際にネオコンの政策を積極的に進めるべきであると考える国はイスラエル以外になく、ネオコンの政策はこれまでのアメリカにたいするイデオロギー的な信頼をいっそう喪失させることにある。アメリカは外交政策の理念として民主主義と自由主義を掲げているが、実際的には鉄鋼産業や農業の保護など保護主義化の動きを示しており、他方では多くの多国間協定からの離脱などグローバルなレベルの民主主義を破壊している。帝国というものの強さの源泉の一つに「自由と民主主義」といった普遍主義があり、それが帝国拡大の原理であると同時に安定性の原理でもあるが、アメリカ帝国はこの普遍主義の原理からますます逸脱している。

したがって、ネオコンの政策的な破綻は、アメリカ帝国の衰退をさらに加速させることになるかもしれない。アメリカ帝国論をめぐっては従来から、アメリカの覇権は衰退しているのか、それとも持続しているのかという問題がある。パクス・ブリタニカからパクス・アメリカーナへの移行は、一般には、第一次世界大戦によるイギリスの軍事的支出の増大を契機に起こったといわれている。覇権国はつねに軍事力と経済力を維持する必要があるというジレンマを抱えている。その点からすると、アメリカのヘゲモニーは、一九五〇年代後半に頂点に達し、ヴェトナム戦争後の一九七〇年代後半に衰退が加速したとするトマス・マコーミックのアメリカ衰退論[一三]には一定の根拠がある。アメリカ帝国の衰退に関しては、E・トッドが別の視点からつぎのように説明している。

世界はいま、二重の逆転に直面している。一つは、世界とアメリカとのあいだの経済依存関係の逆転、もう一つは民主主義の推進力がアメリカからユーラシアに向かっている点である。トッドは、EUを中心としたユーラシアに世界の権力の中心が以降しつつあるという認識に立って、アメリカはもはや民主主義と自由主義を擁護できなくなっているとする。アメリカにとっては、さまざまな財と資本の供給が最重要課題となり、これからはアメリカ合衆国の基本的戦略目標は、世界の資源を政治的手段によって統御することとなるのである。さらにアメリカ経済に関しては、実体経済のパフォーマンスの低下を指摘している。「アメリカ経済は、消費財の大量輸入がさらに増大していることからも分かるように、その実体的現実のいては生産性が低いということを認めるならば、株式の時価総額は虚構の集積であり、アメリカ合衆国へと向かう金は文字通り蜃気楼の中に吸い込まれるのだと、考えなくてはならない。[一四]」

戦後においてアメリカの世界のGDPに占める割合は四〇パーセントを超えていたが、現在ではほぼ三〇パーセントを占めている。しかし実体経済の衰退と財政赤字の拡大、さらにはドル暴落の可能性と考慮に入れれば、世界のＧＤＰに占めるアメリカの割合は今後も低下し、現在のような膨大な軍事費を維持することは難しくなるだろう。近年の「帝国」論をめぐる議論の一つは、世界システムにおける覇権国であったアメリカが覇権を復活させようとしているのか、それとも衰退の一途をたどるなかで最後の「悪あがき」をみせているのかということに焦点が当てられているということができる。冷戦終結後の世界システムのなかで、世界政治という国家間システムのレベルにおける米ソの二大覇権の時代が終焉し、アメリカ一国が軍事大国としての地位を確保することになった。しかし他方では、資本主義世界経済としての世界システムにおけるアメリカの覇権はすでに衰退しつつあり、アメリカ一国では世界システムの管理ができない状況にある。

アメリカ帝国論はこうした状況のなかで登場してきたものであるが、そこではアメリカの圧倒的な軍事力を背景とした単独行動主義が大きな位置を占めている。しかし、アメリカ帝国が直面している事態は、「帝国」の権力を自由に行使できるというものではない。むしろアメリカ帝国は、トッドがいうような意味でのユーラシア世界が台頭し、さらには中国やインドが世界システムの表舞台に登場しようとしているなかで、もはや経済力や市場原理では国益の実現が見込めない状況に置かれているといってよい。逆に、そのことが軍事力を背景とした単独行動主義につながっているのである。

とくにアメリカが軍事的プレゼンスを拡大している中東およびカスピ海周辺地域は、世界のエネルギー資源の七〇パーセントが埋蔵されているところである。これまで世界システムと覇権国の歴史をみると、覇権国はつねに世界の資源へアクセスできるよう地政学的な位置を確保し、実際に資源を確保してきた。戦後、イギリスやアメリカなどの石油資本が中東の石油資源を掌握していたが、一九七〇年代になってＯＰＥＣ諸国が石油の管理権を確保すると、中東地域は資源をめぐる紛争地帯となった。現在、その資源をめぐる紛争はアメリカを含め、

EU、ロシア、中国といった大国によって国際社会の裏舞台で展開されている。このような資源をめぐる紛争も広い意味でのグローバル化の一つの現象ということが可能であろう。地球上のエネルギー資源の有限性を前提に、これまで国家的管理のもとにあった資源が大国によるグローバルな争奪の対象になっているからである。

V　グローバル・ガバナンスと帝国

これまでのウェストファリア体制のもとでは、主権国家原理が尊重されるとともに、各国間の勢力均衡が保たれていた。各国の国民は個別の領域的・政治的コミュニティに組織され、これが主権国家あるいは国民国家とよばれてきた。またこの領土ブロックにおいて、国家ないし政府は自らの国民に対して最高かつ排他的権威を主張し、その国民の忠誠を正統性の根拠として統治してきた。しかし、政治のグローバル化によって、このような主権国家あるいは国民国家のあり方は変容した。D・ヘルドは、国民国家は「個別の権力容器」ではなく、ますます「フローの空間」、すなわち「グローバルでトランスナショナルなフロートネットワークが隅々に及んだ脱領域的空間」に近いものとなっているとしている。[一五] 現代世界の政治的・経済的・社会的な活動の多くはリージョナルあるいはグローバルな規模で組織化されているために、個別の国民国家という政治的コミュニティは、自らの運命を決定できない状況に置かれているからである。

他方において、グローバル化はNGOやNPOといった非国家的アクターによって構成される地球市民社会という公共空間を作り出し、それに主権国家、国際機関、多国籍企業など多様なアクターが参加するグローバル・ガバナンスの枠組を作り出した。グローバル・ガバナンス委員会によるグローバル化の定義によると、ガバナンスというのは、「個人と機関、私と公とが、共通の問題に取り組む多くの方法の集まり」であり、「相反する、あるいは多様な利害関係を調整したり、協力的な行動をとる継続的プロセス」のことである。グローバル・ガバナンスは、世界システム論におけるインターステイト・システム（国家間システム）に相当するものということができるが、世界政府なきアナーキカル・ソサエティとしての世界システムにあって、多様なアクターがグローバルな合意を作り出すための枠組である。

二〇世紀初頭の重要な国際問題の一つに世界政府の創設ということがあったが、それは国際連盟のような機関が人類全体のために一定の機能と権力を独占する世界政府になりうる可能性があるかどうかということをめぐるものであった。現在では、そのような考え方はあまりに単純すぎて実現不可能なものとみなされている。というのは、主権をもった世界政府というものがナショナルな国民からかけ離れており、既存の国民国家に比べても説明責任をもたず、非効率的でさえあるという理由による。「政府なきガバナンス」というグローバル・ガバナンスの考え方が、ある意味では、こうした世界政府論と共通する面をもっているということは、グローバル化のなかで国民国家の問題解決能力が著しく低下し、グローバルな問題解決のための枠組が強く要請されるようになってきたからである。

このように政治のグローバル化は、グローバル・ガバナンスの枠組や世界政府への志向性を生み出している。グローバル・ガバナンスは多様なアクターがグローバルな場面で合意形成を行う枠組をさすのにたいして、世界政府は強制力を伴ったグローバルなガバメントである。D・ヘルドは両者の違いをつぎのように簡潔に説明している。

「世界政府とは、グローバルなレベルでひとつの中心的な公的機関を設置し、人類のために法律を制定するという考え方を前提としているからである。これに対し、グローバル・ガヴァナンスは、個別の政府、（国際連合のような）政府間組織、NGO、世界野生動物保護基金からモンサント社に至るトランスナショナルな組織、これらが一体となってグローバルなルールや規範と基準を確立し、地球規模の麻薬取引のような国境をまたぐ個別問題を規制ないし解決しようとするプロセスである。だからといって、すべての政府ないし集団がグローバルな政策決定に平等な入力を行使しているわけではない。むしろ、権力と手段や影響力の点では大きな不平等が認められる。[一六]」

このようにグローバル・ガバナンスは、法的権威と強制力を備えた世界政府とはいえないにしても、単なる政府間協力の枠組を超えた多様なアクターが参加する合意形成のシステムであり、これまでも地球環境の保護の面では大きな成果をあげてきていることも事実である。

グローバル・ガバナンスは、すでに触れたように、主権国家、国連機関、ＷＴＯ、世界銀行、ＩＭＦ、ＢＩＳ、Ｇ８、ＮＧＯ、多国籍企業、経営者団体、労働組合、自治体などきわめて多様なアクターを包括する枠組であり、これらのアクターは権力資源の大きさや影響力の点で不均衡であるといってよい。したがって、反グローバル化運動を推進する側にとっては、グローバル・ガバナンスは、ＷＴＯ、世界銀行、ＩＭＦ、Ｇ８といった新自由主義政策をグローバルに推進するための国際的な枠組である。

さらにラディカル派やネオ・マルクス主義からみれば、グローバル・ガバナンスは、アメリカ帝国がグローバルな支配力を行使するための都合の良い政治的枠組にすぎず、資本主義的企業の勢力圏を維持し、拡大するための重要な手段にすぎない。ネグリとハートの「帝国」論は、こうしたグローバル・ガバナンスを構成する諸アクターが平等な関係に置かれているのではなく、むしろヒエラルヒー化された構造を形成しているという認識にもとづいているといえるだろう。このグローバル・ガバナンスの構成をヒエラルヒー的に再構成して、アメリカを頂点にして、ＷＴＯ、ＩＭＦ、世界銀行などの国際機関、多国籍企業、そしてＮＧＯや一般市民を最下層に位置づけるとすると、まさにネグリとハートの「帝国」が出来上がる。

しかし他方で、グローバル・ガバナンスには多くの市民団体やＮＧＯが参加し、グローバル市民社会とよばれるグローバル公共圏を形成しつつある点にも留意しなくてはならない。もちろん市民団体やＮＧＯは国家、国際機関、多国籍企業に比較して経済的・財政的・政治的資源の点でははるかに劣っている。しかし、トランスナショナルな市民社会は、ヘルドが指摘しているように、メディアを媒介とするグローバルな環境のなかで絶大なコミュニケーションの権力を発揮し、グローバルな聴衆や国際的世論を形成する能力を備えている。[17]

実際、トランスナショナルな市民社会の運動が大きな成功を収めた事例として、ジュビリー二〇〇〇の「債務帳消し」運動、多国間投資協定（ＭＡＩ）の反対運動、そして対人地雷禁止に関するオタワ会議が挙げられる。ジュビリー二〇〇〇は、最貧国の債務問題に関してさまざまな国際政治の場においてキャンペーン活動を展開し、トランスナショナルの市民社会の連合体を形成している。また多国間協定へのＮＧＯの反対運動は、自由化された海外直接投資が単に脅威であるということに対してだけでなく、海外企業に「国民待遇」を保証することに対して向けられ、結果的に成功を収めた。対人地雷禁止に関してもＮＧＯが主導したオタワ会議が対人地雷禁止条約という国際レジームを作り上げた。

ＮＧＯに関しては、ネグリとハートもアンヴィヴァレントな立場をとっている。かれらはＮＧＯがグローバル資本の新自由主義的なプロジェクトに対応し、それに奉仕している点を認めながら、他方では、民衆の根底にある生命力として評価している。「〈帝国〉という文脈において私たちがもっとも注目したいのは、もっとも弱い立場の人びと、みずからを代表することができない人びとを代表しようと格闘している少数のＮＧＯである。一括して人道主義的組織と特徴づけられることもあるそれらのＮＧＯは、じっさい現代のグローバル秩序においてもっとも強力で優勢になった組織でもある。じつのところ、それらの組織の要求は限られた集団の個別利害を促進させようというものではない。むしろ、直接にグローバルで普遍的な人間の利害を代表しようとするものなのだ。人権団体（アムネスティ・インターナショナルやアメリカス・ウォッチのような）、平和団体（平和の証人やシャンティ・セーナ）、そして飢餓救済団体（オックスファムや国境なき医師団）などは総じて、拷問、飢餓、虐殺、投獄、政治的暗殺などに対して人間の生命を守るものである。それらの組織の政治活動は普遍的道徳の要求に足場を置いている――ここで賭けられているのは生それ自体なのである。」[一八]

ところで、グローバル・ガバナンスをめぐっては、D・ヘルドが『グローバル化と反グローバル化』のなかで問題化しているように、それが諸アクター間の「闘争のアリーナ」であるのか、それとも「民主主義的な合意形成の枠組」であるのか、という点で位置づけが異なっている。グローバル・ガバナンスの枠組は、いわば、新自由主義的なグローバル化を推進する様々なアクターによって構成されるグローバル・エリートの空間と、トランスナショナルな市民社会の公共空間とが重なり合う重層構造をなしている。こうした重層構造が諸アクター間の「闘争のアリーナ」という捉え方につながる。

しかし実際問題として、G7や多国籍企業のもつ「ハードな権力」（経済力と軍事力）はトランスナショナルな市民社会の「ソフトな権力」をはるかに上回っていることからみると、ネグリとハートがいうように、グローバル・ガバナンスというのは実際的にはヒエラルヒー化した「帝国」的な構造を成しているという捉え方の方が、ある面では、より現実世界をリアルに映し出しているといえるかもしれない。とはいえ、現代の世界システムが主権国家から構成され、そこでは強制力をもつ世界政府が存在せず、したがって中央権力による指令が存在しないという現実に照らしてみると、それを帝国と捉えることには理論的な難点が伴っているといわざるをえない。核兵器と最高の軍事技術を有するペンタゴンが、帝国の頂点に立って世界中に指令を発しているわけではないからだ。

VI　「帝国」のマルチチュードと反グローバル化運動

ネグリとハートの「帝国」論は、世界システム論では現代世界の構造が十分に捉えられないという理論的認識にもとづいている。世界システムを中心、半周辺、周辺という三層構造として理論化するのは、それぞれの層の現実的な差異を同質的なものとみなすことにつながり、そのような地理的区分によっては、生産や蓄積のグローバルな分割と配置を理解できないということである。多国籍企業のグローバルな展開は、先進国と途上国の双方に最先端のテクノロジーや蓄積形態をもたらすことによって、中心と周辺という区分の意味を喪失させているというわけである。

しかし現実問題として、国民国家は衰退しつつあるにしても、それが依然としてボーダー内の国民経済を政治的に管理していることは紛れもない事実である。多国籍企業の途上国への進出はもとより、安価な労働力と生産条件の確保が目的であって、それによって中心と周辺の経済的格差そのものがなくなるということを意味しない。ネグリとハートの「帝国」論は、国民国家の衰退を過度に強調しているが、それはグローバル化論におけるハイパー・グローバル主義の立場に近いといえる。この立場は、グローバル化によって単一のグローバル市場が形成された点に注目し、主権国家のもつ政治的な機能や能力を過小評価し、多国籍企業を第一義的な存在としている。

帝国の三層構造をみると、第一層の君主制にはペンタゴン、WTO、世界銀行、IMF、第二層の貴族制には多国籍企業、そして第三層の民主制にはマルチチュードが配置されているが、いずれの層にも国民国家は登場していない。この意味は、一つには帝国は政治的単位であり、帝国的支配は単一の政治権力による指令にもとづくものであるから、主権国家を理論的に脇に追いやる必要があったということである。もう一つは、国民国家の主権が帝国の管理手段である「核兵器」、「貨幣」、「コミュニケーション」によって制限されているという認識と関連している。これらは帝国の三層構造のシンボリックな管理手段に対応するものであり、帝国はこれらの管理手段によって行政管理を行っているのである。したがって、「核兵器」は君主的権力、「貨幣」は貴族的権力、「コミュニケーション」は民主的権力に対応している。ネグリとハートはこの帝国の三つの権力メディアについてつぎのようにいう。

「〈帝国〉の統治の法外な権利、すなわち、核兵器、貨幣、コミュニケーション的エーテルの〈帝国〉による独占は、破壊的権能であり、したがって否定の権力にすぎない。〈帝国〉の統治は潜在性と可能性を縫い合わせようとするマルチチュードの企てに対しそれを引き裂いたり遅らせたりして、とりなすにすぎない。この意味では〈帝国〉は歴史的運動の流路に触れはするが、まさにその触れ方のゆえに、それを能動的な能力であると規定することはできないのである――反対に、その指令の正統性はマルチチュードの運動によってますます掘くずされていくだけだ。」[一九]

このような帝国に対するマルチチュードの対峙という理論的構想は、しかし、一九世紀および二〇世紀に反システム運動としての社会主義運動が直面した課題と共通するものを背負うことになる。それは、マルチチュードが帝国というシステムを破壊して新しいシステムを作るのか、それとも帝国というシステムの民主化を推し進めるのかという課題である。ネグリとハートのマルチチュードを主体的な前提とする行為理論的な発想にもとづくならば、マルチチュードの革命的な闘争が勝利を収めるのは、かれらの再領有と自己組織化を通じて「政治的なものが真に肯定される」構成的な権力による世界創造が完了するときである。しかし、こうした構成的権力による世界創造は、過去の革命がそうであったように、ネグリとハートにとっては遇有的な出来事であり、予測不可能な事態として現れる。

このようなネグリとハートのシステム論的な視点を欠如した行為論的な立場は、ハンナ・アレントの視点と共通しているのだが、主体の協働的な実践的行為を強調するあまりに、現代の世界システムの構造的・制度的な側面への考察を欠落させることになる。[二〇] その結果として、かれらが構想する〈帝国〉は、マルチチュードが協働によって作り出そうとする新しい「生政治的統一体」の創造のために打倒されねばならないバーチャルな対象という性格をもっている。なぜなら、〈帝国〉とはマルチチュードが生み出した疎外態であり、この克服はその担い手であるマルチチュードが生活世界総体を自律的な生産組織に変えることによって達成されるのである。

ネグリとハートがいうところのマルチチュードの運動は、構成的権力の担い手としてシステム的な視点を排除した協働的な活動にとどまるのか、それともシステムの奥深く入り込み、それを再構成あるいは民主化するようなシステム変換活動にもかかわるのか、このことが今後の革命的な闘争におけるマルチチュードの理論的な位置づけと可能性を左右する問題となるように思われる。『帝国』のなかでネグリとハートが「マルチチュードの目的論は奇跡である」[二一] と語るとき、〈帝国〉システムの変換は、論理にもとづく目的意識的な行為からマルチチュードの革命的闘争の可能性と遇有性にもとづく「理性の神話学」となっている。しかし、「理性の神話学」にとどまらないためには、マルチチュードの行為論的な視点に加えてシステム論的な視点が重要になってくる。これは、ハーバーマスがアレントを批判したときの批判的論理と同じ問題を含んでいる。すなわち、行為主体による構成的権力を強調することで、行為主体が置かれている現実の社会構造の変革についての考察が欠落するという問題である。

しかし、現代の反グローバル化運動は、これら二つの視点を無意識的に併せもっているように思える。というのは、反グローバル化運動は、シアトルでのＷＴＯの閣僚会議への抗議運動やジェノバでのＧ８サミットへの抗議運動など直接的行動という戦略と、ＷＴＯなどの国際機関の民主的なコントロールや国際機関の再組織化を要求する戦略の双方を模索しているからである。[二二] その点で、グラムシ的な意味での機動戦と陣地戦という戦略は、反グローバル化運動においても問われているといってよい。

【注】

一　エマニュエル・トッド『帝国以後』石崎晴己訳、藤原書店、二〇〇三年、一二四頁以下参照。
二　クライド・プレストウィッツ『ならずもの国家アメリカ』村上博美監訳、講談社、二〇〇三年、五四頁。
三　チャルマーズ・ジョンソン『アメリカ帝国への報復』鈴木主税訳、集英社、二〇〇〇年、二七七頁。
四　同上、二七七頁。
五　William D.Nordhaus, *The Economic Consequences of a War with Iraq,in:Carl Kaysen et al.*,War with Iraq, 2002, p.77.
六　S.N. Eisenstadt, 'Empire', in: International Encyclopedia of the Social Sciences,New York ,Mcmillan and Free Press, 1968, V, p.41.
ウォーラーステイン『近代世界システムI』川北稔訳、岩波書店、一九八一年、一九頁より引用。
七　この点に関しては、松田武・秋田茂編『ヘゲモニー国家と世界システム』山川出版社、二〇〇二年所収のT・マコーミックの論文「アメリカのヘゲモニーと現代史のリアリズム」を参照されたい。
八　I・ウォーラーステイン『世界経済の政治学』田中治男他訳、同文舘、一九九一年、六二頁。
九　同上、六六頁。
一〇　ジョン・アイケンベリー「新帝国主義というアメリカの野望」（フォーリン・アフェアーズ・ジャパン編・監訳『ネオコンとアメリカ帝国の幻想』朝日新聞社、二〇〇三年）。
一一　The National Security Strategy of the United State of America,September 2002, p.15.
一二　I. Wallerstein, *The Decline of American Power*, The New Press, 2003, pp. 23-4.（『脱商品化の時代』山下範久訳、藤原書店、二〇〇四年）。
一三　トマス・マコーミック『パクス・アメリカーナの五十年』松田武他訳、東京創元社、一九九二年、三九四頁。
一四　トッド前掲書、一四二頁。
一五　デヴィッド・ヘルド『グローバル化とは何か』中谷義和監訳、法律文化社、二〇〇二年、一五〇頁。

一六　同上、一五六頁。ネグリとハートの『帝国』と世界政府の関係については、加藤哲郎「グローバル情報戦時代の戦争と平和――ネグリ＝ハートの『帝国』に裏返しの世界政府を見る」（日本平和学会編『世界政府の展望』早稲田大学出版部）を参照されたい。

一七　デヴィッド・ヘルド／アントニー・マッグルー『グローバル化と反グローバル化』中谷義和・柳原克行訳、日本経済評論社、九七頁。

一八　アントニオ・ネグリ／マイケル・ハート『〈帝国〉』水嶋一憲他訳、以文社、二〇〇三年、四〇〇-一頁。

一九　同上、四五一頁。

二〇　Stanley Aronowitz,Global Capital and Its Opponents,in:S.Aronowitz and H.Gautney (eds.), *Implicating Empire*, Basic Books, 2003, p.189.

二一　ネグリ／ハート『〈帝国〉』、四九二頁。

二二　この点に関しては、F・ウタール／F・ポレ共編『別のダボス』三輪昌夫訳、つげ書房新社、二〇〇三年、および星野智「反グローバル化運動の可能性」（本書第一章）を参照されたい。

第一三章　反グローバル化運動の可能性

二〇〇三年一月二三日から二八日まで、ブラジルのポルトアレグレで、第三回の世界社会フォーラムが開催された。第一回が二〇〇一年一月に開催され、第二回が二〇〇二年一月に開催され、二〇〇三年で三回目となる。この世界社会フォーラムは、一九七一年スイスのダボスから始まった世界経済フォーラムに対抗する形で創設されたもので、世界経済フォーラムがグローバル化を推進する先進資本主義諸国の会合であるのにたいして、世界社会フォーラムは、「もう一つの世界が可能だ」というスローガンに示されるように[一]、反グローバリズムの運動であるといわれている。二〇〇三年世界社会フォーラムのテーマは、「富の生産」、「富へのアクセスと持続可能性」、「市民社会と公共空間」、「政治権力と倫理」などであり、特別テーマとしては「資本主義の総合的分析」が挙げられている。

　世界社会フォーラムは、グローバル化を推進してきた先進資本主義諸国で採用されてきた新自由主義的な経済政策への対抗運動として発展してきた。とくにグローバル化は第三世界の人びとを新自由主義的な市場経済のなかに引き入れ、ＩＭＦ、世界銀行、ＷＴＯといった国際機関の独裁のもとに置くことによって、途上国の貧困化や環境破壊を推し進めてきたという歴史的な経緯がある。[二]

たとえば、インドのケララ州にあるパルガード地方では、一九九九年にコカコーラ工場が建設され、地下水を一日あたり一五〇万リットル使用してきたが、工場が大量に地下水をくみ上げたために、工場周辺一・二マイル以内に住む二〇〇〇人以上の住民の土地を干上がらせた。コカコーラ社は、共有資源である地下水を安価なコストで利用するために、インドや他の国でこのようなことを行っている。[三]

またニカラグアでは、バナナ農園労働者が多国籍企業による農薬の大量使用によって腫瘍、不妊症、脱毛、奇形などに苦しんでいるということであるが、これはアメリカでは使用禁止になったマネゴンという化学物質をニカラグアに輸出したためであった。これによってドールやチキータやスタンダード・フルーツが所有していたバナナ農園で働いていた労働者八〇〇〇人に影響があるという。二〇〇一年になって、被害を受けた労働者が損害賠償の訴訟を起こした。現在、ニカラグアでは、四〇〇〇人近くのプランテーション労働者が、チキータとスタンダード・フルーツと契約しているが、一日八時間労働で一ドルの賃金しかもらえず、危険な農薬の被害を受けても何らの補償もない状況である。[四]

このように、一九八〇年代以降の新自由主義的な傾向としてのグローバル化は、世界的に富の偏在傾向に拍車をかけただけでなく、人権、環境、勤労条件などの面で途上国に多くの加重負担をかけてきた。グローバル化の影響については、国連は、世界で最も裕福な三五人が、最も貧困な四五パーセントの人々の所得を合わせたものと同等の富を所有していることを注視しているし、一九八七年と一九九三年の間に、一日当たり所得が一ドル未満の人の数が、約一億人増えて一三億人になったとも報告している。実際に、一〇〇以上の国で、住民一人当たりの所得は今、一五年前より低い。結果として、一六億人近くの人びとが今、一九八〇年代の初めより悪い暮らしをしている。[五]

一九九九年のシアトルでの閣僚会議や二〇〇一年のジェノバでのG8サミットへの世界的な抗議運動は、反グローバル化を掲げて、グローバル化がもたらしている負の側面への抵抗を示している。[六]アントニオ・ネグリの「帝国」論を援用していえば、ヘゲモニー国家アメリカを頂点とし、それにＷＴＯ、世界銀行、Ｇ８などの国際機関のグループやエリート的なアクターがグローバル化を推進する「帝国」的な支配構造を形成しており、反グローバル化運動はそれへの対抗運動ということになる。本稿では、こうした反グローバル化運動の現況とそれがめざしている方向性について考えてみたい。

Ⅰ　グローバル化と新自由主義の拡大

（一）経済のグローバル化と貧困化の拡大

一九七〇年代を通じて、発展途上国の指導者の多くは段階的に経済発展を遂げることによって世界経済に合流し、先進工業国に近づくことができると考えていた。その発展類型は、新興経済諸国に示されているように、途上国が輸入代替工業化、輸出指向型工業化を経て発展するというものであった。アジアでもシンガポール、韓国、台湾、香港など新興経済諸国あるいは諸地域は一九七〇年代から八〇年代にかけて、こうした輸出指向型工業化に成功した。しかし、世界システム論が明らかにしているように、世界経済は高度にヒエラルヒー化された構造をもち、途上国が急速に経済発展することで先進諸国に近づくこと自体がレアーケースであることがますます判明した。

それだけでなく、一九八〇年代以降のグローバルな新自由主義政策によって市場原理主義と国際分業が徹底化され、多国籍企業は賃金やコストが安く、労働条件や環境基準が緩やかな地域に生産の拠点を移転していった。国際分業構造は、世界市場で異なったモノを生産する古典的なアダム・スミス的な分業から、周辺諸国を国際分業に組み入れることで、「工場内国際分業」あるいは「グローバルなアセンブリーライン」といわれるような同一部門内部の国際分業構造をもつ新国際分業に移り、さらに第三の国際分業に移行しているといわれる。

この第三の分業に関しては、グローバル化のなかでEU、NAFTAなどリージョナルな分業構造が強まりつつあり、それがグローバルな構造に異なった仕方で連結されるという事態にかかわるものである。A・リピエッツはこれを「第三の分業」とよび、J・ミッテルマンは「労働と権力のグローバルな分割」とよんでいる。[七]

ところで、アジアの開発途上諸国は、工業化を進め世界経済のヒエラルヒーを上昇するために、投資や技術移転を呼び込むような環境を整備した。たとえば、アジアの開発途上諸国は、外部資本を導入し、雇用を創出するために輸出加工地帯あるいは「マキラドラ」とよばれる空間を作り出した。その数は一九八〇年代から九〇年代にかけて急増した。ナオミ・クラインは、著作『NO LOGO』（邦訳『ブランドなんか、いらない』）のなかで、輸出加工地帯とそこでの労働条件について以下のように書いている。

「国際労働機関によると、世界には少なくとも八五〇の輸出加工ゾーンがあるとされるが、実際は一〇〇〇近くあるらしく、七〇カ国でおよそ二七〇〇万人が働いているという。世界貿易機関は、推定で二〇〇〇億-二五〇〇億ドル規模の貿易がゾーンでおこなわれているとしている。そして、内部の工場数もまた拡大している。実際、アメリカとメキシコの国境付近の自由貿易工場（スペイン語でマキラドラ）は、ウォルマートの店舗のように素早く増殖する。同地のマキラドラの数は八五年に七八九、九五年に二七四七、九七年には三五〇八となり、そこで九〇万人が働いていた。

どこのEPZも、労働環境はよく似ている。労働時間は長い。スリランカでは一日一四時間、インドネシアでは一二時間、中国南部では一六時間、フィリピンでは一二時間である。労働者の大半は若い女性で、工場は韓国、台湾、香港の下請けや孫請け業者が所有している。そこではアメリカ、イギリス、日本、ドイツ、カナダなどの企業の商品がつくられる。経営は軍隊方式で、監督官はしばしば労働者を虐待する。賃金は非常に低く、仕事は特別な技術を要せず、退屈だ。」[八]

途上国の政府は、貧困を削減しようとインフラの整備、法人税や固定資産税の優遇措置など有利な条件で多国籍企業を誘致するが、賃金が上昇し、技術移転も起こり、税金も徐々に発生すると、企業は「経済ツーリスト」のように、より好条件の国に移転する。輸出加工地帯の労働者は、しかし、郊外のスラムやコンクリートの寮に住み、最低限の賃金しかもらえばかりでなく、輸出加工地帯の外部ではさらに貧困化が進む。さらに、工場は税金を払わず、インフラ整備には関与せず、労働基準と環境基準は守られないという事態がともなう。

一九九〇年代になって、環境、労働、人権などの活動家ネットワークたちは、多国籍企業の華やかなブランドがもたらしている害を暴き始めた。テスコは「フランケンフード」(遺伝子組み換え食品)への抗議活動を店の前で起こされたあと、遺伝子組み換え食品を店から締め出した。ナオミ・クラインによれば、政治集会は、かつては政府のビル前でおこなわれたが、最近では大企業の本社店舗前でおこなわれる。ナイキタウン、フットロッカー、ディズニーストアー、シェルの給油所、モンサントや英国石油の本社前、ショッピング・モール、ギャップの店舗前、スーパーマーケット前でも起こったのである。[九]

(二) 国際機関とグローバル化

IMFは当初、先進諸国向けの融資をおこなう国際機関であったが、一九七〇年代以降は発展途上国への融資を開始し、さらに一九八〇年代に途上国で累積債務問題あるいは債務危機問題が発生すると、IMFは発展途上国向けの融資活動や経済再建活動に乗り出した。しかし、そのさい、融資を受ける途上国にたいしては、コンディショナリティという条件をつきつけ、内政にまで条件をつけるようになった。一九八〇年代末までに、八〇カ国以上の発展途上国がこのコンディショナリティとよばれる構造調整融資を受けるようになった。

　このようなＩＭＦ融資にともない発展途上国に押しつけられる構造調整の共通要素として以下の項目が挙げられる。(二)

①公的部門の余剰人員を解雇し、給与を引き下げ、保健・教育・社会福祉サービスをカットすることによって、政府支出を削減する。
②国有企業を民営化し、社会保障給付なしに大量解雇し、遠隔地や貧困地域への非効率的なサービスを廃止する。
③通貨切り下げと輸出促進、輸入コストの上昇、換金作物のための土地利用、国際商品市場への依存。
④インフレのために利子率の引き上げ、中小企業を排除する。
⑤価格管理の廃止、基本財と基本サービスの急速な価格高騰。

　途上国を対象とする融資に関しては、構造調整融資（ＳＡＦ）が一九八六年に、融資額を拡大した拡大構造調整融資（ＥＳＡＦ）が一九八七年にそれぞれ導入された。しかし、結果は期待されたほどよくはなく、〇・五パーセントという超低利子にもかかわらず、結局のところ、その利子さえ払えず、債務がかえって増えた途上国が続出した。この結果、貧困国を対象に、貧困対策を行おうという趣旨で設立されたのが、「貧困削減成長ファシリティ（ＰＲＦＧ）」であった。

　こうして一九九九年には、これら悪評の高い構造調整プログラムは年次会合で「貧困削減・成長ファシリティ」（ＰＲＧＦ）と名称変更された。ＰＲＧＦの外部の国々にとっては、ＩＭＦは以前よりも柔軟ではなくなった。なぜなら、ＩＭＦからの借り入れはつねに構造改革の実施を条件にされ、ＩＭＦの国際的な「承認のシール」を求める国々はつねに、構造調整プログラム的な政策を継続することを余儀なくされたからである。

現在、ＰＲＧＦの支援対象国となっているのは、世界の七七の低所得国であり、その条件は、一人当たりのＧＮＰが八七五ドル以下の国である。ＰＲＧＦによる融資は年利〇・五パーセントで、償還期間は一〇年で、返済は五年半の措置期限後、半年毎におこなうことになっている。支援対象国は、通常、ＩＭＦ割当額の最高一四〇パーセントまで融資を三年にわたり受けることができ、この上限は例外的な状況下においては一八五パーセントまで増やすことができる。融資額は、当該国の国際収支上の必要性、調整プログラムの内容、過去および現在のＩＭＦ融資の利用状況によって決まる。

これらの政策は貧困層に打撃を与えた。開発途上国にはほとんど選択肢がなく、その国に不適切な政策を実施するか、それとも経済的な孤立にさらされるかである。とりわけＰＲＧＦは、貧困国の内政に踏み込んで政治システムのあり方や政策的な側面までも干渉するものであったために、貧困国の主権国家としての統治能力や政策能力の発展をこれまで以上に著しく阻害するものであった。

（三）グローバル化と民主主義の破壊

ＩＭＦと世銀の条件の目的の一つは、世界経済を管理しながらその安定性を確保し増大させることである。それにともなう構造調整プログラムは、自国の政策的な優先順位や政策目標を設定するという民主主義的な政府の統治能力を浸食してきた。構造調整プログラムは、適切な立法過程や民主主義的な過程を経ることなしに、経済改革をつうじて実行されたために、政府はその結果として発生する社会的・経済的な変動に責任をもたされるが、それにたいしてＩＭＦと世銀は無傷のままそれを回避することができる。[二二]

国家の役割を縮小する構造調整プログラムは、市民に社会サービスを提供するという政府の基本的な機能を無視する。かりに政府が予算削減や負債の支払いためにこれらのサービスを提供できないとすれば、政府は市民の目からみれば正統性を喪失している。民主主義制度が崩壊し、政府が選挙民のために行動できない場合には、唯一残された政治的回路は市民によるデモンストレーションである。市民の不安や抵抗、デモやストライキは、政府や立法者や国際社会にたいして、政策が機能していないということを示唆することになる。[一三]

たとえばアルゼンチンでは、一九九九年一二月に、成立したばかりの中道左派政権がＩＭＦとの話し合いに応じた形で労働法改革を実施しようとしたが、その時点でストライキが発生した。これらの改革は、労働組合運動を弱体化させ、労働者の権利を制限するものであった。アルゼンチンで最大の労働組合である労働総同盟（ＣＧＴ）の指導者の一人であるモントヤ氏（Montoya）は、そのストライキを一九八三–九年の経済的・社会的混乱を引き起こしたストライキにたとえていた。一九八三–九年のストライキは、当時のアルフォンシン大統領を辞任に追い込んだ。モンタヤ氏は、デラルア大統領も、「アルフォンシン大統領と同じ過ちを犯している」と述べた。二〇〇〇年三月に、ＩＭＦはアルゼンチン政府にたいして基本的な財政改革と構造改革を継続するという条件で七二億ドルの緊急支援をおこなった。当事者間の取決めでは、「労働市場改革と規制緩和」の提案と、「社会保障制度改革」という重要問題への特別の言及がある。

二〇〇〇年五月、ＩＭＦの強い要請を受けた政府による社会保障費削減は、暴力的なデモを引き起こした。さらに加えて失業手当と解雇手当の要求が拒否されると、平和的なデモは暴力へと一変したのである。警官に鎮圧される前にデモの参加者は公共機関に火を放ったが、多くの人間が負傷し逮捕された。五月三一日には、税金を上げ、社会支出を削減し、給与をカットするというＩＭＦの緊縮経済計画にたいする抵抗は頂点に達し、八〇〇〇人が街頭を埋めた。この抵抗は、三つの大きな労働組合、カトリック教会、そして政治家によって呼びかけられた。デモ参加者はＩＭＦを「財政的な独裁者」にたとえ、税金の支払いの拒否によって「財政的な不服従」を訴えた。[一四]

民主主義がR・ダールのポリアーキー論に示されているように、政府が市民の要求に誠実に応答するシステムだとすれば、世界システムの半周辺に位置する国々は、概して、IMFや世界銀行の財政的な援助に拘束されて、自国で当事者能力をもって政策的な運営をおこなうことがもはや不可能な状況に置かれているのである。

II　グローバル化と多国間協定の枠組

(一) WTOと多国間環境協定(MEA)――貿易と環境破壊――

一九八〇年代に入ってから、オゾン層破壊、地球温暖化、酸性雨などをめぐって国際環境条約が多く締結されてきた。このような多国間環境協定は、地球環境保護の視点から地球の自然が国境を超えたものであり、したがって、その保護もグローバルな観点から推進しなければ実現されないという考え方にもとづいている。その意味で、多国間環境協定は、このような地球環境保護のグローバルな動きを反映した具体的な成果ということができる。

しかし他方で、このような多国間環境協定にはWTOのルールと対立する傾向がある。多国間環境協定がWTOと対立する点は、以下の二つの点にある。第一に、国際環境協定のなかには、貿易を明確に制限しているものがある。たとえば、「絶滅の恐れのある野生動植物の種の国際取引に関する条約」(通称ワシントン条約)は、絶滅の危機にさらされている種の輸出入を禁止しており、「有害廃棄物の国境を越えた移動に関するバーゼル条約」は、世界の有害廃棄物の九八パーセントを生み出している豊かな国から発展途上国へ有害廃棄物を輸出することを禁止している。また、「モントリオール議定書」は、オゾン層を破壊する化学物質や、こういった物質を含む製品の貿易を禁止している。[一四]

第二に、このような条約はその目的達成のために、貿易上の制裁措置を取ることを必要に応じて認めている。

「またそういった制裁規定がない多国間の環境協定であっても、（アスベストなどのように）ある国の潜在的に危険な製品を他の国の製品よりも厳しく扱うように各国政府に求めるものもある。したがって、どのような多国間の環境協定であっても、ＧＡＴＴ／ＷＴＯルールと衝突する可能性が十分ある。[一五]」

　ＷＴＯのルールが多国間の環境保護協定と対立するという背景には、ＷＴＯが国連の機関やルールからはずれているという現実が存在する。つまり、ＷＴＯの使命は世界経済における貿易のルールを定めることであり、国際法に従う必要はないということである。それはいわば、ＷＴＯが国連憲章、世界人権宣言、経済的・社会的・文化的権利条約、諸国家の経済的権利と義務の憲章などとまったく無関係の機関であるということにほかならない。「ＷＴＯの加盟国がほとんどすべて、こういった憲章や条約と結びついた国連の加盟国であるにもかかわらず、そういうことになっているのである。したがって「人権」とか「人間的権利」といった言葉は、ＷＴＯのさまざまな協定のいかなる条文のなかにも姿を現わさない。[一六]」

　ＷＴＯが多国間環境協定を無視している例としては、アメリカで起こったイルカ問題とウミガメ問題がよく知られている。イルカ問題というのは、キハダマグロ事件と呼ばれているもので、アメリカがメキシコ産のマグロを海洋哺乳類保護法違反であるという理由で禁輸措置をとったことに対して、メキシコがその禁輸措置がＧＡＴＴ違反であるとして提訴した事件である。一九九一年九月、ＧＡＴＴの紛争解決委員会はこの提訴を受けて、アメリカの禁輸措置がＧＡＴＴに違反するものであると裁定した。ＧＡＴＴの専門委員会は、アメリカの海洋哺乳類保護法についての検討や、多国間環境保護協定についての検討を行うことなく、イルカ保護がアメリカの一方的な措置であるとして、ＧＡＴＴ違反だとしたのである。[一七]

　一九九八年、イルカ問題と同じようなケースとしてウミガメ問題が発生した。この点について、パブリック・シティズンは以下のように説明している。「絶滅の危険のあるウミガメに有害な方法で捕獲されたエビの販売をアメリカが禁止したことを取り上げた裁定の中でWTOの専門委員会は、このアメリカの国内法がウミガメを保護すべき種としてあげている『絶滅の恐れのある野生動植物の種の国際取引に関する条約』の趣旨に沿ったものであることを無視した。同条約は、こういった絶滅危惧種の保護のために貿易上の制裁措置を取ることを認めている。ウミガメは、国連食料農業機関（FAO）の『責任のある漁業のための行動綱領』や『渡りを行う野生動植物種の保護に関するボン条約』においても、保護の対象とされている。[一八]」

一九九九年一一月、シアトルでのWTO閣僚会議に対する抗議行動の一つとして、シアトルの街路に多数のウミガメの扮装をした活動家が現れたのは、このウミガメ問題のためであった。[一九]

（二）多国間投資協定（MAI）の失敗

一九九五年のOECD閣僚理事会で、世界的な投資拡大を背景にして、高い水準の投資の保護と自由化、効果的な紛争解決手続きを含む多国間投資協定交渉の開始が決定された。この多国間投資協定は、経済のグローバル化を積極的に推進するための国際的な枠組とみられた。かりに多国間投資協定が成立した場合には、調印国はいくつかの基本原理に拘束されることになる。

第一は、投資の自由化に関するもので、海外投資家の待遇における差別の撤廃である。「国民待遇」と「最恵国」特権の拡大が提案された案の中心になっている。第二は、海外投資家への業績審査の禁止である。協定案では、禁止されるべきいくつかのカテゴリーが設けられていた。たとえば、受け入れ国は外国企業にたいして、国内で供給される投入量を利用すること、技術を移転すること、受け入れ国に本社を置くこと、地元企業との合弁事業を組むことなどを要求できない。第三に、貿易ルールが侵害されたときに、企業は国内の裁判所か国際的仲裁機関のいずれか一方を選ぶ前に、一国を選んで権利を請求することができる。第四に、補償なしに強制収用することや国有化することを禁止する投資保護条項が設けられていた[二〇]。

しかし、ヨーロッパ諸国では、一九九七年以降、中道左派政権が誕生するなかで、グローバル化の象徴として受け止められた多国間投資協定に対する支持が失われていった。さらに、多国間投資協定に関する交渉途中から、不十分な労働者保護、環境保護など、NGOからの批判が高まっていた。この多国間投資協定への反対運動は、自由化された海外直接投資が単に脅威として映っただけでなく、海外企業にたいして「国民待遇」を保障することに向けられた。そして、一九九八年一二月に、非公式のMAI協議において、OECDにおいてMAIの交渉は行わないことが決定された。

III　反グローバル化運動の諸側面

（一）一九九九年シアトル閣僚会議

一九九九年一一月、シアトルのWTO閣僚会議に対する反対運動に約七万人の参加者が抗議した。同年六月のケルン・サミットですでに途上国の「債務帳消し」を求める三万五〇〇〇人の抗議行動が起こっていたが、シアトルでのWTO閣僚会議では、会議自体の議事が進行しなかった。デモの参加者のなかには、ナイキショップやスターバックスの窓を壊す者もいた。シアトル市長は、実質的に戒厳令下と等しい措置をとり、夜間外出禁止令を発した。この抵抗運動で六〇〇名以上が逮捕され、数十人の負傷者を出した[二一]。

ところで、WTOの設立以前の世界貿易の歴史をみると、一九四八年の一二四〇億ドルから、一九九七年の一〇兆七七二〇億ドルにまで成長している。GATTの通商システムでは、途上国が発展できるチャンスを与えるような仕組みが存在していたが、WTOになると、知的所有権、投資措置、サービス貿易などが保護される仕組みが作られた。また労働問題や人権問題はＷＴＯのルールでは考慮されていない。これは途上国にとっては、児童労働や奴隷労働を認めるものに等しいことになる。ＷＴＯの意志決定システムについては、投票権は出資率に比例しているので、決定は出資率の高い国の支持が得られなければ有利に働かない。このことは途上国にとってはマイナスである。

したがって、途上国が発展するチャンスが少なくなっているなかで、途上国の経済発展、人権問題、労働問題、環境問題などを考慮すべき国際的なルールや枠組づくりが必要である。たとえばＩＬＯにおいても、人権ＮＧＯが政府、地域の労働機構、経済機構を巻き込んで、貿易システムと人権などを議論する枠組も必要である。こうした問題を人間の安全保障という観点から問題化することが必要である。

シアトル閣僚会議が失敗に終わった原因は、第一に、ＥＵとアメリカとの間に政策方針の大きな隔たりがあったことである。これまでＥＵとアメリカとのあいだには、遺伝子組み換え農作物やホルモン牛肉をめぐり農業上の対立があり、こうした問題が政策上の対立を招いたことである。第二に、加盟国である途上国が、ＷＴＯでの意思決定手続きに対して大きく異議を唱えたことである。ＷＴＯはコンセンサスによって意思決定をおこなっているが、投票権は出資率に比例しているので、決定は出資率の多い国々の支持に左右される。したがって、出資率がきわめて低い途上国の意向が反映されないシステムになっている。そして第三に、ＷＴＯ会議に世界各国から集まった約五万人の路上抗議行動の影響である。[三]

（二）「ホルモン牛肉」とマクドナルド事件

近年、貿易問題や環境問題をめぐってＥＵとアメリカの対立が顕在化してきているが、ホルモン牛肉の輸入規制をめぐる問題では、そのことが象徴的に現れている。こうしたＥＵのアメリカの対立について、Ｓ・ジョージはつぎのように説明している。

「EUはアメリカ合衆国とカナダのホルモン牛肉の輸入を拒否したことで有罪宣告される。DSB（WTOの紛争解決機関）は、EUがみずからの決定を正当化しうる科学的根拠を提示しえなかったと判断したのである。しかしEUは、妥当とされた期限内に命令に服さなかった。そこでDSBはアメリカのこうむった年間損害額を一億六〇〇〇万ドル、カナダのそれを一三〇〇万ドルと決める。したがって、両国はヨーロッパの生産物を対象に当該分野（この場合は食品）から選んで一〇〇パーセントの課税をすることを許される。アメリカはフランスに対して、ロックフォール・チーズ、ディジョンのマスタード、フォアグラを選び、他のヨーロッパ諸国に対しては、たとえばイタリアの白トリュフ、デンマークのハムといったようなものを選ぶ。(二三)」

そこで、ロックフォール・チーズの生産者であるジョゼ・ボヴェと彼の仲間たちは、「報復措置に対する報復」として、一九九九年八月一二日、アヴェロン県ミヨ市に建設中のマクドナルドを破壊した。デモに参加した数は三〇〇人くらいで、半分が農民で、半分が市民であった。ジェゼ・ボヴェは『地球は売り物じゃない』のなかで、参加者についてつぎのようにいっている。「農民同盟がデモを行う際はいつもそうするのだが、支援してくれるあらゆる人びとの参加を新聞や雑誌で募り、広く参加を呼びかけたよ。アヴェロン県の南部では、羊乳を軸にした連帯が強い。羊乳を原料にするロックフォール・チーズの生産には一三〇〇人が携わり、地域経済の要だから、組合だけでなく、いろんな人々が連帯を表明するのさ。(二四)」

ジョゼ・ボヴェによれば、マクドナルド事件は、ホルモン肥育牛肉問題の展開と関係しており、一九九九年四月に開かれた農民同盟の大会では、EUによるホルモン肥育牛肉の輸入禁止に対して米国がとるはずの報復措置にどのように対応するかを検討していた。すでに一九九八年二月にWTOはEUの決定を非難しており、EUが規則を守る期限は一九九九年五月三一日だった。米国の報復措置を予期して、抗議行動ではマクドナルドとホルモン剤を関連づけた。その背景には、米国が一〇〇パーセントの制裁関税を課すＥＵ産の約一〇〇品目に、地域の畜産家にとって重要な産物であるロックフォール・チーズが含まれるとは予想していなかったという。こうしたアメリカの措置に対抗して、ミヨ市に建設中のマクドナルド店を襲撃したということである。

ホルモン肥育牛肉の問題も、単にフランスとアメリカとのあいだの問題ではなくて、ＥＵとアメリカとあいだの問題でもあることはいうまでもない。ＥＵが独自の農業政策保護を推進するなかで、アメリカが要求するホルモン飼育牛肉や遺伝仕組み換え農作物の輸入の受け入れがＥＵにとっては、域内の農業問題さらには農民団体の支持基盤というドメスティックな問題とリンクしてくる。経済的なグローバル化は、この点で、リージョナルな政治的枠組に阻まれるという格好になっている。

(三) ポルトアレグレと「世界社会フォーラム」

一九七一年にスイスのダボスでスタートした「世界経済フォーラム」に対抗した形で二〇〇一年にブラジルのポルトアレグレで開催された「世界社会フォーラム」は、グローバル化という名で押し進められている新自由主義的な経済政策への対抗運動として成立した。過去数十年にわたる国際的金融機関である世界銀行やＩＭＦは、途上国の人びとの生活と民主主義的な参加に大きな影響を与えてきた。

第一回の「世界社会フォーラム」には、一〇〇カ国以上から二万人以上が参加し、大きな成功を収めた。二〇〇二年に開催された第二回の「世界社会フォーラム」の規模はさらに大きくなり、一三一カ国から五五〇〇〇人が参加した。第一回の「世界社会フォーラム」で採択された宣言には、その特徴を、「労働組合、ＮＧＯ、運動組織、団体、知識人、芸術家、が一緒になって、自由市場と金銭を価値の唯一の物差しとする支配的な論理に抵抗し、新しい社会を作り出す同盟[二五]」として位置づけている。そして「世界社会フォーラム」宣言は続けてつぎのように書いている。

「ダボスは、富の集中、貧困のグローバル化、私たちの地球の破壊、を表している。ポルトアレグレは、私たちの懸念の中心にある人間と自然について、新しい世界が可能であるという期待を表している。私たちは、シアトル以降成長した運動の一部である。私たちは、ダボスの「世界経済フォーラム」が象徴するエリートと彼らの非民主的な事の進め方に異議を唱えている。私たちは、自分たちの経験を分かち合い、自分たちの連帯を築き、新自由主義的グローバル化政策に対する自分たちの全面的拒否を実例で示すために、ここへきた。」二六

では、なぜポルトアレグレで世界社会フォーラムが開催されたのだろうか。この点に関して、ル・モンド・ディプロマティークの編集総長であるイニャシオ・ラモネは、ポルトアレグレが世界社会フォーラムの舞台となっている背景に関してつぎのように書いている。「それでは、なぜ舞台がポルトアレグレなのだろうか。それは、この街が数年前から象徴的な存在となっているからだ。……この街の行政は過去一二年にわたって、労働党を中心とする左翼連合によって独特の方式で営まれており、住宅、公共交通、道路、ゴミ回収、診療所、病院、下水道、環境行政、低所得者向け住宅、識字教育、学校、文化、治安など、多くの分野でめざましい展開を示している。その成功の秘訣は何かといえば、答えは住民参加型予算にある。つまり、市内各地域の住民が、予算配分を極めて具体的かつ民主的に決めている。市民が自ら、どのようなインフラの設営もしくは改善を望むのかを決定し、更に工事の進展や予算の手当までしっかりと見定めることが可能になっている。公金の流用や権利の濫用は不可能であり、予算の投入先は地区住民の過半数の意向に沿ったものとなる。」二七

このポルトアレグレ市で興味深い試みは、住民参加型予算システムである。現在、市の人口は一三〇万人ほどであるが、市には一六の地区に参加型会議が設けられ、市レベルでは、輸送、教育、レジャーと文化、保健と社会福祉、経済発展と税金、市組織と都市開発という六つの「テーマ・エリア」がある。毎年、二万人ほどの市民

が予算会議に参加している。[二八]

さて、世界社会フォーラムは、二〇〇一年の宣言では、新自由主義のグローバル化が依然として人種差別を増殖していること、地球環境、健康、人びとの生活環境を破壊していること、土地所有の集中をもたらし環境と社会にとって破壊的な企業的農業システムを偏愛していること、そして民主主義と平和を掘り崩していることなどを指摘していた。

二〇〇二年の世界の社会運動の呼びかけでは、新自由主義と戦争への反対を宣言し、社会運動の多様性を強調している。すなわち、「女性と男性、壮年と青年、原住民、地方と都市、労働者と失業者、ホームレス、高齢者、学生、移民、専門家、さまざまな信条・皮膚の色・性的志向の人々からなる。この多様性は我々の強さであり、同時に我々の統一の前提でもある。我々は、富の集中と貧困・不平等の拡大、そして地球の破壊に対して闘う決意の下に団結した、グローバルな連帯運動である。[二九]」

他方では、労働組合運動を擁護し、次のように宣言している。「我々は、労働組合動、そしてインフォーマル部門の未組織労働者の闘いを、労働条件・生活条件を支え、真の団結権・スト権・団体交渉権を実現し、男女の賃金・労働条件の平等を達成するために、不可欠なものとして擁護する。我々は奴隷労働と児童労働の搾取を拒否する。我々は、不安定雇用化・雇用の外部化・解雇に対する労働者の闘いを支える。また、多国籍企業とその系列諸企業に雇用された労働者が、国際的な労働組合を結成して団体交渉をおこなえるような、新しい国際的な労働組合を結成して団体交渉をおこなえるような、新しい国際的な労働者の権利を要求する。[三〇]」

この「呼びかけ」ではまた、新自由主義政策が困窮と不安定性をもたらしたとして、南の債務の取り消しを要求し、WTOアジェンダへ反対し、食料、公共サービス、農業、医療、教育などは売り物ではないとしている。さらに、投棄活動への規制、トービン税の導入、女性の権利の保障、暴力・貧困・搾取からの解放と先住民の権利保護を要求している。

総じていえば、世界社会フォーラムがめざしていることは、グローバル化、すなわちグローバルな新自由主義政策によって弱い立場に置かれつつある人々（先進国あるいは途上国を問わず）がグローバルに連帯しようとする真の意味で、国境を越えた連帯を作り出すという試みである。これまで資本主義世界システムは、中心、半周辺、周辺というヒエラルヒー構造を形成し、中心である先進国では労働運動は中心世界のパイの配分をめざす福祉国家を維持し、半周辺国家は経済発展をめざし、周辺国家は発展から遠ざけられてきた。しかし、新自由主義としてのグローバル化は、いままで世界システムのなかで分断されてきた運動が、新自由主義政策のもとで世界システムを構成する三つの領域が「平等かつ民主的に」収奪されているという利害の一致を認識し始めたということであろう。今日、グローバル化によって、反グローバル化運動の物質的な条件が整ったということができる。「世界社会フォーラム」の運動はそれを象徴するものである。

IV　反グローバル化運動の組織と特徴

反グローバル化運動には、さまざま要素が混在しており、それらは従来の社会運動、労働運動、新しい社会運動とも異なっているということができる。その顕著な特徴は、何よりも運動自体が従来の社会運動や労働運動のようにナショナルな次元を主要な舞台とするのではなくて、あくまでもグローバルなレベルで運動を展開していることである。こうした観点から、まず反グローバル化運動の一般的な特徴として指摘されうることは、第一に、新自由主義的な政策と金融のグローバル化が資本主義世界経済の中心部と周辺部の双方にマイナスの影響を与えているという点に関して共通の認識をもっていることである。フランスのＡＴＴＡＣは、金融のグローバル化が世界的に経済的不安定と社会的不平等を増大させていると考え、世界社会フォーラムは新自由主義のグローバル化が地球環境の破壊や途上国の貧困化を引き起こしていると主張している。

第二は、反グローバル化運動の顕著な傾向としては、その矛先が多国籍企業といった「ビッグ・ビジネス」、そしてグローバルな経済成長の源になっている「ビッグ・マネー」に向けられているという点である。すでに触れたように、一九九〇年代にナイキのスニーカー、ギャップのジーンズ、スターバックスのコーヒーは、グローバルなレベルでの労働組合つぶし、搾取工場、児童労働の利用ということで告発された。他の有名な多国籍企業のなかでも、マクドナルド、モンサント、シェル・オイルも同様の評価がなされている。これらの多国籍企業は、低賃金水準の維持、最低限の福祉給付、原生林の破壊、危険な農薬の使用、遺伝子組み換え作物の生産など、途上国の人びとの生存権や人権の侵害、環境破壊を推進しているということである。

第三に、反グローバル化運動は、これらの多国籍企業への抗議を行うと同時に、WTO、IMF、世界銀行など、これらの企業活動をバックアップしている国際機関への抗議活動を展開している。一九九九年のWTOシアトル閣僚会議への抗議運動、二〇〇〇年のワシントンでのIMF・世界銀行会議への抗議運動は、この代表的な事例である。

第四に、資本主義の哲学が反グローバル化運動の攻撃対象になっている。資本主義は個人に対する社会的福祉を無視し、成長と利益だけを求めて文化とエコロジーを破壊しているというのが、その主張である。これは反グローバル化運動のなかでもラディカルな立場であり、企業の権力、有名ブランド、グローバル化、資本の利益、自然の搾取に反対している。

最後に、世界社会フォーラムの活動にみられるように、反グローバル化運動は、新自由主義的な論理に支配されながらグローバル化した世界に対して、そのオルタナティヴを提示しようとしている点に特徴がある。「もうひとつの世界が可能である」という世界社会フォーラムのスローガンは、単にグローバルに展開されている新自由主義的な政策を批判するだけでなく、それに代わる具体的な政策提案を行おうとしている。

このような反グローバル化運動は、その参加者の面では多様なアクターあるいは集団から構成されている。参加主体の多様性についてみると、環境保護団体、動物の権利の支持者、労働組合員、人権保護の活動家、知識人、アナーキスト、新左翼などさまざまであり、世代も多様であれば、階級的な構成も多様である。A・ネグリとM・ハートは、『〈帝国〉』のなかで「マルチチュード」を新しい社会システムを作り出す構成的権力の主体として想定しているが、まさに反グローバル化運動の参加主体もネグリのいう「マルチチュード」に転化しうる可能性をもっている。

反グローバル化運動においては、北の諸国と南の諸国との連帯が大きな力となっている。ヘーゲルは市民社会が富の分極化とパウペリズム（大衆貧困）をもたらすものであるとしたが、今日のグローバル化した市民社会にあっては、これらの問題はもはや一国的な問題ではなく、すでにグローバルな問題となっている。反グローバル化運動のさまざまな面での多様性は、これまで分化してきたさまざまな運動を統合する可能性をもっている。これまでの労働運動、市民運動、環境保護運動、平和運動、女性運動などは、反グローバル化運動によって統合されるとすれば、その運動の射程は先進国の豊かな中間層の運動という性格が強かった新しい社会運動よりも広いということができよう。

さらに反グローバル化運動は、これまでの社会運動がもっていたヒエラルヒー関係を否定し、官僚制化の傾向を回避する傾向にあるように思われる。その意味では、運動体としての中心の不在、縦の指揮命令系統の否定、まさにリゾーム的なネットワーク関係によって成り立っている。また運動の手段も、古いスタイルのデモンストレーションから新しい戦術やインターネットの利用まで多様化している。インターネットの普及は、同じ日時に国際的な抵抗運動を組織化することできる。インターネットは、社会運動の指揮命令系統や官僚制の構造なしに、運動体のコミュニケーションや相互調整を可能にしたのである。

また反グローバル化運動は、WTOなどの国際機関に対する民主的なコントロールを要求している。たとえばジョゼ・ボヴェは、WTOも人権を重んじるべきであるという問題提起を行っている。WTOは、規則を定め、適用させ、紛争解決機関によって紛争を解決する独立したシステム、立法、行政、司法を兼任するシステムになっているが、ジョゼ・ボヴェはWTOから独立し、専門の法律家から成る国際裁判所の設置を訴えている。この裁判所の規則は、世界人権宣言を始めとする国連の規約や協定という、基本的取り決めにしたがうものである。

反グローバル化運動が提起している新自由主義モデルへのオルタナティヴということでいえば、フランソワ・ウタールはグローバル化の再定義を試み、世界レベルの再組織化としての地域化、地域的対応の強化を提言している。[三] 再組織化における規制の仕組みと装置の設定に関しては、経済的規制として、国際金融取引の規制と課税、地域的・国際的な財政制度、租税回避の除去、経済的に不利な立場の国に関する対外債務の削減、経済的抵抗の現場としての地域の組み立て、規制機関へのIMFと世界銀行の変容、技術の世界的共有、政治経済と市場社会化の新しいパラダイムの創出である。

またエコロジー的規制については、更新不能の資源の有効利用、バイオテクノロジー資源の保護的規制、「国連アジェンダ二一」プログラムの強化であり、社会的規制については地域的・国際的レベルでの労働規制、経済的・政治的・文化的、地域的・国際的な諸機関への、社会的・大衆的組織の参加権である。さらに政治的規制については、規制の道具としての国家権力の再建設、規制の権限を持つ地域統合体制の構築、国際諸機関の再編成、国連の民主化とこのレベルでの規制機関の創設、世界議会の創設を提言している。最後に文化的規制については、環境と世界資源平等共有を重んずる、新しい文化的消費者モデルの創出、土壌と地下水層を破壊しない、農業生産の新しいモデルの創出、蓄積でなく労働への奉仕に技術を位置づける、工業生産の新しいモデルの創案、地方的・地域的・グローバルな社会関係に基づく、倫理的基準の社会法典の制定を提言している。

こうしたウタールの提言は、まだ具体的な肉付けに欠けている面があるとしても、グローバル化にたいする反グローバリズムからの抵抗という性格にとどまらず、グローバルな管理と地域的な管理の双方の重要性を指摘するものである。その意味で、反グローバル化運動はいまグローバルに進行しつつある「ヒエラルヒーと特権」の支配に対するグローバルなオルタナティヴ運動という性格も併せ持っている。

一九九九年のシアトル、二〇〇〇年のワシントン、メルボルン、プラハ、二〇〇一年のジェノバでの反グローバル化の抗議運動は、世界的に多くの支持を獲得した。反グローバル化運動からみれば、現代の世界システムは、新自由主義の推進母体であるアメリカを頂点とし、その下にＷＴＯ、ＩＭＦ、世界銀行、多国籍企業といった国際機関やグローバル企業が存在し、さらにその下に途上国がつらなるという「帝国」的な構造をもつ世界として映っている。しかし、ジョゼ・ボヴェやフランソワ・ウタールの提言にあるように、反グローバル化運動は、さまざまな国際機関の民主化と人間化、グローバル経済やグローバル企業の管理、グローバルな環境保護や資源への平等なアクセス、国際裁判所や世界議会の創設などをめざしている。これは、一言でいえば、民主的なグローバル・ガバナンスの形成という問題にもつながる。

グローバル・ガバナンスは、これまでおもに先進諸国や国際機関によって担われてきた世界システムの管理を、多様なアクターが参加する枠組に組み換えることによって形を整えてきたが、いま求められていることはその実質的な内容の問題である。すなわち、先進諸国のなかですでに政策の規範的な目標として認知されている自由、平等、人権、生存権、環境保護、福祉、貧困の削減、労働の人間化といったことを、もとより途上国を加えた形でグローバルに実現するための枠組をいかに作り出すのかということである。そのためにも、グローバル・ガバナンスにおける「民主主義と平等」の実現が必要であり、反グローバル化運動がめざしていることも、このことと大きくかけ離れているようには思えない。

【注】

一　世界社会フォーラムのメイン・テーマである「もうひとつの社会は可能だ」に関しては以下を参照。William .F. Fisher and Thomas Ponniah eds.), *Another World is Possible*, Fernwood, 2003, Suzan George, *Another World is Possible,in:The Nation*, January, 2002.

二　Cf. Jay R.Mandle, *Globalization and the Poor*, Cambridge University Press, 2003, p.13 f.

三　ＡＴＴＡＣニュースレター日本語版二〇〇二年第二二号参照。

四　同上参照。

五　フランソワ・ウタール／フランソワ・ポレ共編『別のダボス』（三輪昌夫訳、つげ書房新社、二〇〇二年）、一六頁以下参照。

六　反グローバル化運動に関しては、さしあたり、Jackie Smith and Hank Johnston (eds), *Globalization and Resistance*, Rowman and Littlefield Publishers, 2002, Stanley Aronowitz and Heather Gautney (eds), *Implicating Empire*, Basic Books, 2003 および小倉英敬「シアトル、ジェノバで何が起きたか」（『世界』二〇〇一年一一月号）、杉村昌昭「反グローバリゼーションと現代思想」（『情況』二〇〇一年一〇月号）などを参照されたい。

七　アラン・リピエッツ「アフター・フォーディズムの世界」（情況出版編集部、『グローバリゼーションを読む』情況出版、一九九九年所収）、一四四頁、ジェームズ・ミッテルマン『グローバル化シンドローム』田口富久治他訳、法政大学出版局、二〇〇二年、五四頁。

八　ナオミ・クライン『ブランドなんか、いらない』松島聖子訳、はまの出版、二〇〇一年、二〇二頁。

九　同上、三〇四頁。

一〇　発展途上国へのグローバリゼーションの影響に関しては、吾郷健二『グローバリゼーションと発展途上国』コモンズ、二〇〇三年を参照されたい。グローバル化とＩＭＦのコンディショナリティの関連に関しては、古城佳子「経済のグローバル化とＩＭＦの役割」（日本比較政治学会編『グローバル化の政治学』早稲田大学出版部、二〇〇〇年）が参考になる。

一一　Jessica Woodroffe and Mark Ellis-Johnes, States of Unrest : Resistance to IMF policies in poor countries,in : *World Development Movement*, September, 2000.

一二　J. Woodroffe,*op.cit.*

一三　*Ibid.*

一四　パブリック・シティズン『誰のためのＷＴＯか？』海外市民活動情報センター監訳、緑風出版、二〇〇一年、七六-七頁。

一五　同上、七七頁。

一六　スーザン・ジョージ『ＷＴＯ徹底批判！』杉村昌昭訳、作品社、二〇〇二年、三八-九頁。

一七　『誰のためのＷＴＯか？』七八頁。

一八　同上、七八-九頁。

一九　『ＷＴＯ徹底批判！』、四〇頁。

二〇　Mandle, p.54.

二一　シアトル閣僚会議での抗議運動については、Jackie Smith, Globalizing Resistance:Battle and Future of Social Movement,in : J, Smith and H.Johnston (eds), *Globalization and Resistance* が詳しい。

二二　ウオルデン・ベロ「「中央集権」から「多元主義」へ」（http://hurights.or.jp/newletter/J_NL/J_NL_30/No.30_300169.htm）、尚、ベロの以下の論文も参照。Walden Bello,Porl Alegre:Counteroffensive against globalization, http://www.focuswe.org

二三　Ｓ・ジョージ前掲『ＷＴＯ徹底批判！』三七頁。

二四　ジョゼ・ボヴェ／フランソワ・デュフール『地球は売り物じゃない！』新谷淳一訳、紀伊國屋書店、二〇〇一年、一五頁。

二五　「世界社会フォーラム」の宣言については、Ｆ・ウタール／Ｆ・ポレ前掲『別のダボス』、二一五頁以下を参照されたい。Cf.Raymond Ker.World Social Forum:Anti=globalization movement comes of age, http://focusweb.org/pulications/2002/World%20Social%20Forum-Antiglobalization.

二六 同上、二一五頁。

二七 イニャシオ・ラモネ「ポルトアレグレで」三浦礼恒訳（http://www.netlaputa.ne.jp/~kagumi/0101.html）

二八 University of Pitsburgh,Charting New Perspectives in Democracy, http:// www.ucis.pitt.edu/~wright/Baiochi.PDF、尚、ポルトアレグレ市に関しては、別所珠樹「資本主義の後に来るもの」（『自然と人間』二〇〇三年四月号）が詳しく紹介している。

二九 世界社会フォーラム声明「世界の社会運動の呼びかけ」（http://www.labornetjp.org/NewsItem/20020205wsfcall）

三〇 同上。

三一 前掲F・ウタール／F・ポレ『別のダボス』、九〇頁以下参照。

第一四章　世界システムとグローバル市民社会

Ｉ・ウォーラーステインの世界システム論は、一五世紀半ばにヨーロッパで成立した資本主義世界経済としての近代世界システムが非ヨーロッパ世界を組み込みながらグローバルに拡大してきた点を理論化したものである。その理論的な特徴は、経済的な観点からは世界システムを資本主義世界経済という単一のシステムとして描き出し、そのシステムが中心、半周辺、周辺というヒエラルヒー構造のなかに位置づけられる主権国家群から構成されるものとしつつ、政治的には世界システムにおける政治的上部構造として国家間システムを理論的に想定したことである。しかも、世界システム論は、構造変動の担い手となる反システム運動を理論的に組み込み、同時に将来的なシステム変換の可能性を内在化させたのである。

このようなウォーラーステインの世界システム論は、その師であるＦ・ブローデルの影響だけでなく、マルクスの世界資本主義論の影響を強く受けている。「世界商業と世界市場とは、一六世紀に資本の近代史を開くのである」というマルクスの『資本論』のなかの表現は、近代世界システムの歴史的起源に対応するものであるということができよう。ヘーゲルの「市民社会—国家」論を批判的に継承したマルクスは、市民社会と国家との関係を歴史的な移行関係としてではなく共時的な併存関係として捉え、国家が商品交換社会としての市民社会を総括すると考えた。そして、市民社会は、「生産と交通の体系」として、国家を超え出るものとされた。しかしながら、市民社会概念それ自体は、一国的な広がりをもつものなのか、それとも国家を超え出るものなのかという点に関しては、曖昧なままにとどまったために、マルクスは後年になって市民社会概念に代えて世界市場という概念を使うようになったといわれている。

世界システム論は、近代の資本主義世界経済を分析の対象としているという点では、マルクス的な視点を継承したものといえるが、国家と世界市場との関係を理論化できなかったマルクスに対して、両者の連関を説明したという点ではマルクスを理論的に超え出たということができる。しかし他方では、一九九〇年代以降、政治学や社会学の領域で市民社会論が復活し、ＮＧＯや反グローバル化運動などグローバル市民社会といわれるマクロ公共圏をめぐる議論が活発化するにともない、世界システムとグローバル市民社会との関係が改めて問題化されつつある。世界システム論では、資本主義世界経済と国家間システム、すなわち経済と政治とは異なる社会的領域としては、反システム運動が理論的な枠組として構想されていたにすぎない。

しかし、一九世紀型の社会主義運動とナショナリズム運動に代表された反システム運動は、一九七〇年代になって新しい社会運動、一九九〇年代になって反グローバル化運動といった新しい形態の反システム運動へと代わり、そのアクターも変化し多様化している。またウォーラーステインの世界システム論も、近年になって国家、市場、市民社会という三つの領域を近代世界の特徴として捉えるようになってきた。ここでは、こうした状況を踏まえながら、グローバル市民社会といわれるマクロ公共圏の形成が従来の世界システム論とどのような関係をもっているのか、そしてグローバル市民社会論は世界システム論にどのような新しい視座を提示しているのか、これらの点について検討してみたい。と同時に、国家間システムと資本主義世界経済を世界システムの政治的・経済的な構造としてきた世界システム論に、グローバル市民社会の概念を導入する可能性を探ってみたい。

I　マルクスにおける市民社会と世界市場

ヘーゲルの市民社会概念を批判的に継承したマルクスは、市民社会を社会的分業の体系として捉え、「生産と交通」にもとづく「社会的組織」であるとした。マルクス・エンゲルスは『ドイツ・イデオロギー』のなかで、市民社会に関して以下のように説明している。

「市民社会は生産諸力の一定の発展段階の内部での諸個人の物質的な交通の全体を包括する。それは一つの段階の商工業生活の全体を包括し、その限りにおいて、国家や国民を超え出る——もっとも、他面では、市民社会の側でも、対外的には国民的なものとして自己を押し出し、対内的には国家として自己を編制せざるをえないのだが。市民社会という言葉が登場するのは一八世紀、つまり所有諸関係がすでに古代的ないし中世的な共同体から脱却しおえた時である。市民社会としての市民社会はブルジョアジーとともにようやく発展するが、しかし、生産と交通から直接に発展する社会的組織——どの時代にもこれが国家およびその他の観念的上部構造の土台をなしている——はいつもこの名で呼ばれてきた。[二]」

ここでマルクス・エンゲルスがいっている「物質的交通」の全体としての市民社会という表現は、当時のヨーロッパ社会における商工業的な国際的な分業システムのことを指し、そのかぎりでは国家や国民を超え出るものである。ヨーロッパの近代における都市間の貿易システムは、一国的な領域を超えたクロスボーダーな広がりをもつものであった。このようにマルクス・エンゲルスは、近代初頭のヨーロッパにおける分業の発展がマニュファクチャー生産を機軸にして、生産と交通の発展を押し進め、諸都市間の分業的な結びつきを深めた点を指摘した。そしてマルクス・エンゲルスは、ヨーロッパの市民社会が世界市場へ発展する契機をマニュファクチャーに関連させて説明している。マニュファクチャーの第一期は、一五世紀後半から一六世紀初頭にかけての時期である。

「マニュファクチャアは、また総じて生産の運動は、アメリカと東インド航路の発見がもたらした交通の拡張によって大躍進をとげた。これらの地から輸入された諸産物、特に大量の金と銀―これが流通に投じられると諸階級相互間の地位を一変させ、封建的土地所有と労働者に痛打をくらわせた―、探検旅行、植民、そしてとりわけ、よくやくにして可能になった、しかも日増しに達成されつつある、市場の世界市場への拡張、これらが、歴史的発展の新しい局面を―ここはまだ一般にその局面に立ち入る場ではない―呼び起こすに至った。[三]」

次いでマニュファクチャーの第二期は、一七世紀中葉から一八世紀末にかけての時期である。この時期には、商業と海運がマニュファクチャーよりも発展した時期であり、植民地が有力な消費地になり、世界市場は搾取をめぐって相争うヨーロッパの主権国家によって独占された。マルクス・エンゲルスはこの歴史的過程を以下のように描いている。「個々の国々が永い抗争を経て、開かれつつある世界市場を分け合った。この時期は、航海条例と植民地独占をもって始まる。諸国民間の競争は、税率、禁令、条約によってできる限り排除されたが、結局は戦争（特に海戦）によって競争戦が遂行され、決着がつけられた。海上で最強の国民、つまりイギリス人が、商業とマニュファクチュアにおける優位を保った。[四]」

このように一七世紀中葉から一八世紀にかけての時期にイギリスの覇権が確立し、イギリスは産業革命と大工業の時代を迎える。こうして開始された第三期は、「近代的世界市場」を創出し、商業を支配下におき、産業資本の時代をもたらした。「大工業がいかなる文明国をも、またそこに住むいかなる個人をも、自らの欲求を充足する上で全世界に依存するようにさせ、個々の国民の旧来の自然発生的な排他性を根絶したこと、この点において、大工業は初めて世界史を生み出した。[五]」

マルクス・エンゲルスは『ドイツ・イデオロギー』では、ヘーゲル的な「市民社会―国家」論の影響を残しながらも、両者の関係を以下のように規定した。「国家とは、支配階級の諸個人がそういう形で彼等の共通の利害を押し通す、そして一時代の市民社会全体がそういう形で自己を総括する形式であるから、共通の諸制度はすべて国家によって媒介され、政治的な形式をもたされることになる」[六]。ここでは、国家が市民社会を総括する政治的形式として捉えられている。マルクスはこのかぎりで、市民社会を商品交換にもとづく分業の体系として理解したヘーゲルの影響を残しているものの、市民社会を総括する政治的形式として国家を捉えた点では、市民社会と国家との関係を理論的に再定式化したのである。しかし、市民社会が商品交換と分業によって成り立つ社会的組織であるということは、マニュファクチャーの世界史的な発展を視野にいれたマルクス・エンゲルスにとって、市民社会が一国的な市場から世界市場へと拡張するという歴史的プロセスのなかで問題化されねばならないことは論理的な必然でもあった。

市民社会という言葉は、一八世紀以来、A・スミス、A・ファーガソン、W・ヘーゲルなどによって用いられていた概念であったが[七]、当時のヨーロッパ市民社会の世界史的な展開を世界市場という観点から理論化しようとしていたマルクスにとっては、それが一国的な空間を指す社会的組織であるのか、それとも国家を超え出る世界市場を指すものなのかに関しては概念的に未解決のままであった。したがって、すでにヨーロッパというリージョナルな広がりをもっていた市民社会概念は、世界市場という概念に置き換えられていったということができる。しかし、後期のマルクスにおいても、市民社会が単に世界市場を意味するものではなく、市場とは相対的に区別される社会的な行為領域をも含むものであるという認識は捨てられなかったように思われる。

II　世界システム論における市民社会

ウォーラーステインの近代世界システム論は、一五世紀中葉にヨーロッパで成立した資本主義世界経済としての世界システムを理論的な中心に据えた。世界システム論は、すでに触れたように、「世界商業と世界市場は、一六世紀に資本の近代史を開く」というマルクスの政治経済学批判の分析的なフレームワークの基本認識を共有しているといってもよい。そこにおいては、世界経済はそれぞれ分離した国民経済的な空間をつなぐ拡大した経済とは考えることはできず、むしろ国民国家は単一の世界市場という世界経済的な空間における各々の政治的な支配領域を構成しているとみなされる。こうした国民国家と資本主義世界経済という捉え方は、マルクスの「国家―市民社会」論に対応しているということができるが、ウォーラーステインの世界システム論においては政治と経済という二つの領域とは異なる社会的な行為領域はどのように位置づけられていたのだろうか。

資本主義世界経済としての世界システムが二重の意味でヒエラルヒー構造をもつ社会システムであることは、第一に国民国家内部での階級的・階層的なヒエラルヒー構造と、第二に資本主義世界経済における国民国家群の中心、半周辺、周辺というヒエラルヒー構造にみられる。そこには世界システムの支配的価値を維持し、それを正当化する地政文化が存在してきた。その支配的な地政文化は普遍主義とレイシズム・セクシズムである。普遍主義はこれまで資本主義世界経済としての世界システムの拡大が普遍的な価値の実現と普遍的利益をもたらすというイデオロギーとして機能してきたし、またレイシズム・セクシズムは世界システムの国家的・民族的なヒエラルヒー構造を正当化するという機能を果たしてきた。

しかし、他方では、これらの世界システムの地政文化とヒエラルヒー構造に反抗し、システム変換をめざす反システム運動が存在してきた。これらの政治的イデオロギーは、一九世紀に形成された保守主義、自由主義、社会主義という三つの潮流のあいだの対立的な関係に示されるだろう。保守主義が近代以前の政治経済構造の復活を主張したのに対して、自由主義は世界システムの拡大が普遍的利益をもたらすと考え、資本主義世界経済の拡大を正当化してきた。他方、社会主義は世界システムとしての資本主義世界経済の不平等でヒエラルヒー的な構造を問題化し、システムの転換をめざす反システム運動を形成してきた。

なかでも、一九世紀に出現した反システム運動は、社会運動とナショナリズム運動であった。[八] それらの運動は、国内的な関係にせよ国家間的な関係にせよ、市民的な自由・平等・自立という問題を提起したのである。したがって、ウォーラーステインがいうように、今日でも国家と市民的権利および自由という問題は、「国家・市民社会関係の中心問題[九]」であり続けているのである。

ところで、世界システムの中心であったヨーロッパ世界に世界市場としての市民社会が形成されたのは一六世紀以降であるが、市民的公共圏としての市民社会が形成されたのは一七世紀以降であるということができる。ハーバーマスは、イギリスとフランスの一七-八世紀においてはカフェハウスとサロンが市民的公共圏の原初的な形態であったとしている。一七世紀中葉のロンドンでは、紅茶だけでなくチョコレートとコーヒーが少なくとも住民のうち有産階級の日常飲料となった後に開設されたカフェハウスの数が三〇〇〇軒を越えていたといわれる。[一〇] このようにヨーロッパにおける市民的公共圏の形成には、少なくとも市民階級の登場が必須であったことはいうまでもない。

資本主義世界経済としての世界システムにすべての国家あるいは地域が組み込まれたのは、二〇世紀に入ってからであったといえる。世界貿易の拡大は一九世紀後半以降には中心諸国が周辺諸国を植民地として支配するという帝国主義的な仕方で進展した。一八七〇年から一九一三年にかけて、世界貿易は約三倍に増大し、戦間期には各国政府は輸入制限と輸出奨励によって低迷した経済を回復させようとしたために、保護主義へと向かうことになった。世界貿易は一九四八年と一九六六年には年率六・六パーセント成長し、一九六六年と一九七三年のあいだには年率九・二パーセント成長した。[二一] 一九八〇年代になると、新自由主義的なグローバル化の時代を迎え多国籍企業は海外移転を積極化させ、他方、東アジアやラテンアメリカのＮＩＥＳ、そしてロシアや東欧諸国といった世界システムの半周諸国は経済発展と民主化を押し進めた。さらに経済発展と民主化の波は周辺諸国にも浸透している。この間、これらの半周辺諸国あるいは周辺諸国では労働者階級が「ブルジョア化」されて市民社会が形成されたか、あるいは形成の途上にある。

ところで、近年の新しい市民社会論に特徴的なことは、Ａ・ファーガソン、Ａ・スミス、ヘーゲル、そしてマルクスの思想的伝統に位置づけられるように、市民社会を商品交換と分業にもとづく市場システムとしては捉えずに、非政府的・非経済的な領域として位置づけている点である。今日、ＮＧＯやＮＰＯの活動領域を指して市民社会という場合には、このような意味合いが含まれている。この点についていえば、Ｊ・ハーバーマスは『公共性の構造転換』の「一九九〇年新版への序言」のなかで、新しい市民社会概念を提起し、市民社会がもはや市場という意味での経済的な領域を意味せず、「自由な意思にもとづく非国家的・非経済的な結合関係」を指すものであるという提言をおこなった。[二二]

このように、市民社会が従来の経済システムという意味を喪失し、非国家的・非経済的な領域を指すものであるとすれば、それをナショナルな領域のみならず、グローバルな領域での市民社会概念にも当てはめて考えることも可能であろう。なぜなら、市民社会概念は、マルクス・エンゲルスの市民社会概念についてみてきたように、ナショナルな領域を超えてリージョナルあるいはグローバルな領域を示す概念であるという含意をもっていたからである。とすれば、世界システムの領域においても、非国家的・非経済的な領域としてのグローバル市民社会という第三の領域を理論的に想定することが可能であろう。

J・キーンは、『市民社会』（一九九八年）のなかで、ハーバーマスの理論に依拠しながら市民社会を公共圏として捉えているが、ハーバーマスは「討議的な公共圏」という理論的枠組のもとで、市民は自由かつ平等で非暴力的な相互行為という条件のなかで共通の関心について論じることが可能であると考えた。公共圏というのは、二人以上の人びとによって構成される空間的な関係の特定の類型であって、さまざまなコミュニケーション手段によって結びつけられている。それは、家族という親密圏に代表されるような下位国家的なミクロ公共圏、一国的なレファレンダムなどに示されるメゾ公共圏、そして世界社会フォーラムや国際ＮＧＯの運動などの国家を越えたマクロ公共圏に分けられる。[一三] グローバル市民社会というのは、この場合、キーンがいうところのマクロ公共圏に該当するものといえる。

しかし、世界システム論のなかに位置づけられるグローバル市民社会は、単にハーバーマス的な意味での公共圏だけを意味するものではない。ハーバーマスの社会理論に対比させて考えると、グローバル市民社会は、国家と市場という二つのシステムに対立する生活世界の領域と機能的に等価であるということができるだろう。その意味では、グローバル市民社会は、資本主義世界経済や国家間システムとの関係において成立する関係空間であり、近代世界システムのグローバルな拡大によって形成されてきたグローバルな生活圏ということが可能であろう。それは資本主義世界経済の拡大、いいかえれば経済的なグローバル化が生み出してきた非国家的・非市場的な生活空間あるいはマクロ公共圏というべきものである。その意味では、国民経済や地域経済の資本主義世界経済への統合がグローバル市民社会の拡大を促しているといえる。[一四]

しかし、グローバル市民社会は今日、国家間システムと資本主義世界経済という二つのシステムに対抗しつつ、まさにハンナ・アレントがいうところの「出現の空間」として、その空間的な拡大をめざしているといってよい。その意味で、グローバル市民社会は、その二つのシステムの支配からの解放をめざす場としての公共空間であり、非国家的・非市場的な運動であるということができる。ウォーラーステインの世界システム論では、グローバル市民社会は反システム運動として理論化されてきたが、グローバルな市民的ネットワークや反グローバル化運動など、さまざまな社会運動が噴出するにつれて、世界システムのなかで歴史的に登場してきた反システム運動はグローバル市民社会のアクターとなりつつある。

III　世界システムとグローバル市民社会の形成

まず第一に、一九世紀に出現した反システム運動としての社会主義運動は、二〇世紀に入って、第一次世界大戦と第二次世界大戦のあいだに第一インターナショナルと第二インターナショナルに分裂し、その後、社会民主主義と共産主義との対立という形態をとった。社会民主主義は西欧諸国など世界システムの中心地域で支配的な政治勢力を形成していたのに対して、共産主義は旧ソ連・東欧諸国など世界システムの半周辺地域で支配的な勢力となった。一九八九年の旧ソ連・東欧諸国の共産主義体制の崩壊は、世界システムから離脱していたそれらの諸国をふたたび資本主義世界経済に組み入れた。しかし、一九八九年の旧共産主義体制の崩壊は、すでに一九六八年に準備されていたといってよい。一九六八年はチェコのプラハの春に象徴されるように、東欧諸国で共産党独裁反対と民主化を掲げた反システム運動が起こった年であったからである。

他方、一九六八年には西欧諸国においても、フランスの五月革命に示されるように、世界的に知識人や学生の反乱と抗議が起こった。一九七〇年代に登場してきた新しい社会運動は、労働運動に代表される社会民主主義的な古い社会運動が反システム的な性格を失ってしまったことへの反発という側面をもっていた。それらを構成している平和運動、環境保護運動、人権擁護運動、オルタナティブ運動、フェミニズム運動、マイノリティ運動などは、戦後世界のエリート支配的な社会経済構造への不満だけでなく、社会民主主義政党の政策への不満を表明するものであった。その意味では、新しい社会運動は、世界システムの中心地域、とりわけヨーロッパ世界において影響力があったということができる。ウォーラーステインは、新しい社会運動を以下のように特徴づけ、それが国家と市民社会の矛盾の表出であるとしている。

「ジェンダー、世代、エスニシティ、人種、セクシュアリティで弱い立場の集団の要求は、一層強くなる。ガローデの意見にしたがって、ここに身体障害者を加えねばならない。彼らは史的資本主義の真のパリア階層である。六つの集団関係は、みな互いに全く異なっているし、世界の社会構造のなかでその特性をもっているが、三つの特徴が共通している。それぞれは新旧左翼の対立の根拠となっている。本当の意味で、それぞれは人民内部の矛盾であり、資本・労働の矛盾あるいは国家・市民社会の矛盾の一要素である。そしてそれぞれの被抑圧者の側は、構造だけでなく、（ジェンダー、世代、人種、セクシュアリティ、健常さにおける優位・劣位の推定という社会的意識の除去という意味で）イデオロギーのレベルでも、逆転ではなくはっきりと平等を求めているのである。[15]」

このように新しい社会運動は、古いタイプの社会民主主義的な社会運動のもつ国家志向的な戦略に対して、市民社会レベルでの社会的な弱者あるいは少数者の平等を求める持続的な社会運動であった。しかし、一九八〇年代になると、これらの新しい社会運動のなかからは、環境運動の分野でのドイツの緑の党に示されるように、反システム的な性格を失い、体制内在化した「改革派」も現れてきた。とはいえ、世界システムの中心地域である先進諸国では、戦後の福祉国家と高度成長を前提にしたパイの拡大的な再分配に基礎をおく古い政治に対して、環境、平和、人権、平等などの脱物質的な価値に基礎をおく新しい政治がＮＰＯとＮＧＯを軸に進展している。

さて次に、一九八〇年代には世界システムにおける半周辺地域で経済発展と民主化が進んだ。Ｓ・ハンチントンが民主化の「第三の波」と表現したのは、おもに世界システムの半周辺に属していた南欧諸国、アジア諸国、ラテンアメリカ諸国での民主主義体制の成立であった。一九七五年のスペインにおけるフランコ体制の終焉、一九八六年のフィリピンでのマルコス独裁体制の崩壊、一九八八年のチリにおけるピノチェト独裁政権の崩壊などは、これらの民主化の波の現れであった。民主化は国家的な管理下に置かれてきた市民社会の領域を解放し、国家と市民社会との力関係を変えてきたのである。ウォーラースティンは、こうした状況を以下のように説明している。

「一九七〇年代と一九八〇年代に、市民社会は全体として、一九六八年以前よりも国家権力の掌握者（あるいは、自称掌握者）の命令に対して、ずっと従順ではなくなっている。市民社会にたいする国家の力のこの減少は一般的な現象ではあるが、半周辺において最も顕著である。そこでは、等しく「ブルジョア独裁」と「プロレタリア独裁」の危機という形で現れている。一九七三年以来、南欧（ポルトガル、ギリシア、スペイン）、東アジア（フィリピン、韓国）、ラテンアメリカ（特にブラジルとアルゼンチン）では「ブルジョア」独裁がくつがえり、民主主義体制に変わった。[一六]」

近代世界システムの歴史を振り返ってみると、最初にヨーロッパの中心地域で市民社会の形成とその後の拡大が進展し、次にそのうねりは半周辺へと拡大していった。半周辺では、軍事独裁と権威主義体制から民主主義体制に移行するにつれて、市民社会を統制する国家の能力は減少していった。半周辺諸国での経済発展は都市化や所得の増加をもたらし、その結果として中間層を増大させた。かれらは民主化を求め、市民的な権利や自由の実現を政治的イシューとしたのである。こうして半周辺諸国では、民主化の波によって市民社会の活力が増大した。

一九八〇年代後半には、ポーランド、ハンガリー、チェコスロバキアといった東欧諸国での民主化と「市民革命」があった。ポーランドでは、一九八〇年からワレサが率いる独立自主管理労働組合「連帯」が活動し、それが他の民主化勢力と結びつきながら、一九八九年に自由選挙を実現した。ポーランドの労働運動は、一九六八年から一九八九年にかけてほとんど途切れることなく続き、それを軸に民主的に「再編された市民社会」[一七]が動脈硬化した共産主義支配を打ち崩したのであった。またチェコスロバキアの民主化においては、「ビロード革命」という言葉に象徴されているように、一〇万人規模の市民によるデモによって共産党支配が打倒され、複数政党制による選挙では「民主フォーラム」が勝利を収めた。こうして成立した「ポスト共産主義」の体制は、まさに政府権力でも経済権力でもない市民社会勢力によるものであった。

　他方、一九八〇年代以降、アムネスティ・インターナショナルのような国際的な人権組織が大きな政治勢力となった。とりわけ、一九九〇年代に入って、旧ユーゴスラビアでの民族浄化やルワンダでの大量虐殺が発生して以来、国際人道法に対する重大な違反についての国際的な取組が盛んになったが、国際人権組織もこうした問題への積極的な取組をみせた。現在、世界の一五〇カ国に一八〇万人の会員を有しているアムネスティ・インターナショナルは、国連の安保理決議にもとづくアドホックな国際刑事裁判所に対して、条約にもとづく国際刑事裁判所を設立しようとする活動を展開している。このような人権組織の活動は、「市民社会」という名のもとに活動しているが、この点に関してウォーラーステインは以下のようにいう。

　「この「市民社会」という言葉自体が、ある戦略を指し示している。すなわち、市民社会は定義上、国家ではないということである。この考え方は、「法的国家」le pays legal と「現実国家」le pays reel という一九世紀的区別――前者が政権にある者、後者が大衆の感情に代表する者を指す――に立脚している。そしてここからひとつの問題が導かれる。すなわち、市民社会は、自らと国家とのあいだの懸隔をいかにしてなくすことができるか、いかにすれば市民社会は国家を制御できるように（あるいはその重んずるところを国家に反映させることができるように）なるのか、ということである。この区別には、国家というものが、現状として少数の特権集団に支配されており、その一方で「市民社会」は、おおむね啓蒙された大衆によって構成されているという前提があるように思われる。[一八]」

しかし、ウォーラーステインは人権組織の反システム的な性格に関しては、疑問を呈している。これらの組織は概して世界システムの中心地域に拠点をおいて、ＮＧＯとして周辺地域で活動しているが、中心地域の本国政府の批判者というよりも出先機関とみなされることが多いということである。しかし、アムネスティ・インターナショナルは、アメリカのグアンタナモ基地での人権侵害や刑事裁判所設立条約からの離脱に批判的姿勢をとっており、かならずしもウォーラーステインがいうように中心諸国に批判的でないわけではない。むしろそれらの人権組織が非政府の立場からグローバルな世論を高めるという機能を果たしている点に着目してよいだろう。

最後に、今日においてグローバル市民社会の出現を象徴しているのが反グローバル化運動であるといえるだろう。反グローバル運動は一九九九年のシアトルでのＷＴＯ閣僚会議への抗議運動に象徴されるように、先進諸国が一九八〇年代以降に推進してきた新自由主義的な政策に対する抗議運動である。反グローバル化運動は従来の社会運動や労働運動のようにナショナルな枠組のなかの運動ではなく、新自由主義的な政策の推進としてのグローバル化そのものへの反対運動という性格をもっている。フランスのＡＴＴＡＣは、金融のグローバル化が世界的な不平等と経済格差を拡大してきたとみなしてトービン税の導入を主張し、また世界社会フォーラムは同様にグローバルな新自由主義政策が途上国の貧困や地球環境の破壊をもたらした点を指摘して「もうひとつの世界」の可能性を主張している。ウォーラーステインは世界社会フォーラムに関して次のようにいう。

「世界社会フォーラムは、過去のすべてのタイプの運動―旧左翼、新しい社会運動、人権団体、その他のこれらのカテゴリーに収まりにくいもの―を糾合しようとしており、厳密にローカルに組織された団体、リージョナルに組織された団体、ネイション単位で組織された団体、トランスナショナルに組織された団体を包括していた。

参加者の基盤にあったのは、共通の目的―すなわち新自由主義の帰結としての社会的害悪に対する闘争―および互いの直近の優先課題の尊重の感覚の共有である。重要なことは、世界社会フォーラムが「北」からの運動と「南」からの運動とを、単一の枠組に糾合しようとしていることである。」[一九]

世界社会フォーラムが、ODAの援助額の増加や第三世界の債務帳消しだけでなく、過去五世紀のあいだに第三世界の人びとが被った「掠奪」に対する補償を要求しているという点では、明らかに「南」の周辺国の立場や利害を運動に組み込もうとしている。さらに世界社会フォーラムの開催に対応して、二〇〇二年一月にマリ共和国の首都バマコで第一回のアフリカ社会フォーラム（ASF）が開催されたことは、ウォーラーステインがいうように、「北」と「南」の運動における連帯が形成されていることを示している。[二〇]と同時に、世界社会フォーラムがグローバル市民社会の出現がもたらしたグローバルな公共空間あるいは政治空間であるということも可能であろう。この点に関して、『もうひとつの世界は可能だ』の編者であるW・フィッシャーとT・ポニアは、世界社会フォーラムを以下のように特徴づけている。

「このグローバルな、あるいは国境を越えた領域における、活発な交わりは、二つの相反する目標から生じている。そのひとつは、いくつかの市民運動団体が望む、グローバルな統治プロセスへの参加であり、もうひとつは、多くの団体が決意している、抗議と抵抗である。世界社会フォーラムは、単一のグローバル市民社会のための政治空間をつくり上げるうえで、これまで最も意義のある取り組みを行っている。相互作用的で共通の対話が可能な空間は、異なった文化の中から生じるさまざまな運動によって構成されることで、発展するのである。[二一]」

ウォーラーステイン自身はグローバル市民社会という言葉を使っていないが、資本主義世界経済や国家間システムとは区別されたグローバルな社会的諸関係のネットワーク（関係空間）の形成については論じている。かれは、このグローバルなネットワークについて次にようにいう。「一方では、いわば先導的先進的な面では、超国家的蓄積過程の構成する多国籍的組織諸形態の複合体があり、今日ではその過程は企業間システムをインターステイト・システムに結びつけていた絆をゆるめている。他方では、一九六八年の世界革命によって確認され助長された、超国家的な新しい運動が組織する新しいネットワークの網がある。このネットワークのそれぞれの結節点と多様な交差が増大し、その関係がより強くなるにつれて、その網は次第に、一種の生成しつつある、本来開かれた社会構造になっていくのである。[三]」

この新しいグローバルなネットワークは、エレクトロニクス化しつつあるコミュニケーション手段によって、世界システムの中心、半周辺、周辺という三層構造を網状化し、それらのいずれの層からの発信・受信も可能にし（グローバルなユビキタス社会）、システム内で生起するいずれの運動をも結びつける。グローバルな規模で形成されるこのような関係空間は、資本主義世界経済や国家間システムとは異なった社会的なコミュニケーションのネットワークであり、グローバルな運動の場でもある。

したがって、反システム運動は、従来の運動のように一国的な政治と経済だけをその対象とするのではなくて、世界システムの政治的上部構造を形成している国家間システムと資本主義世界経済そのものを対象としている。いいかえれば、国連システムや多数の国際組織（OECD、OPEC、ASEAN、NATO、OAUなど）、その他の国際レジームやグローバル・ガバナンスといった国家間システムと、そして多国籍企業を中心的な構成要素とする資本主義世界経済は、今日においては、NGOや他のグローバルな市民社会ネットワークおよび反グローバル化運動などから構成されるグローバル市民社会とは明らかに区別されるものとなっている。[四]したがって、世界システム論の理論枠組のなかに、資本主義世界経済と国家間システムのほかに、グローバル市民社会という公共空間を位置づけることができるだろう。

グローバル市民社会がグローバルな公共空間であるとするならば、そこでの公共空間は市民社会であるかぎり市民的公共空間でなければならないことになる。ハーバーマスが『公共性の構造転換』のなかで理論化した市民的公共圏は、市民的なディスクルス（討議）によって成立する公共圏である。しかし、ハーバーマス的な市民的公共圏はそのままグローバルな公共圏につながるわけではない。確かに、グローバル市民社会は、広大で多様な組織、アソシエーション、ネットワーク、運動、集団を含むものである。[二四]すなわち、グローバル市民社会は、トックヴィル的なアソシエーションとしての社会という特徴、さまざまなコミュニケーション手段に媒介されたグローバル公共圏という特徴、そしてさまざまな反システム的な社会運動という特徴をもっている。

しかし、世界システム論との関連でグローバル市民社会を理論化しようとするならば、「世界社会フォーラム」に代表される反グローバル化運動のように、資本主義的な市場原理主義が押し進めている生活世界に対する無規制的な支配へ反対し、新自由主義政策としてのグローバル化を「市民化」・民主化しようとする運動に焦点を当てざるをえないだろう。というのは、この意味での反グローバル化運動は、資本主義世界経済としての世界システムとそれをコントロールする政治的構造としての国家間システムを民主化し、自己の管理下に置くことをめざしているからである。

したがって、グローバル市民社会に関して問題にしなければならないのは、一六世紀に歴史的に成立しグローバルに拡大した近代世界システムのなかで、グローバル市民社会という歴史的に出現しつつある公共空間が将来的に担いうる規範的な役割をも視野に入れることであろう。たとえばウォーラーステインは中期的な目標として「諸産業の脱商品化」という問題を提起しているが、[二五]それは大学や病院のように、利潤を目的とせずに活動それ自体とその存続を目的とするような構造を作りだすことである。ＮＧＯやＮＰＯの非営利活動の拡大は、こうした脱商品化した領域の拡大と考えることができる。こうした活動状況が現在グローバルに進展していることを考え併せると、「脱商品化」という問題もあながち非現実的な問題提起でもない。そして、グローバル市民社会の長期的な規範的目標として必要なのは、相対的に民主的で、相対的に平等主義的なグローバル世界を形成することであろう。グローバル市民社会は、単なる地球市民相互のコミュニケーションのためのグローバル公共空間ではなく、資本主義世界経済と国家間システムから成る近代世界システムを「市民化」し、民主化するという規範的課題を引き受け、それを実現する場でなくてはならないからである。

【注】

一　I. Wallerstein, *The Decline of American Power*, The New Press, 2003.（I・ウォーラースティン『脱商品化の時代』山下範久訳、藤原書店、二〇〇四年、一三〇頁）

二　マルクス・エンゲルス『ドイツ・イデオロギー』廣松渉編訳、小林昌人補訳、岩波文庫、二〇〇二年、二〇〇-一頁。ここでの市民社会の担い手とされている「ブルジョアジー」という用語の歴史的起源に関して、F・ブローデルは次のように説明している。「「ブルジョアジー」という語は、「ブルジョア」という語の運命を追いかけている。両語ともおそらく一二世紀にすでに用いられていた。ブルジョア、それは一つの都市の特権的市民である。しかし、フランスのどの地方や都市を取り上げるかによって、その語が普及するのは、一六世紀末期であったり、一七世紀末期であったりする。その語を一般化するのは、間違いなく一八世紀であって、そして大革命がそれを流行させたのである。」（F・ブローデル『交換の働き二』山本淳一訳、みすず書房、一九八八年、二四八頁）

三　同上、一五四-五頁。

四　同上、一五〇-九頁。

五　同上、一六三頁。

六　同上、二〇四頁。

七　Cf. J. Hall and F. Trentmann, *Civil Society, A Reader in History, Theory and Global Politics*, Macmillan, 2005.

八　この点に関しては、G・アリギ／T・K・ホプキンス／・ウォーラースティン『反システム運動』（太田仁樹訳、大村書店、一九九二年）を参照。

九　同訳書『反システム運動』、一二四頁。

一〇　J・ハーバーマス『公共性の構造転換（第二版）』細谷貞雄・山田正行訳、未来社、一九九四年、五二頁。

一一　M. Waters, Globalization, Routledge, 1995, pp.68-9.

一二　ハーバーマス前掲訳書、xxxviii頁。

一三　J. Kean, *Civil Society*, Polity Press, 1998, p.170. 尚、M. Edwards, *Civil Society*, *Polity*, 2004は、市民社会を、①アソシエーションとしての市民社会、②社会としての市民社会、③公共圏としての市民社会の三つにわけている。

一四　S. Bathliwala, Grassroots Movements as Transnational Actors: Implication for Global Civil Society, in: *International Journal of Voluntary and Nonprofit Organizations*, Vol. 13, No.4, December 2002, p.394.

一五　ウォーラースティン前掲『反システム運動』、一二六頁。

一六　同訳書、一一六頁。

一七　同訳書、一四二頁。

一八　ウォーラースティン前掲訳書『脱商品化の時代』、三七二–三頁。

一九　同訳書、三七四–五頁。

二〇　W.F. Fisher and T. Ponniah (eds.), *Another World is Possible*, London and New York, 2003.（『もう一つの世界は可能だ』加藤哲郎監修、大屋定晴他監訳、日本経済評論社、二〇〇三年、五八頁）反グローバル化運動に関しては、本書第十三章「反グローバル化運動の可能性」を参照されたい。また世界システム論の視座から反グローバル化運動を取り上げたものとして、Jeffrey M.Ayres,Framing Collective Action Against Neoliberalism:The Case of the "Anti-Globalization" Movement, in: *Journal of World-Systems Research*, Vol.X, Nr. 1, 2004（http://fbc.binghamton.edu/index.htm）を参照。

二一　同訳書、一三三頁。

二二　ウォーラーステイン前掲『反システム運動』、一四八頁。

二三　M. Kaldor, *Global Civil Society*, Polity Press, 2003, pp.86-102.（M・カルドー『グローバル市民社会論』山本武彦他訳、法政大学出版局、二〇〇七年）。カルドーは、グローバル市民社会のアクターを類型化して、以下の六つに分けている。①一九七〇年以前の古い社会運動、②一九七〇年代と一九八〇年代の新しい社会運動、③一九八〇年代と一九九〇年代のＮＧＯ、④一九八〇年代と一九九〇年代のトランスナショナルな市民的ネットワーク、⑤一九九〇年代の新しい民族主義・原理主義運動、⑥一九九〇年代後半と二〇〇〇年代の新しい反資本主義運動。

二四　M. Glasius, Mkaldor,and H. Anheier（eds.), *Global Civil Society 2002*, Oxford University Press, 2002, p.191.

二五　ウォーラーステイン前掲訳書『脱商品化の時代』、三七八頁。

【初出一覧】

第一部　グローバル化と世界システム

第一章　グローバル化・リージョナル化・民主化——『情況』一九九八年六月号
第二章　グローバル化論の再検討——『法学新報』第一〇六巻第九・一〇号、二〇〇〇年六月
第三章　グローバル化と日本政治の変容——『アソシエ』創刊号、一九九九年一二月
第四章　世界システムのなかの沖縄——『中央評論』五二巻二号、二〇〇〇年七月
第五章　世界システムの変容と沖縄米軍基地——『アソシエ』第二号、二〇〇〇年四月

第二部　イラク戦争後の世界システム

第六章　アメリカ帝国と日本のアジア政策——『アソシエ』一一号、二〇〇三年四月
第七章　イラク戦争後の日本政治——『アソシエ』一五号、二〇〇五年四月
第八章　イラク戦争後の日米同盟の新局面——『アソシエ』一八号、二〇〇七年一月
第九章　資源をめぐる地政学——『情況』二〇〇二年四月号

第三部　帝国とグローバル市民社会

第一〇章　「帝国」的主権の成立——『情況』二〇〇三年六月号
第一一章　国民国家と帝国の間——『アソシエ』一四号、二〇〇四年一二月
第一二章　グローバル化と「帝国」論——『情況』二〇〇四年一・二月号
第一三章　反グローバル化運動の可能性——『中央大学社会科学年報』（第七号、二〇〇三年六月）
第一四章　世界システムとグローバル市民社会——『地球市民社会の研究』（臼井久和他著、中央大学出版部、二〇〇六年三月）

【著者略歴】
星野　智（ほしの・さとし）
一九五一年札幌市生まれ。
現在中央大学法学部教授。
専攻――現代政治理論、環境政治論
主要著作――『現代国家と世界システム』（同文舘、一九九二年）、『世界システムの政治学』（晃洋書房、一九九七年）、『現代ドイツ政治の焦点』（中央大学出版部、一九九八年）、『現代権力論の構図』（情況出版、二〇〇〇年）、『環境政治とガバナンス』（中央大学出版部、二〇〇九年）ほか。

国民国家《こくみんこっか》と帝国《ていこく》の間《あいだ》

西紀二〇〇九年八月三十日　第一版第一刷発行

編　著　者——星野　智

制　作　者——築地電子活版　代表——府川充男

発　行　者——大下敦史

発　行　所——世界書院

郵便番号一〇一‐〇〇六五

千代田区西神田三‐一‐二ウィンド西神田ビル五〇二

電話〇三‐五二一三‐三三四五

ファクス〇三‐五二一三‐三二三九

製本印刷所——平河工業社

ISBN978-4-7927-2100-8 C0031